本书资助项目

- 北京林业大学2015年研究生课程建设项目（编号：JCCB15089）
- 北京林业大学重大科研成果培育项目（编号：2017CGP019）
- 中央高校基本科研业务费专项资金项目（编号：2015ZCQ-JG-01）
- 国家自然科学基金项目(编号：71403022)
- 教育部哲学社会科学研究后期资助项目（编号：13JHQ047）
- 国家林业局业务委托项目“我国林业产业化规模融资模式创新研究”
  “林业巨灾风险管理机制研究与森林保险发展报告”
  “我国林业PPP融资模式创新研究”

THE INNOVATION AND APPLICATION OF FORESTRY FINANCIAL INSTRUMENT

林业金融工具创新与应用案例

主编◎秦涛

经济管理出版社
ECONOMY & MANAGEMENT PUBLISHING HOUSE

图书在版编目（CIP）数据

林业金融工具创新与应用案例/秦涛主编. —北京：经济管理出版社，2018.10
ISBN 978-7-5096-5918-2

Ⅰ.①林… Ⅱ.①秦… Ⅲ.①林业经济—金融衍生产品—金融改革—案例—中国
Ⅳ.①F326.23②F832

中国版本图书馆 CIP 数据核字(2018)第 169672 号

组稿编辑：杜 菲
责任编辑：杜 菲 杨 帆
责任印制：黄章平
责任校对：张晓燕

出版发行：经济管理出版社
（北京市海淀区北蜂窝 8 号中雅大厦 A 座 11 层 100038）
网 址：www.E-mp.com.cn
电 话：(010) 51915602
印 刷：北京玺诚印务有限公司
经 销：新华书店
开 本：720mm×1000mm/16
印 张：17
字 数：328 千字
版 次：2018 年 10 月第 1 版 2018 年 10 月第 1 次印刷
书 号：ISBN 978-7-5096-5918-2
定 价：58.00 元

编委会名单

主　编　秦涛

副主编　姜欣　顾雪松　邓晶　潘焕学　田治威

参　编　程军国　刘琨天　曹芳萍　陈国荣　王富炜
　　　　罗长林　张宝林　彭卫红　肖慧娟

前 言

近年来，关于农村金融的研究十分活跃，农村金融学科发展得有声有色，但是，对于林业金融的研究及林业金融学科建设与发展却明显不足，难以满足林权改革和林业产业发展需要。林业金融是金融学与林业经济管理等学科相互交叉形成的新兴学科，加强林业金融学科建设，形成高层次的林业金融理论与政策研究基地和现代林业金融人才培养基地，可以为解决林业金融理论创新滞后林业产业发展、全面推进林权制度改革和破解林区“三林”问题提供强有力的智力支持。目前，我国尚未制定出一个科学的、统领全局的、带有战略指导性的林业金融发展规划。由于没有统一规划统领全局，各个金融机构、金融产品、金融服务、支撑体系、监督体系等各自发展，颇有“单兵突进”的架势，缺乏协调，因而在为林业提供金融服务的过程中始终不能令人满意。随着生态文明体制的建立，林权制度改革逐步深入和林业产业化发展，林业金融需求也发生了明显改变，与林业产业化、组织化、特色化发展相联系的林农和林业企业金融需求也出现新特征。如何进一步改进以农村信用社为主的小额信用贷款、林农联保贷款、林权抵押贷款等信贷产品，鼓励更多的金融机构（组织）进入林业领域，提高林业金融需求的满足程度，构建符合林业产业发展需要的林业金融服务体系成为林业发展的关键。

由于目前国内林业金融学科发展较为滞后，国内农林院校以及综合性院校均未开设此课程，尚没有专门针对林业金融的课程教材，因此，通过编写《林业金融工具创新与应用案例》教材，可以构建出一个完整的林业金融服务体系，有助于学生更好地了解林业金融发展情况，为国家有关部门科学拟定林业金融支持政策提供重要的参考依据，也为各金融机构改善林业金融服务水平和创新林业信贷产品提供参考依据。

本书得到北京林业大学 2015 年研究生课程建设项目（编号：JCCB15089）、北京林业大学重大科研成果培育项目（编号：2017CGP019）、中央高校基本科研业务费专项资金项目（编号：2015ZCQ－JG－01）、国家自然科学基金项目（编号：71403022）和教育部哲学社会科学研究后期资助项目（编号：13JHQ047），以及国家林业局业务委托项目“我国林业产业化规模融资模式创新研究”、“林业巨灾风险管理机制研究与森林保险发展报告”和“我国林业 PPP 融资模式创新研究”的资助。作为研究生案例教学改革的成果之一，本书是专门为“林业金融与保险专题”课程教学编著的一部配套教学资料。本书作为首部针对林业金融领域的金融产品创新应用案例，是编者多年来在林业金融与森林保险领域的科研成果和实践探索的结晶，可用于商业银行、农村信用合作社、基金公司、信托公司、保险公司等金融机构培训的学习资料，同时对金融、林业经济管理等相关领域人员开展林业金融产品创新也具有重要的参考价值。

与其他同类书籍相比，本书有以下三方面的显著特点：

第一，前瞻性。把握金融创新发展趋势，针对林业产业经营个性特征和金融属性，量身定制适合不同类型的林业经营主体和林业项目可操作性强的融资技术支撑，最优的市场化融资模式、金融工具和金融服务项目，以期解决林业金融服务功能单一和林业金融产品创新应用不足的问题。目前在全国高校和学术界尚未有专门针对林业金融工具创新方面的教材和案例著作，这充分体现了本书的前瞻性和创新性特征。

第二，应用性。将林业金融服务体系和金融产品设计应用置于中国林业产业发展和林权改革的整个过程中，特别是针对林业金融特征提出了林权抵押贷款等多种融资模式和金融产品的具体应用。一方面，本书所归集的所有案例与有关林业金融与保险专业课程内容相互对应，紧密衔接，使其成为课程教学内容的有益补充和不可或缺的组成部分。因此，本书对相关专业课任课教师完善教学方式、提高教学质量与案例教学效果可起到现实的支持作用。另一方面，本书所归集的相关案例涉及林权抵押贷款、林业贸易信贷融资、林业产业投资基金、林业信托、森林资源资产证券化、森林保险、林产品期货等林业金融产品（工具）创新，每个案例均包括背景情况、模式创新和推广应用建议等方面内容。因此，本书对于金融专业学生和金融机构人员学以致用、提高林业金融产品创新能力会发挥重要作用。

第三，政策性。本书从林业与金融结合的实践出发，结合林权抵押贷款、林业贸易信贷融资、林业产业投资基金、林业信托、森林资源资产证券化、森林保险、林产品期货等具体林业金融产品创新，提出与之相对应的配套的财政政策和产业政策，对于推进金融机构对林业的金融支持、提高产业政策调控林业发展的有效性、丰富林业产业政策的内容体系、促进林业金融服务体系和林业产业政策体系的完善具有重要的实践价值。

本书的案例收集与整理工作归功于北京林业大学“林业金融与森林保险研究团队”的各位教师和学生多年来一直聚焦于林业金融领域的科学研究与实践探索，同时也特别感谢国家林业局发展规划与资金管理司、农村林业改革发展司、国家开发银行、华融信托、惠农资本、海尔金融控股（信产所）等单位和机构的大力支持。

由于作者的水平有限，错误和不足之处在所难免，恳请各位专家和读者不吝指正！

秦涛

2017 年 12 月

目 录

第一章　林业金融创新概述 ………………………………………………… 1

第二章　林权抵押贷款 ……………………………………………………… 5

第一节　我国林权抵押贷款概述 ………………………………………… 6
第二节　我国林权抵（质）押贷款的主要模式 ………………………… 10
第三节　我国林权抵押贷款的局限性及存在的问题 …………………… 19
第四节　优化林权抵押贷款产品设置的路径选择 ……………………… 29
第五节　推进我国林权抵押贷款发展的政策方向 ……………………… 33
第六节　我国林权抵押贷款典型地区案例 ……………………………… 38
第七节　我国林权抵押贷款储备林项目案例 …………………………… 43

第三章　林业贸易信贷融资 ………………………………………………… 50

第一节　林业贸易信贷融资内在机理与主要优势 ……………………… 50
第二节　林业贸易信贷融资动力机制与合作条件 ……………………… 52
第三节　林业贸易信贷融资存在的问题及推进策略 …………………… 56
第四节　林业贸易信贷融资典型案例——对福建省某林产加工企业向林农提供贸易信贷的分析 ……………………………………… 59

第四章　林业产业投资基金 ………………………………………………… 68

第一节　产业投资基金概况 ……………………………………………… 68
第二节　林业产业投资基金设立的必要性与可行性 …………………… 79
第三节　林业产业投资基金设立运作模式 ……………………………… 86
第四节　我国林业产业投资基金设立的关键问题及推进策略 ………… 98
第五节　林业产业投资基金案例 ………………………………………… 101

第五章 林业信托融资 …… 112
第一节 林业信托融资概述 …… 112
第二节 美国林业信托发展及经验借鉴 …… 117
第三节 我国林业信托融资主要模式与操作流程 …… 119
第四节 林业信托融资的关键问题与发展策略 …… 129
第五节 林业信托融资项目典型案例 …… 132
第六章 森林资源资产证券化融资模式 …… 151
第一节 资产证券化运行模式与操作流程 …… 151
第二节 森林资源资产证券化融资机理 …… 158
第三节 国外森林资源资产证券化应用模式 …… 163
第四节 我国森林资源资产证券化操作模式 …… 181
第五节 我国森林资源资产证券化发展的要素 …… 188
第七章 森林保险 …… 194
第一节 森林保险概述 …… 194
第二节 我国森林保险的发展历程 …… 203
第三节 我国森林保险补贴政策与执行情况 …… 211
第四节 森林保险保费补贴政策执行困境及成因 …… 216
第五节 我国森林保险保费补贴政策优化路径 …… 223
第八章 林产品期货 …… 228
第一节 林产品期货概述 …… 228
第二节 林产品期货发展的可行性 …… 234
第三节 林产品期货市场的发展状况 …… 236
第四节 林产品期货市场的发展策略 …… 240
第五节 林产品期货案例——胶合板期货 …… 242
参考文献 …… 253

第一章　林业金融创新概述

进入21世纪，中国林业产业发展迅速，总产值一直保持两位数的年均增长速度。从主要林产品产量来看，中国人造板、松香、木地板、家具、经济林产品产量均处于世界首位，成为世界林产品生产、消费和贸易大国。林业作为一个横跨多产业的产业链，因其在生态、经济等多方面的功能，在社会、经济生活中占有重要的地位，并具有广阔的发展空间，也为林业投资者提供了巨大的发展机遇。

林业自身特有属性需要金融支持，而金融创新不足成为制约林业发展的瓶颈。首先，林业生产经营周期长、资金周转时间长、投资收效慢，使投资者在短时间内难以实现收益，而且森林资源生产周期长极易引发资产流动性问题，使短期资金难以进入；其次，由于生产周期长，导致很难预测林木市场价格、供求情况，从而造成林业经营风险极高；最后，林业项目投资额较大、森林资源资产的难以分割性使中小投资者望而却步。总之，由于缺乏有效的金融工具和金融产品，无法实现投资收益与风险跨期配置，导致短期资金和小额社会资本难以进入林业。因此，需要通过金融工具这一现实载体，在林业产业和社会资本之间搭建一座桥梁，以促进各类资本进入林业。为了对林业发展提供有效的金融支持，必须创新林业金融工具，建立完善的林业金融服务体系，不断提升金融服务水平。林业金融是林业产业与金融业相互渗透、相互融合形成的具有复合共生型、多元化金融特征的新的金融系统。林业金融的功能定位旨在提升林业产业资金运行效率，被世界各国视为发展林业产业的重要支撑。

我国政府高度重视林业金融工具的创新与发展。2008年6月出台的《中共中央国务院关于全面推进集体林权制度改革的意见》（中发〔2008〕10号）提出，推进林业投融资改革，完善林业信贷担保方式，健全林权抵押贷款制度，加快建立政策性森林保险制度，提高农户抵御自然灾害的能力。集体林权制度改革对于确立农民的经营主体地位、发展现代林业、增加农民收入、建设生态文明具有重要意义。

为贯彻落实党中央国务院关于推进集体制度改革的总体要求，2009 年 5 月，人民银行、财政部、银监会、保监会、林业局五部门共同出台《关于做好集体林权制度改革与林业发展金融服务工作的指导意见》（银发〔2009〕170 号，简称《指导意见》）。《指导意见》提出，在已实行集体林权制度改革的地区，各银行业金融机构要积极开办林权抵押贷款、林农小额信用贷款和林农联保贷款等业务，充分利用财政贴息政策，切实增加林业贴息贷款、扶贫贴息贷款、小额担保贷款等政策覆盖面；各地要把森林保险纳入农业保险统筹安排，通过保费补贴等必要的政策手段引导保险公司、林业企业、林业专业合作组织、林农积极参与森林保险，扩大森林投保面积；积极营造有利于金融支持集体林权制度改革与林业发展的政策环境。为规范林权抵押贷款业务，完善林权登记管理和服务，有效防范信贷风险，2013 年 7 月，中国银监会、国家林业局出台《关于林权抵押贷款的实施意见》（银监发〔2013〕32 号，简称《实施意见》）。《实施意见》要求各级林业主管部门会同有关部门积极推进森林保险工作，鼓励抵押人对抵押财产办理森林保险，并积极协调各级地方人民政府出台必要的引导政策，对用于林业生产发展的林权抵押贷款业务要协调财政部门按照国家有关规定给予贴息，适当进行风险补偿。

目前，林业产业资本形成途径主要是国家财政投资、林业金融信贷、林业引进外资、林业产业自身积累四个方面。具体来看，近年来，国家对林业的财政支出规模呈上升趋势，但由于受到国家财力的限制在短期内已经难以大幅度提高；在金融信贷方面，政策性和开发性金融服务策略是“抓大放小”，且其有限的分支机构也难以与分散广布的林农和林业中小企业有效衔接。农信社由于资金实力不足，林农得到的贷款非常有限，而商业银行具有逐利性特征，分散的林农获取信息的成本很高，难以对众多且分散的客户进行信用评估和甄别工作，贷款风险和不确定性相对较大，无法满足林农贷款需求；从引进外资方面来看，林业领域的外商投资规模较小，区域、产业分布及项目结构面临一定程度的非均衡性；从产业资本的角度来说，商品林投资收益率相对较低、风险大的状况对投资还不能产生足够的激励。总体来看，现阶段我国林业资金来源结构过于单一，尚未形成多元化资金投入机制，存在严重的金融信贷缺口、引进外资缺口和资本积累缺口，具有逐利性的外资和民间资本只有在具备合适的金融制度安排和利益驱动的情况下，才愿意进入林业领域。

可见，随着市场经济的发展，原有的融资渠道已经不能满足林业产业化深化发展的需要。林业发展与林业金融支持体系（财政性融资、政策性融资、商业性融资）之间存在互动机制：一方面，融资体系为林业发展提供金融支持；另一方面，林业发展也促进金融体系的创新和完善。因此，进行林业金融创新、构建林业融资支持体系以及设计新型金融工具无疑是解决林业融资瓶颈的一个重要突破口。

具体来说，林业金融创新需要解决以下三大问题：

一是弥补林业金融工具设计缺陷。林业金融具有准公共产品的特征，林业投融资既需要政府税收政策的支持，又需要制度机制创新。新中国金融制度的构建以农村土地改革为中心，将林业金融寓于农村金融设计之中，改革开放新时期，林业对解决“三农”问题的特殊功能被忽视，森林保险覆盖率过低，林业资产价值被低估，政府对林业融资的鼓励力度不强，金融产品与林业生产错位，林业基金制度空白。

二是校正金融机构经营目标偏移化。我国专门的林业金融机构长期空白，农村金融机构城市化经营倾向明显，大量林业地区资金“逆流”城市，林业贷款余额大规模收缩，“惜贷”现象长期存在，大量相关涉林金融机构撤并，现有相关涉林金融机构早已空洞化，农业银行林业开发性功能缺失，农信社支林能力极其有限，邮储行多年来对林业只收不贷，服务林业的相关金融机构功能更加弱化。

三是建立林业风险管理体系。如何有效建立一套风险防范和控制机制是保证林业投资收益实现的关键所在。合理控制林业投资的风险水平，提高林业投资的安全性，确保投资目标的实现，是增强林业投资对社会资金的吸引力及实施林业可持续发展战略的客观要求与战略任务。从提高林业投资的安全性和增强林业投资对社会资金的吸引力角度考虑，投资者应持续对林业生产经营的过程进行监控，合理控制林业投资的风险水平，确保投资目标的实现。风险管理体系构建可包含两个方面：一方面，大力发展森林保险。通过保险方式规避风险成为减少商品林投资风险的一种有效措施，即通过平时支付保险费把风险转移给有承担能力的保险公司。另一方面，完善林产品期货市场。通过大力发展林产品期货市场，实现林产品的套期保值，规避市场风险。林产品期货市场具有林产品定价与风险转移等功能，能够有效降低林产品经营风险，从而吸引更多资本流入林业产业。林产品期货市场为林产品生产企业提供良好的价格风险管理机制，有助于林产品生产企业改善经营，从而吸引资本进入林产品生产，改善我国目前林业投融资体制。

综上所述，我国虽然在林业金融方面出台了大量政策，但目前我国林业金融发展仍处于起步阶段，存在推广难度大、农户参与度低、中小规模农户受益少等问题，如何创新林业金融产品和完善林业金融服务尤其重要。本书将通过理论分析与典型应用实例相结合的方式，介绍我国林业金融产品创新的最新成果，既有对现实情况的归纳和提炼，也有对未来发展的展望和预期。在具体内容方面，将围绕林权抵押贷款、林业贸易信贷、林业产业投资基金、林业信托、林业资源资产证券化、森林保险和林产品期货等金融工具展开。通过阅读全书，读者将对我国林业金融领域有全景式的了解，建立对林业金融领域系统化的知识体系，林业金融研究者将获得最新的现实背景信息，林业金融决策者也将获得相关政策制定的依据和参考。

第二章　林权抵押贷款

林权抵押贷款是集体林权制度配套改革的重要内容之一，在支持林业发展、完善农村金融市场和解决林农资金短缺中发挥了重要作用。它的开展有效盘活了森林资源资产，扩宽了林业投融资渠道，使沉睡的森林资源成为可以抵押变现的资产。首先，开办林权抵押贷款，有效地解决林农融资难问题并实现抵押物的创新，引入林地使用权和林木所有权成为贷款抵押物，实现了林业信贷史上抵押物的突破；其次，将林农手里的森林资源演变为林业发展的资金优势，推动林业经济的快速发展，促进林农增收；最后，林农通过林权抵押贷款扩大种植面积、加大基础设施建设和增加生产流通环节的资金投入，在取得经济收益的同时，也提高了林业的生态价值，推动了林业多重效益的发挥。从 2004 年起，福建、江西进行政策试点后在全国推开，取得了一定的成就，同时也遇到许多新的情况和问题。如何完善林权抵押贷款政策，使其更具科学性、可持续性和可操作性，是一个值得关注的重要问题。

本章首先对我国林权抵押贷款及其政策进行梳理，总结目前林权抵押贷款开展的几个主要模式，其后重点从林权抵质押产品设置视角分析抵押贷款期限、贷款比率、贷款利率、还贷方式与贷款对象等产品内容在服务实践中的局限性，并结合金融机构开展林权抵押贷款的实际情况，探讨林权抵押贷款运行中存在的难点与问题，提出创新林业信贷产品、合理确定抵质押贷款期限、优化贷款还款方式、简化贷款审批手续、开发新型贷款担保方式和适当提高抵押贷款比率等优化林权抵押贷款产品的路径选择。笔者认为，在高贷款利率前提下，以市场机制运作的商业性金融机构并不适合作为林权抵押贷款服务的主要供给方，政策性银行应发挥主导作用，通过出台林权抵押贷款管理办法、完善林权抵押评估政策、建立林业要素流转市场、加快信用担保体系和风险管理体系建设等方面，促进林权抵押贷款政策的有效实施。

第一节　我国林权抵押贷款概述

一、林权抵押贷款的基本内容

林权抵押贷款是指债务人或第三人以其林地使用权和林木所有权作为抵押物抵押向债权人（农业银行、农村信用合作社等金融机构）申请借款的行为。

根据《关于林权抵押贷款的实施意见》（银监发〔2013〕32号），下列林权可作为抵押物：①用材林、经济林、薪炭林林木所有权和林地使用权；②用材林、经济林、薪炭林的采伐迹地、火烧迹地的林地使用权；③国务院规定的其他森林、林木和林地使用权。根据目前林权抵押贷款各地实施文件整理，林权抵押贷款对象为从事合法生产经营活动的林权权利人；贷款重点满足林业生产经营、森林资源培育和开发、林产品加工及借款人其他生产、生活相关的资金需要；贷款的额度根据贷款人认定抵押物的价值和抵押率来定，抵押率一般不超过评估价值的50%；贷款人根据实际情况合理确定贷款期限，其中林农小额贷款期限最长不超过10年；林权抵押贷款利率一般应低于信用贷款利率，小额信用贷款和林农联保贷款利率原则上不超过中国人民银行规定的同期贷款基准利率的1.3倍。在抵押权延续期间，抵押人不得转移对抵押林权的占有。债务人到期不能偿还贷款本息的，债权人有权依法处置其抵押物。林权抵押货款的基本要素如表2－1所示。

表2－1　林权抵押贷款的基本要素

要素	内　容
贷款对象	从事合法生产经营活动的林权权利人
贷款标的	（1）用材林、经济林、薪炭林林木所有权；用材林、经济林、薪炭林的林地使用权； （2）用材林、经济林、薪炭林的采伐迹地、火烧迹地的林地使用权； （3）国务院规定的其他森林、林木和林地使用权
贷款条件	（1）林地具备持续林业生产能力； （2）林地承包经营权合法取得，并拥有相关证明材料； （3）产权关系清晰； （4）经营林地不改变林业用途； （5）林地经营权未被依法查封、扣押、监管或其他形式限制等； （6）其他条件

续表

要素	内 容
贷款期限	根据借款人的生产经营周期、信用状况和贷款用途等多方面合理协商确定林权抵押贷款的期限，贷款资金用于林业生产的，期限要与林业生产周期相适应
贷款用途	重点满足林业生产经营、森林资源培育和开发、林产品加工及借款人其他生产、生活相关的资金需要
贷款额度	根据贷款人认定抵押物的价值和抵押率来定，抵押率一般不超过评估价值的50%
贷款利率	一般应低于信用贷款利率，小额信用贷款和林农联保贷款利率原则上不超过中国人民银行规定的同期贷款基准利率的1.3倍

二、林权抵押贷款政策演进

从2004年开始试点到2018年的14年间，可以大体把林权抵押贷款分为地区试点和全面推广两个阶段，这都离不开国家相关政策的支持与引导。

（一）地区试点阶段的政策演进

2004年7月5日，为拓宽林业融资渠道，规范森林资源资产抵押登记操作程序，国家林业局制定了《森林资源资产抵押登记办法（试行）》（林计发〔2004〕89号），同年在福建永安市正式开始我国林权抵押贷款的试点工作，开创了林权证抵押贷款的先河。

2008年6月8日，《中共中央国务院关于全面推进集体林权制度改革的意见》（中发〔2008〕10号）提出："推进林业投融资改革。金融机构要开发适合林业特点的信贷产品，拓宽林业融资渠道。加大林业信贷投放，完善林业贷款财政贴息政策，大力发展对林业的小额贷款。完善林业信贷担保方式，健全林权抵押贷款制度。"

2009年5月25日，中国人民银行、财政部、银监会、保监会、林业局联合制定《关于做好集体林权制度改革与林业发展金融服务工作的指导意见》（银发〔2009〕170号），指出在已开展集体林产权制度改革的地区，积极开办林权抵押贷款业务，在贷款期限、利率上也进行了调整，将林业贷款期限确定为10年上限，速木林、油茶、竹林、能源林基地建设等及后续产业发展则可达15～20年，小额林农贷款业务中的借款人实际承担的利率负担原则上不超过基准利率的1.3倍。这是第一份对我国林权抵押贷款业务进行具体规范指导的文件。

（二）全面推广阶段的政策演进

2013年7月5日，银监会与国家林业局联合发布《关于林权抵押贷款的实施意见》（银监发〔2013〕32号），标志着林权抵押贷款从部分地区试点阶段开始走向全国推广阶段。这份文件明确提出，林农和林业生产经营者可以用承包经营的商品林做抵押，以获得银行贷款用于林业生产经营的需要，这将实现林业经济资源转化为金融资本的历史性突破。

《实施意见》中明确规定，林权抵押贷款要重点满足林业生产经营、森林资源培育和开发、林产品加工及借款人其他生产、生活相关的资金需要；银行业金融机构要根据借款人的生产经营周期、信用状况和贷款用途等因素合理协商确定林权抵押贷款的期限，贷款资金用于林业生产的，期限要与林业生产周期相适应。

2016 年 11 月 16 日，国务院办公厅发布《关于完善集体林权制度的意见》（国办发〔2016〕83 号），明确提出建立健全林权抵押贷款制度，鼓励银行业金融机构积极推进林权抵押贷款业务，适度提高林权抵押率，推广“林权抵押 + 林权收储 + 森林保险”贷款模式和“企业申请、部门推荐、银行审批”的运行机制，探索开展林业经营收益权和公益林补偿收益权市场化质押担保贷款。这份文件为我国林权抵押贷款未来的发展指明了方向。

三、林权抵押贷款的发展现状

截至 2017 年第一季度，全国抵押贷款面积超过 1 亿亩，林权抵押贷款余额 850 多亿元；建设县级以上林权管理服务机构 1800 多个，家庭林场、农民专业合作社等新型经营主体 18.4 万多个。各地的成功探索和实践，为林权抵押贷款在全国的铺开奠定了坚实的基础。

（一）林权流转和抵押贷款取得成效

一是促进了集体林业规模化经营。林权流转与抵押贷款促进了家庭林场、股份林场、农民专业合作社、“企业 + 农户”等多种林业经营主体的发展，目前全国共有新型林业经济组织 18 万多个，其中专业大户 1.81 万户、家庭林场 1.31 万户、林业专业合作社 7.83 万个，林业企业 2.47 万个，共经营林地面积 3.6 亿亩。二是盘活了森林资源经济价值。林地租金由林改前的每亩每年 1 元左右提高到现在的 20 多元，南方省区达到 30 ~ 50 元，如江西林地租金由林改前的每亩每年 4 ~ 10 元提高到现在的 50 ~ 70 元。三是缓解了林户贷款难问题。林权不能抵押贷款时，林户没有抵押物，主要是信用社信用贷款，成本高且难度大。林权抵押贷款业务开展以来，林户有了林权抵押物，有效缓解了林户的贷款难度。四是带动了林农就业增收。林权流转带动了规模经营，带动了产业化发展，同时带动 3000 多万人就业，其中雇工 460 多万人，林业收入占农民人均纯收入的 20%。

（二）林权抵押贷款政策进一步完善

一是加强了林权流转管理。林业局出台了加强集体林权流转管理工作的意见、林改档案管理办法，印发了林权流转合同示范文本，将林地承包经营纠纷纳入社会治安综合治理考核内容；对林权流转原则、秩序、流入主体资格、流转后监管、流转主体信用和流转监管服务做出了规定，全国十几个省出台了林权抵押贷款管理办法。二是推进了林权流转服务平台建设。目前全国已建立集林权管理、林权流转、综合服务为一体的县级林权管理服务中心1800多个、林权交易所20多个，全国林权流转交易平台基本形成；成立了800多个森林资源资产评估机构，培训了近万名森林资源资产评估咨询人员，制定了《森林资源资产评估技术规范》。三是强化林改监测预警。林业局开展了集体林权制度改革监测工作，固定连续跟踪监测7省70个县350个村3500户，从微观层面掌握林改政策执行情况。联合北京林业大学、华中师范大学、厦门大学等高校建立了集体林权制度改革研究基地，实施第三方监测评估。四是大胆改革创新。林业局将林权流转和抵押贷款作为深化林改的主要内容，在32个集体林业改革综合试验示范区内进行创新试验，推动林权流转形式、抵押贷款模式不断创新；探索出股份合作经营、家庭林场、租赁经营、托管经营、拍卖经营、“公司+农户”“基地+农户”、经营权流转等流转形式。

（三）各地区林权抵押管理更加规范

在林权抵押贷款发展过程中，各个地区因地制宜地形成一些本地区的林权流转和抵押贷款管理规范，为林权抵押贷款在本地区的发展创造了良好的环境，同时也对林权抵押贷款在全国的推广有极大的借鉴意义，如江西积极规范和引导林权流转，明确规定对申请流转合同鉴证的，需要使用国家统一制定的林权流转合同示范文本面签；建立了全省互联互通的林权流转监管服务平台；与国土厅联合印发《关于做好林权类不动产登记和林权管理服务工作的指导意见》，划清了部门职责边界、明晰了业务协调机制，如浙江丽水建立了“统一评估，一户一卡，随用随贷”的林权信息系统，破解了森林资源评估难、林权信息核查难、成本高的问题；开展了公益林补偿收益权质押贷款业务，实现了林权融资由实物抵押向权利质押拓展，如福建成立了37家林权收储机构，基本覆盖主要林区，收储机构主动提前参与林权抵押贷款评估，提高评估的准确度和公信力，变被动兜底服务为主动服务，有效化解信贷风险。

（四）林权抵押贷款产品越来越丰富

许多银行业金融机构根据借款人的资信状况，积极创新贷款方式，将林权抵押贷款与农户小额信用贷款、农户联保贷款、农业产业化企业贷款等业务品种相结合，创造了越来越多的林权抵押贷款产品。一是大力推行农户信用评价和林权抵押相结合的免评估、可循环小额信用贷款，对农户申请30万元以下（不含30万元）贷款的，采取农户小额信用贷款加林权抵押模式，抵押物由信用社参照当地市场价格自行评估，简化手续，直接办理小额信贷，免收评估费；二是引导农村各类林业合作经济组织、林业中小企业及林业经营大户设立林业合作担保基金，发放担保基金贷款；三是依托林业龙头企业，实行“农户（商户）+协会+公司+银行”“公司+基地+农户+银行”“公司+专业合作社+农户+银行”等多种林业生产经营模式，广泛推行以农民林业专业合作组织为主体、由农民自愿加入或出资组建的互助性担保模式，通过实行互助性担保基金贷款，进一步满足不同农户的贷款需求；四是以国家储备林建设为突破口，与国家开发银行、农业发展银行（简称两行）创新了与林业生产经营周期相符合的林权抵押贷款产品，贷款期限可长达30年（含不超过8年的宽限期）。

专栏2-1

农行系统全国首笔林业收储贷款在福建三明发放

三明市是全国集体林区改革实验区，辖区森林覆盖率达76.8%，占福建全省1/4。尽管林权抵押贷款在当地已先行先试，但林业收储贷款一直推进缓慢，影响当地林业产业化、规模化、集约化发展。

2017年6月，福建三明建宁县林业建设投资公司利用银行专项贷款，对当地某公司林木资产开展收储。作为农行系统发放的全国首笔林业收储贷款，该项目有力地支持了当地国有林场改革和生态林业发展。

该笔林业收储贷款发挥了信贷规模优势，将乡镇分散的山林收储起来统一整合，进一步拓宽了林业投资融资渠道，推动了三明各县域林业规模化经营，并降低了生态林业经营成本；适应了林业收储业务特性，期限与林业生产周期相配套、最长可达20年，为收储业务配套70%以上的信贷资金，直接缓解了基层林业收储过程常见的资金难现象；同时，利用收储的林木做抵押，为林业公司解决了担保问题；就银行业务创新而言，此次收储贷款在宽限期、林木抵押方面进行了多方面创新设计，解决了林业企业生产经营周期与中短期贷款产品期限不匹配的问题，为金融机构推广林业收储贷款提供了可复制、可借鉴的成功经验，有力提升了林业金融服务水平。

第二节　我国林权抵（质）押贷款的主要模式

在林权抵押贷款的实践中，金融机构根据林业生产经营的特点和借款人的具体情况，创造了灵活多样的贷款模式，主要有林权证直接抵押贷款、林农小额循环贷款、林权反担保抵押贷款以及合作组织等联保贷款。除此以外，林权质押贷款也取得了重大发展——浙江丽水于 2015 年开始试行生态公益林补偿收益权质押贷款，实现了林权融资由实物抵押到权利质押的突破。

一、林权证直接抵押贷款

（一）模式介绍

林权证直接抵押贷款是由林权所有者持林权证直接向银行申请贷款，凭森林资源资产评估机构出具的评估书与银行签订贷款合同，经林权登记管理中心审核无误后核发林木他项权证，银行收到他项权证等有关资料后，依照合同发放贷款。该模式的中间环节少，手续简便，林农融资费用少，借贷手续较完备。目前，该模式是开展范围最广的模式，基本上开展林权证直接抵押贷款的地区均采用该模式。该模式的主要特点包括以下方面。

（1）可适用对象广泛。具有完全民事行为能力的林农和具有法人资格的林业企业，只要能够提供银行认可的有效林木资产抵押担保，都可以申请林权证直接抵押贷款。

（2）可操作性强。该模式的操作流程参照房产证抵押贷款，不需要全方位地进行重新设计，是全国各地推行林业投融资改革中最常见的、应用最广的一种贷款模式。

（3）需要相关部门密切协作配合。银行办理林权证直接贷款业务时，必须得到森林资源专业评估机构、林权管理中心等部门的配合与协作。其中任何一个部门配合不力，如评估失真、随意给抵押标的物办理采伐证等，都有可能给银行带来风险隐患。尤其是专业评估机构、林权流转平台、部门合作机制缺位的地方，该种贷款模式的风险控制难度更大。

（二）业务流程

（1）与银行进行协商，达成贷款意向，一般林业放贷金融机构除了商业银行外，还有信用社；

（2）找有林业评估资质的评估机构，进行抵押贷款评估；

（3）拿到评估报告后，凭林权证、公司营业执照（或个人身份证）去放贷银行办理抵押申请和贷款申请；

（4）银行受理后，签订抵押合同和贷款合同；

（5）到当地县级林业系统办理林权抵押登记，取得林权抵押证明或他项权证；

（6）向银行递交林权证、抵押证明（或他项权证），银行放款；

（7）贷后监管与归还。

林权证直接抵押贷款操作流程如图 2－1 所示。

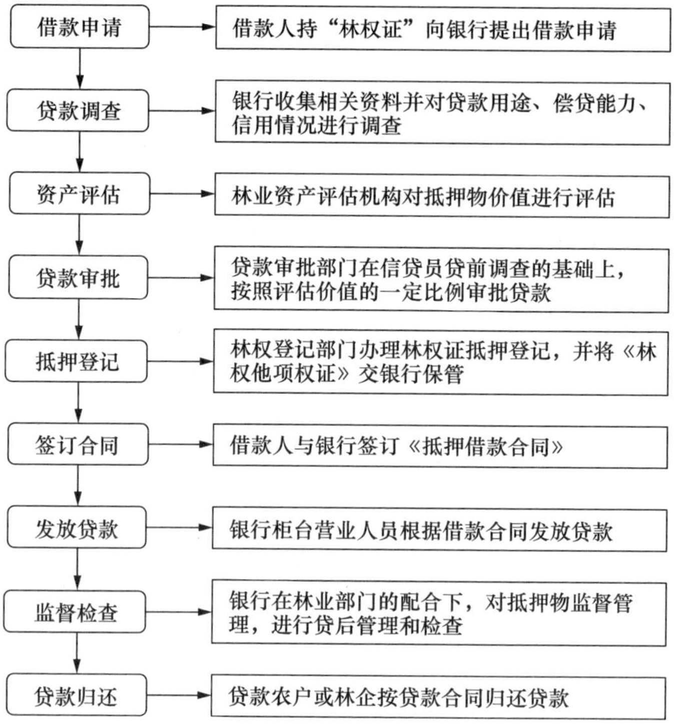

图 2－1　林权证直接抵押贷款操作流程

专栏 2－2

林权按揭贷款

顾名思义，林权按揭贷款是以按揭方式进行的林权抵押贷款业务。2015 年，由三明市政府主导，兴业银行三明分行、邮储银行三明分行、三明农商银行与中闽林权收储公司推出了全国第一个林权按揭贷款，其业务模式如图 2－2 所示。

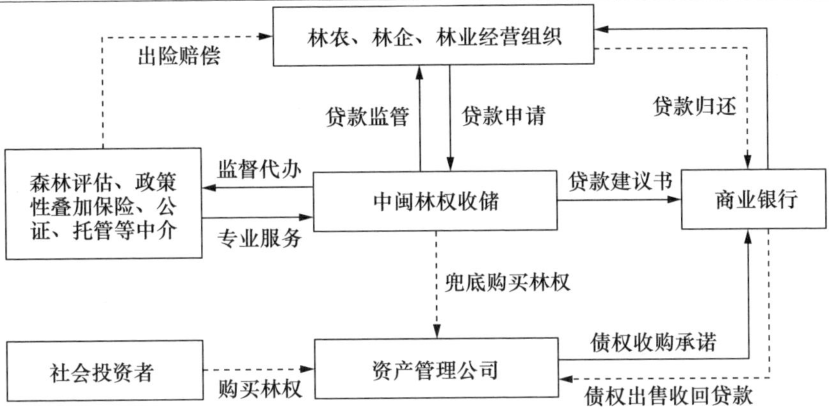

图2－2 三明市林权按揭贷款业务模式

1. 三明市林权按揭贷款的申请流程

三明市林权按揭贷款在业务模式上最大的特点就是引入了中闽林权收储公司作为中间平台，因此其申请流程与一般的林权抵押贷款有所区别，如图2－3所示。

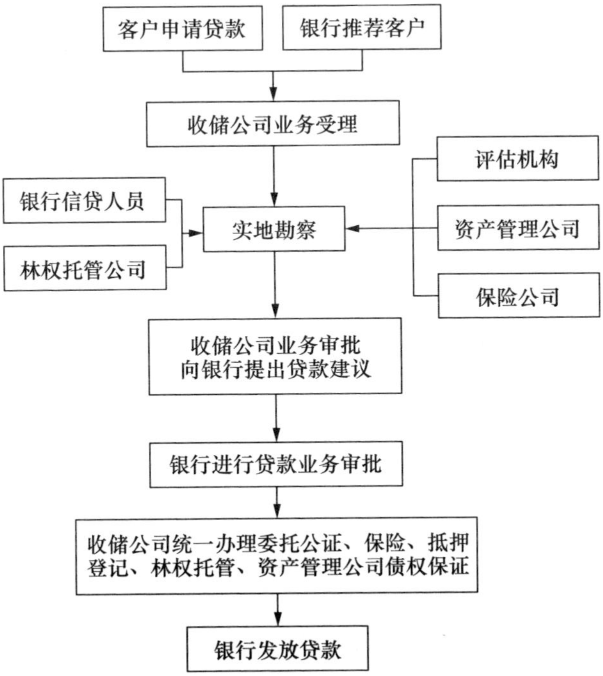

图2－3 三明市林权按揭贷款的申请流程

2. 三明市林权按揭贷款的主要优点

与一般的林权抵押贷款相比，三明市林权按揭贷款主要有利率低、期限长、金额大、用途广、还贷活等优点，如图2-4所示。

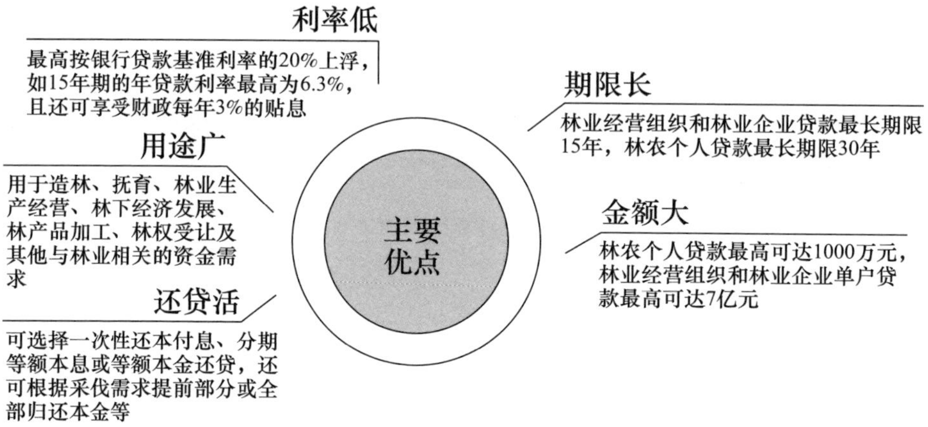

图2-4　三明市林权按揭贷款的主要优点

3. 林权按揭贷款示例（见表2-2）

表2-2　兴业银行林权按揭贷款业务简况表

兴业银行	个人林权按揭贷款业务	公司林权按揭贷款业务
金额	最高600万元	最高7亿元
期限	30年以内	15年以内
利率	基本利率上浮20%	基本利率上浮20%
面对客户	个人	企业
资金用途	解决林农对林业的长期投入资金需求，包括林业种植、更新改造、林权规模化并购、林下第三产业等	用于满足值林、扩建林地、森林资源培育和开发、林业生产经营、林下经济开展、林产品加工、林权并购及其他与林业相关的资金需求

资料来源：林业金融服务中心（2017.12）。

二、林权反担保抵押贷款模式

随着林权制度改革的逐步深化，林权证直接抵押贷款模式由于贷款门槛较高，已经无法满足林农的资金需求，林农希望银行提供新的融资运作模式。因此，福建、浙江、云南、江西、四川、重庆等多地陆续创新推出了“通过林业专业合作社、林业协会、林业信促会等中介机构，以林权反担保附加自然人担保形式”的林权反担保抵押贷款模式。

（一）模式介绍

林权反担保抵押贷款即农村信用社发放给借款人（林主）贷款，由担保公司提供担保，同时，借款人将林权证提供给担保公司作为反担保，担保公司根据所担保贷款的金额收取一定的担保费。

担保公司等中介机构运作的林权抵押反担保贷款模式不但可以降低借款人的道德风险、提高金融机构的预期收益，还可以有效地降低金融机构的借贷供给成本，包括信息不对称导致的较高的贷前信息搜集成本以及金融机构的监管成本及收贷成本，是一种可以减少内生和外生交易费用的有效的制度安排。

（二）业务流程

该模式的具体运作方法如下：农民通过森林资源先对其林木资产进行评估，然后与担保中介机构签订抵押合同，将林权抵押给中介团体，然后向银行等金融机构提供森林资源评估报告及中介团体审查后出具的证明，并与银行签订借款保证合同，由中介提供担保；在此过程中，中介机构会要求贷款人向其提供一名有相应担保能力的自然人（一般是村干部）作为保证人，承担该贷款的连带责任；由此，贷款人便可取得银行贷款。如果中介机构担保的林农出现贷款逾期未还的现象，银行有权从中介机构的专项账户及相关责任人的任一账户直接划扣款项，用于偿还不良贷款。在这种模式下，银行和林农之间成立了一个起到桥梁纽带作用的中介机构（林业专业合作社、林业协会、信用促进会等），林农将林木资产抵押给担保中介，中介为林农在银行贷款提供担保，自然人则为担保中介提供反担保。该模式的运作有力地支持了林农信贷资金的需求，森林资源资产真正把山上的活立木变成了优质资产，同时也释放了潜藏其中的巨大信贷需求。

三、林农小额循环贷款

林农小额循环贷款主要面向千家万户的林农，结合信用村、信用户创建工作，由银行根据林农的个人信誉、生产经营状况及其所有的森林资源情况对其进行信用等级评定，按信用等级给予贷款额度，并一次性办理林权抵押登记手续后发给林农贷款证以办理贷款。林农小额循环贷款采取“集中评定、一次登记、随用随贷、余额控制、周转使用”的管理办法，简化贷款手续。贷款程序：个人申请→银行（信用社）对林农进行信用等级评定，按信用等级核定相应的贷款限额→填写《林权抵押登记申请表》，林权登记机关到现场集中办理林权抵押登记手续，林权登记机关在林权抵押贷款林权证相应宗地号的注记栏内签盖林权抵押贷款专用章，并出具《林权担保抵押登记证明书》→银行贷款。

四、合作组织等联保贷款

合作组织等联保贷款以林权证为信用保证，在以自愿为原则的基础上，林农组成联保小组，金融机构通过对联保小组的林权资产评估后发放贷款。小组成员进行相互监督，承担连带责任，风险共担。这种模式可以降低金融机构的信息成本，有效地规避由于信息不对称而引发的道德风险和逆向选择。贷款违约时，首先由合作组织内部承担连带责任，仍无法还款时，金融机构有权合理处置抵押品。

五、生态公益林补偿收益权质押贷款

生态公益林补偿收益权质押贷款是林权质押贷款中最值得关注的发展方向。目前，生态公益林补偿收益权质押贷款在全国绝大部分地区均处于萌芽阶段，仅有浙江省开展并取得了一定的进展。根据《浙江省公益林补偿收益权质押贷款管理办法（试行）》（浙信联发〔2017〕11 号），公益林补偿收益是指村集体和个人等公益林权属所有人取得的经济补偿收入；公益林补偿收益权质押贷款是指借款人或第三人以合法、持续持有的公益林补偿收益权作为质押，由金融机构发放的一种创新型贷款；办理公益林收益权质押贷款的组织和个人应先到当地林业主管部门办理公益林收益权证明，公益林收益权证明包括权利人、林地所有权人、公益林补偿金额、补偿金变更记录、备注等。

生态公益林补偿收益权质押贷款与一般的林权抵押贷款相比在金融属性上有其独特性，主要表现在生态公益林补偿收益权质押贷款的贷款额度应根据申请人生产经营所需资金和持有公益林收益权金额合理确定，原则上不超过年度公益林补偿金收入的 10 倍；贷款主要用于森林资源培育和保护、林业及相关产品生产经营与加工、农村生产设施建设、森林生态休闲产业发展等；根据贷款用途、借款人的实际还贷能力和公益林收益权年限合理确定贷款期限，原则上不超过 5 年；根据借款人的还款能力、信用状况等因素综合确定，可以采用按月（季）付息、到期还本或利随本清或分期还款等还款方式。期限较长的，一般采用等额本息或等额本金等分期还款方式。

其实在《浙江省公益林补偿收益权质押贷款管理办法（试行）》（浙信联发

〔2017〕11号）出台前，丽水市就于2015年在全国创新开展生态公益林补偿收益权融资实践，并取得了一定成效，对盘活我国广大生态公益林的经济价值有重大参考意义。

目前，丽水市探索出了以下四种生态公益林补偿收益权质押贷款模式。

1. 生态公益林未来收益权质押融资模式

农户先到当地乡镇林业工作站办理公益林收益权证明或收益权证，再以公益林收益权向金融机构申请收益权类质押贷款，农户最多可以获得年度公益林补偿金收入10倍的贷款额度，贷款最长期限可达5年，并享受利息优惠。

2. 生态公益林未来收益权信托凭证质押融资模式

政府将公益林未来收益集中托付给信托公司管理，信托公司向农户发放信托权益凭证，农户向金融机构申请信托权益凭证质押贷款。丽水辖区内龙泉市住龙镇水塔村率先与浙江万向信托公司进行了该项创新实践。

3. 集体生态公益林未来收益质押担保基金模式

以村集体生态公益林未来5~10年的补偿收益为基数，与政策性融资担保公司联合成立村集体公益林未来收益质押担保基金，为本村农户提供贷款担保，林业局、财政局将每年的集体公益林补偿收益划入该村集体担保基金账户。若当年未发生不良贷款，就从生态公益林补偿金提取10%作为贷款风险补偿金后，其余返还村集体支配；若发生不良贷款，则由担保公司代偿后，从村集体担保基金账户扣划。

4. 生态公益林收益权反担保融资模式

以村为单位，由村两委成员与村内具备一定经济实力的村民代表共同组建村级互助担保组织。农户以公益林未来补偿收益为反担保，向村级担保组织申请贷款担保，金融机构向农户发放担保贷款。截至2016年8月末，丽水已经建立村级担保组织168家。

专栏2-3

丽水市如何推进生态公益林补偿收益权质押贷款?

近年来，丽水市深入实施“绿水青山就是金山银山”的发展战略，积极探索生态经济发展道路，持续深化集体林权制度改革、农村金融改革，通过林权抵押贷款、林地经营权流转证等制度创新，有效缓解了“三农”融资难题，支持了林农创业，促进了林业经济发展。2016年3月，国家林业局将丽水全市域列为集体林业综合改革试验示范区，继续探索完善公益林补偿收益权质押融资。截至2017年年末，丽水市在推进公益林补偿收益权质押融资上取得了不小的成就，借鉴丽水市的成功做法，对公益林补偿收益权质押贷款在全国的推广有重大意义。那么，丽水市究竟是如何推进生态公益林补偿收益权质押贷款的？我们可以从《丽水市推进公益林补偿收益权质押融资工作的指导意见》（丽政办发〔2016〕142号）中得到启发。

一是建立公益林补偿收益权证明制度。各县（市、区）政府在健全完善公益林分户档案的基础上，根据公益林补偿收益权归属和补偿标准建立公益林补偿收益权证明制度。公益林补偿收益权证明由公益林补偿收益权权利人提出申请，公益林所在地县（市、区）林业局核发；公益林补偿收益权证明记载权利人、公益林面积、补偿金额、质押（转让）登记等情况，是权利人享有公益林补偿收益权的合法有效证明。权利人有融资需求时，可凭公益林补偿收益权证明向金融机构申请办理质押贷款。

二是建立公益林补偿收益权质押登记制度。公益林所在地县（市、区）林业局负责公益林补偿收益权质押登记管理。借款人向金融机构申请公益林补偿收益权质押贷款，或农户转让公益林补偿收益权时，需办理公益林补偿收益权质押（转让）登记的，可通过人民银行征信管理中心的“中征应收账款统一登记平台”办理质押登记，并报送公益林所在地县（市、区）林业局。办理质押登记时，需提供公益林补偿收益权证明、与金融机构签订的贷款合同以及在贷款无法按期偿还时同意由金融机构处置公益林补偿收益权的履约承诺等材料。

三是创新公益林补偿收益权质押融资方式。市本级、各县（市、区）林业、金融部门积极探索公益林补偿收益权质押融资方式，通过直接质押贷款、收益担保基金贷款以及收益权转让、收益权信托等多种融资方式，扩大融资渠道。

四是促进公益林补偿收益权质押贷款业务规范发展。各金融机构根据公益林补偿收益权特点和质押贷款相关规定，制定公益林补偿收益权质押贷款业务办法、操作流程，积极推广公益林补偿收益权质押贷款业务，简化贷款手续，实行优惠利率；建立贷款风险防范机制，引导涉农融资性担保机构为农户公益林补偿收益权质押融资提供担保服务，并在担保机构与银行机构之间建立风险共担机制；将公益林质押贷款业务与农村信用体系建设成果运用有效结合，有效防范贷款风险。

五是加强公益林补偿收益权监督管理。加强公益林建设、保护、利用和管理的检查和指导，探索扩大公益林补偿收益权内涵；进一步明晰公益林产权，建立健全公益林权属数据库，每年按照补助标准确定收益权人的补偿金额；为有需求的收益权人办理公益林补偿收益权证明。

六是建立健全公益林补偿收益权质押贷款处置机制。积极探索创新和完善公益林补偿收益权处置机制，对于借款人无法偿还到期质押贷款的，根据收益权人的履约承诺，县（市、区）林业局、财政局协助金融机构划转公益林补偿金，直至还清贷款本息为止；金融机构也可以通过将借款人的公益林补偿收益权转让给第三方的方式代偿。同时，各县（市、区）积极探索建立公益林补偿收益权收储平台、风险补偿等方式拓宽质押物处置渠道。

第三节 我国林权抵押贷款的局限性及存在的问题

从我国林权抵押贷款政策执行的效果来看并不理想，究其原因，林权抵押贷款政策实施过程存在一些不可忽视的制约因素，主要表现为金融服务对象和产品结构错位，无法满足林业信贷需求。第一，从金融服务对象看，针对不同经营主体的信贷供给不平衡。按照“安全性、流动性、盈利性”经营要求，金融机构偏好林产加工企业，较少支持营林业；偏好支持一定规模的林业企业和大户林农，较少支持中小户林农，大部分小户林农因其林地面积小或林木林龄低而得不到必要的贷款支持。第二，从信贷产品结构看，缺少适合林业生产需求特点的信贷产品，与林业经营特点相适应的金额大、期限长的信贷产品不多，不能适应林业产业发展的需要。从林权抵押贷款产品设置来看，具体表现在以下几方面：

一、我国林权抵押贷款的局限性

（一）抵押贷款期限与林业生产周期的矛盾

林权抵押贷款产品设置的目的之一就是解决林农及其他经营主体林业建设资金投入不足的问题，其款项用途明确规定仅限于林业生产经营、森林资源培育和开发、林产品加工，具有显著的专款专用特征。理论上，这种需要偿还的生产经营性专用款项的还款期限只有与项目收益年限相匹配，经营者才能通过项目经营实现自偿性还款，抵押贷款才能成为一种自偿性贷款，贷款资金才能起实质性作用。林业是经营周期长、经济见效慢的产业，扶持林业建设的贷款需要较长的还款期限以适应其特点。

《关于做好集体林权制度改革与林业发展金融服务工作的指导意见》（银发〔2009〕170号）、《关于开展林权抵押贷款指导工作的意见》（开行发〔2010〕112号）等对相关金融部门提出要求："在不超过林地承包经营权剩余承包期限情况下，林权抵押贷款期限要与林业经济特征、借款人经营活动周期、信用状况和贷款用途等因素相结合，确定合理的贷款年限。"实践中，绝大部分地方林权抵押贷款期限不超过3年，林权抵押贷款的短期限与林业经营长周期的矛盾相当突出。以福建省为例，林权贷款期限大多为1～3年，而其主要用材林经营树种杉木，即使经营类型是集约小径材，在没有林木采伐指标限制下主伐年龄也在16～21年间，两者之间极不匹配。南方集体林区林权制度改革进行比较早、改革比较彻底、林业经济比较发达、林权抵押业务开展比较好的省份，如江西、广东、浙江、湖南等与福建情况基本类似，也是以1年期抵押贷款期限为主。参与林权抵押贷款的林农对贷款期限的意见也比较大。从调研情况看，闽北某县有200户林农，参与林权小额抵押贷款的农户有192户，占比96%的农户认为银行、农信社提供的1年期抵押贷款期限过短，他们还没有任何林业收入时就要考虑还贷款，这笔贷款资金对林业发展的作用不大，希望放贷部门考虑林业生产的实际情况，适当延长贷款期限。

经营收益时间与还贷年限的不对称，使得林权抵押贷款变成一种非自偿性贷款，借款人还贷资金不是来自于经营林业的收入，而是通过其他渠道获得，这使得林业抵押贷款变成一种金融机构"体外输血"，而不能促使林业经营的"体内造血"，与该产品设计的理论预期相背离。同时，抵押贷款短期限伴随着另外一种风险，即林农可能违背期初约定，以林权抵押贷款所获得的资金从事其他高风险、高回报的行业。一旦投资失败，林农就只能选择赖账违约，道德风险自然就会发生。林业生产周期与贷款期限的不适应性造成福建省南平市农村信用社发放的林权抵押贷款转贷或展期比例高达60%。

另外，对于发放贷款的金融部门而言，其开展业务的内在动力是获得存贷息差，其最关心的要素是贷款资金的安全问题。一旦借款人违约概率过大，造成金融部门的风险损失大于其息差收入，以市场机制运作的商业性金融机构就会慎贷、拒贷，从而形成市场逆向选择。

以中国农业银行为例，2012年1月末，林权抵押贷款不良率7.17%，远高于三农金融部贷款平均不良率水平。不良率较高的分行为辽宁、云南、海南和江西分行，分别为100%、29.52%、27.94%和15.63%。不良贷款主要集中在云南分行，其不良贷款余额高达4.59亿元，占全部林权抵押贷款不良余额的90.68%。具体情况如表2－3所示。

表 2-3　农业银行 2012 年林权抵押贷款不良率较高分行情况

分行	贷款余额（万元）	不良贷款余额（万元）	法人不良余额户数（户）	法人不良余额（万元）	个人不良户数（户）	个人不良余额（万元）	不良率（%）
云南	155479.00	45902.46	16	45392.80	17	509.66	19.52
江西	20990.92	3281.29	1	2800.00	10	481.29	15.63
辽宁	1314.28	1314.28	1	1314.28	0	0	100.00
海南	434.38	121.36	2	121.32	1	0.04	27.94

值得注意的是，在 2010 年以后发放的 53.24 亿元林权抵押贷款中，有 1.32 亿元已形成不良，占不良贷款余额的 25.38%，涉及 5 个法人客户，如表 2-4 所示。

表 2-4　农业银行 2010 年以后发放的贷款形成不良客户情况

分行	客户名称	不良余额（万元）	不良成因简要说明
云南	云南西双版纳大渡岗茶叶实业总公司	810	借款人经营不善
云南	昌宁县胜江林产品开发有限责任公司	450	公司法人代表涉嫌犯罪
云南	云南龙生茶业股份有限公司	3590	借款人经营不善，茶叶价格下滑
云南	云南景谷林业股份有限公司	7050	主营业务亏损，不良贷款合计 1.41 亿元，部分贷款系还旧借新
江西	崇义红杉木业有限公司	1300	审慎反映

从法人客户不良成因看，因客户自身经营管理不善或遭遇市场风险形成不良的为 12 户、2.15 亿元，占比 42.86%，如云南景谷林业股份有限公司（不良贷款余额 1.41 亿元），该公司股东之间对生产经营管理产生严重分歧，公司自身机制关系不顺，人员负担重、人工成本高，导致公司生产经营困难、流动资金短缺、原料采购难度大、主营业务亏损，贷款形成不良；因审慎反映进入不良的为 2 户、1.63 亿元，占比 28.05%；因林权产权纠纷形成不良的为 4 户、1.02 亿元，占比 20.28%，如云南绿春县红冉橡胶有限责任公司（不良贷款余额 6300 万元）由于部分胶林权属不清，胶农多次集聚、上访，影响企业正常经营，贷款形成不良；因自然灾害形成不良的为 2 户、1790 万元，占比 3.57%，如云南文山绿洲果业有限责任公司（不良贷款余额 1650 万元）石榴基地遭受冰雹袭击，造成严重损失，后该公司种植葡萄又遭严重外洪内涝灾害，1000 亩葡萄全部被水淹没，损失 1000 多万元，贷款到期不能按时归还，形成不良。

从个人客户不良成因看，借款人经营不善、遭遇自然灾害、借款人还款意愿较差等是导致林权抵押贷款形成不良的主要因素。

（二）抵押贷款比率与林业资产价值的矛盾

抵押贷款比率是抵押物评估价值与金融机构接受抵押标的后所发放贷款金额的比值，是衡量抵押标的融资能力与融资水平的重要指标。较高的抵押比率就意味着该抵押物具有较强的融资能力，能获得较多的融资额度。根据《中华人民共和国担保法》（简称《担保法》）第35条“抵押人所担保的债权不得超出其抵押物的价值”，只要抵押融资额度不超过抵押物价值，在法律范畴内都是允许的。但在林权抵押中，抵押债权人与债务人之间存在严重的信息不对称，抵押债权人对抵押物价值特性与持续发展能力及债务人还贷能力与信用水平缺乏了解，通常从风险防范与控制角度，降低抵押物贷款比率，以求得其放款资金安全。实践中，各金融机构通常参照房地产、机器设备等不动产抵押贷款比率，遵循所谓“黄金贷款比例”法则，发放贷款额度一般不超过资产评估价值的60%，如福建省农村信用社林权抵押贷款的抵押率一般不超过50%，中龄林抵押率在40%左右，幼龄林只在30%左右，浙江、江西、贵州等省的贷款比率大致相同。有的金融机构发放贷款时为了其所贷出资金后期的利息安全，要求借贷者以部分林业资产为支付利息做抵押保证，一旦债务人无力支付利息，就可用其抵押资产优先清算受偿约定利息，这样一来更使得理论的抵押贷款比率大打折扣。

金融机构降低抵押物贷款比率，在很大程度上考虑到了抵押资产的实体性贬值、功能性贬值与经济性贬值等各种贬值因素带来的资产价值缩水而可能产生的金融风险。但林木、林地等林业资产有别于房地产、机器设备等不动产，主要表现在两方面：①不仅不存在实体性贬值，反而存在实体性溢价。林权抵押活动发生时，活立木处于生长阶段（抵押人一般不会以可以马上采伐变现的成过熟林为抵押物要求获得贷款），其林木实际生长量大于自然枯损量，也就意味着抵押期间，其抵押物的实物量是增加的，而不是减少的，即存在实体性溢价。②存在可能的经济性与功能性溢价。房地产等不动产受国家宏观政策调控及投机资本炒作等多方面影响，存在很大的系统性与非系统性风险，抵押物产生经济性贬值的可能性比较大。但是，对于林业而言，基于产业政策、林产工业发展及国际原木贸易趋势判断，林木价格良好预期已是市场共识，由此可能产生资产的经济性溢价。当然，随着技术的进步、加工工艺的改进，林产品也存在功能性溢价可能。因此，基于林业资产的保值、增值特征，参照一般不动产抵押制定较低的贷款比率，无形中就会实质性降低资产实际贷款比率与额度，不利于林业资产融资。

（三）抵押贷款利率高与林业经营收益低的矛盾

利率是资金使用成本，是贷款人使用借款人的货币资本而向借款人支付的价格。实践中，农村信用社、商业银行等金融机构向林农发放贷款利率一般在同期银行业基准贷款利率基础上上浮30%～50%，有的甚至高达100%。如果另加森林资源资产评估费用、林权抵押担保费用、森林保险费及抵押办理手续费用以及走关系、串门路的隐性成本，借贷人实际负担利率会高得惊人。

假设某林农拟以林地面积100亩、评估价值10万元的林分资产通过担保机构提供反担保向地方农村信用社申请抵押贷款，贷款期限1年，贷款利率为银行业基准利率6.4%基础上高浮50%，贷款比率是40%，其可能的费用支出：

（1）贷款利息＝（10×40%）×6.4%×（1＋50%）＝3840（元）；

（2）资产评估费用：100万元以下，按评估价值0.6%计收，考虑到面积过小，上浮评估费用50%，评估费用900元；

（3）资产核查费：以面积计算，平均每亩3元，共计300元；

（4）机构担保费用：按申请担保额的1%计算，担保费用为400元；

（5）森林保险费（有的地方要求，有的不要求）：按资产价值1%计算，为1000元；

（6）手续费：按申请贷款额1%计算，为400元。

累加以上6项费用支出为6800元，再除以4万元，求得业主申请抵押贷款的年利率高达17%，也即超过同期银行业基准贷款利率的2倍，几乎接近于民间融资借贷利息。虽然中国人民银行、银监会、保监会、国家林业局等多部委联合发布的《指导意见》强调借款人实际承担的利率负担原则上不超过中国人民银行规定的同期限贷款基准利率的1.3倍，但《指导意见》精神基本得不到有效落实。

针对农户小额林权抵押贷款利率满意度调查的结果表明，几乎所有被调查者均认为当前抵押中实际负担利率太高，以如此高的借贷成本搞林业无利可图，希望金融机构或适当降低利息标准，或取消抵押贷款必须进行资产评估的硬性规定。对于没参与林权抵押的林农调查显示，有85%的受访者认为抵押利率太高，有78%的受访者认为抵押中森林资产核查与评估费用过高。当问到“你可以接受多高的贷款利率”时，有超过90%的受访者认为实际负担年利率在3%～5%之间可以接受。追求超额经营利润是借贷人以林权为抵押获得贷款资金以发展林业的根本动力。其经营净利率是投资收益率与实际贷款利率的差值。一旦其贷款利率大于经营投资收益率，就意味着该借贷资金不仅不会为借款人带来超额收益，反而是亏本经营，借贷人自然丧失抵押动力，除非这笔资金另有其谋。林业是低收益行业，杉木、马尾松等速生丰产林的投资收益率大概只能维持在6%～12%之间，红松等长周期性树种的收益率更低。比较贷款利率与投资收益率，以17%左右的融资成本去搞林业经营，基本属于亏本经营。所以，较高的利率抑制林权抵押贷款有效需求。从金融机构视角来看，在森林保险制度缺失和信息不完全的情况下，林业资产抵押品存在保全与变现风险及高额信息与合约成本，理论的上浮利率并没有有效体现为实际高收益，信贷收益与风险极不匹配。故以市场机制运作的商业银行的放贷动力不足，银行不愿意开展此类业务。

（四）抵押还款方式单一与林农弱经济性的矛盾

在房地产抵押贷款等成熟金融市场，金融机构考虑到不同借贷人群收入预期、风险好恶及还款能力，不断创新开发金融产品，丰富产品内容，深化产品内涵，为借贷人提供多样化的还贷方式。美国等发达国家开展包括林权抵押在内的农业抵押贷款也设置多种还款方式，借款人可以根据贷款额度、期限及自身经济状况做出最适合的选择。在我国，部分地方也进行金融产品创新，提出多样化的抵押贷款还款方式，如《吉林省农村信用社林权抵押贷款管理暂行办法》第12条提出，“林权抵押贷款可根据贷款期限约定分期偿还或到期一次性偿还。但贷款期限一年以上且累计贷款金额5万元以上的，必须实行分期偿还制度，第一年偿还本金20%以上”；重庆农村商业银行对林权抵押贷款期限1年以上的，可以选择分期还款、等额本息、等额本金还款等灵活的还贷方式等。实践中，金融放贷机构所设置的林权抵押产品一般期限只有1年，更多的还贷方式是到期一次性还本付息。这种还贷方式的优点是操作简单、比较省心，从表面看更利于放贷资金安全，但容易使贷款人缺少还款强迫外力，造成信用损害，其适用人群也较窄。特别是对于从事林业这个低收益的行业，单一的还款付息方式凸显林业经营低效益与林农经济能力弱的矛盾，增加林农到期还贷压力，造成信贷产品转贷、展期比例高，加大林农被动违约概率，增加贷款违约风险。

对林农还款方式满意度调查的结果显示，200个样本中有112位（占比56%）被调查对象认为，1年到期后还本付息对于他们本不富裕的经济状况而言压力相当大，希望能允许按月或按季清息到期还本，或按季度清息还本。超过70%的受访者认为，应在提高贷款期限的同时提供更多的可以供他们根据自身情况选择的还贷方式。当然，也有30%的受访者认为，这么短的贷款期限内一次性还本付息操作简单、方便，乐于接受。从风险厌恶者——放贷机构角度，单一的还款方式造成借贷者还款压力产生的信贷风险可能使其变成更大的风险承受者，基于控制风险设计的还贷方式可能带来更大的违约风险，使整个林权抵押贷款市场形成恶性循环，造成抵押业务和抵押金额的螺旋式下降，不利于市场健康、平稳发展。

（五）林权抵押贷款对象与林业融资能量的矛盾

林权抵押的争论焦点是林地使用权能否抵押。当前存在两种不同声音。赞成者认为，林地使用权有交换价值，应该还权于民，真正落实土地处置权，使林农通过土地抵押拓展担保物范围，提高林权抵押融资能力；反对者认为，土地不仅是基本林业生产资料，在我国当前并不完善的社会保障体系下，土地的基本社会保障功能不可忽视，土地抵押容易造成农民新一轮的失山失地，需要慎重对待。从法律层面，林地使用权是否可抵押，《担保法》《物权法》等法律条文没有给出明确的说法，但根据“法不禁止即可行”的理解，林地使用权抵押并不违反相关法律规定；从原则上，凡是法律允许流转的土地都可以设定抵押，林地使用权可以流转，当然也可以用于抵押；从资产属性上，产权明晰的林地使用权有商品价值属性，符合一般抵押标的物一般为不动产、可流通之物、有独立交换价值、抵押人对其有处分权等要求，可以作为贷款抵押物；从政策层面，2003 年国务院颁布的《关于加快林业发展的决定》、2004 年颁布的《森林资源资产抵押登记办法（试行）》等都明确指出商品林中的林地使用权可以作为抵押物。因此，应该遵循“树随地走”的原则，把林地、林木一并纳入林权抵押物范畴，增加抵押物能量，提高融资水平。

实践中，金融机构考虑到林地使用权抵押贷款的法律依据不足、价值评估难度高及流动性不强等问题，为了控制风险、增加资本金的安全性，一般不愿意把林地资产作为抵押对象。从公平角度，土地使用权抵押权利的受限是对林农林地使用权期限内自由处置权的不尊重，缺乏公平性；从物的效用发挥角度，不把林地使用权纳入抵押物范畴，使贷款人实际获得的贷款数额低于金融机构认可的资产价值贷款比率，无形中会降低林权的抵押能量与融资水平，不利于林业建设资金筹集。

二、林权抵押贷款运行中存在的难点与问题

目前，我国参与林权抵押贷款的金融机构主要有 4 家，分别为国家开发银行、农业发展银行、农业银行和农村信用社。从参与林权抵押贷款的金融机构来看，都是一些国有银行和国家政策性银行，商业性的金融机构参与程度较低。随着银行业的改革，如果没有商业性银行的支持，满足林业发展的融资需求仍然存在着障碍。目前，各银行业机构虽然在林权抵押贷款的制度规定、金融服务和完善功能等方面做了大量工作，但受外部因素和条件的限制，扩大林权抵押贷款业务仍存在以下难点和问题。

（一）评估作价难

一是具备资质的评估机构少。以中国农业银行为例，农业银行总行规定，与农业银行开展合作的中介机构实行准入制、名单制，并动态管理。只有入围总行评估备选库的评估机构才能与农行合作。目前《中国农业银行林权抵押贷款管理办法》中对评估机构和评估人员的资质没有明确具体的标准，一级分行难以把握，而且大部分地区承担森林资源资产评估与登记的机构为各地林业局下属单位

或部室，虽具备评估能力，却无评估资质，不符合银行机构的相关要求。

二是评估准确性较难把握。森林资源资产评估较为复杂，无法避免评估抽样误差或人为操作等可能带来的不利因素，价值确认有很大的伸缩性。另外，山林资源集中在山区，交通不便，对山林进行实地勘察需要攀山越岭，评估难度大。林权及林木市场价格波动很大，确定抵押物的价值存在困难，目前尚未建立成熟的评估规范，估值随意性较大。银行对评估的权威性、准确性存有疑虑，抵押资产价值确认是一大难题。以中国农业银行为例，《中国农业银行林权抵押贷款管理办法》规定："用于抵押的林权须有权评估机构进行评估，并出具评估报告。评估机构须经农业银行一级分行认可。"但在实际执行中，云南、湖北、甘肃和海南仍发现有选用的评估机构未经一级分行。例如，湖北荆门钟祥支行发放"湖北紫园园林工程有限公司"和"钟祥兴利食品有限公司"林权抵押贷款，其林权评估机构为钟祥市林业局下属的"钟祥市林业调查规划设计大队"，该评估机构未经一级分行资格准入。此外，个别林权评估价值偏高。例如，资阳分行四川永鑫肉类食品有限公司贷款 1892 万元，其抵押物位于美姑县苏洛乡林权的评估价值每亩单价 1. 9 万元，估价描述为"土地上林木全部砍伐并实现的销售收入即为其估价"，而忽略了林地有无砍伐指标、砍伐费用、运输成本等因素，因此评估价值高于市场变现价格。

三是银行内部缺乏评估能力。按规定，抵押物的价值评估可分别采用内评和外评或者内外评同时进行，按照孰低原则掌握，前提是办理合法有效的抵押登记手续。目前银行机构在房地产、土地方面已经大量采用内评法，缩短了评估时限，提高了办理贷款效率，也为客户节约了大量费用，受到客户的欢迎。但由于森林资源资产评估专业性、技术性强，非专业人员较难把握，银行内部缺乏对林权抵押的评估能力。

四是缺乏必要的评估监管机制。由于资金、专业技术人员缺乏等原因，许多县市评估机构尚未筹建，或尽管已成立，却缺乏必要的监督机制，减弱了林权评估的公正性和权威性，现实中低值高估、高值低估的现象屡见不鲜。

（二）抵押登记难

一是抵押登记尚需规范。根据国家林业局《森林资源资产抵押登记办法（试行）》的规定，各县（市）区登记部门为县级（含）以上人民政府指定部门，目前各地区承担森林资源资产抵押登记的机构为林业局下属部门或单位，但相关配套机制尚未完善。例如，在办理抵押登记时，林地使用权和林木所有权、使用权的登记部门在各地不统一，手续和要求也不尽一致，办理抵押登记如何收费，相关部门如何配合和联动等。

二是采用外地评估公司登记难。按规定，有资质的评估公司异地开办业务时只需提前在当地相关职能部门办理备案手续，但在实际操作中，一些地方相关职能部门出于地方保护主义，照顾本地企业，往往对使用异地评估公司进行评估的林权抵押不予办理登记手续。

三是评估及抵押登记收费较高。这客观上增加了农户和企业的筹资成本，对业务发展造成一定的影响。

（三）交易变现难

目前，森林资源的流转大部分在民间进行，林权转让都是协议双方自行进行转让，林权的依法流转缺乏要素齐全的交易平台。各地区林权交易中心尚未建立，林权交易、信息发布、林权登记、林权抵押等服务还未真正开展到位。林权抵押贷款处置的管理机制特别是与林权抵押贷款相配套的林木采伐管理机制还没有建立起来。国家对林业资源进行保护，木材实行限额采伐，银行处置抵押林木的难度较大。

（四）风险控制难

目前，林业综合保险尚未全面开展，林权抵押物受损风险难以防范。由于森林资源经营管护过程中面临诸多自然灾害及人为灾害的影响，诸如雪灾、冻害、火灾、水灾、泥石流、风灾、病虫害、污染等，一旦发生往往都是毁灭性的，就会造成金融机构对抵押物的失控。同时，作为抵押物的森林资源资产面临人为偷盗灭失的风险也较高。林区一般地处偏僻，交通不便，人口稀少，森林管理难度较大，加上部分人员法制观念淡漠，盗伐、滥伐林木的情况时有发生，发放贷款的金融机构很难实施有效管理。由于林权作为抵押物缺乏保险保障，严重制约了林权抵押贷款的开展。

（五）贷后监管难

（1）实地检查难度大。由于抵押林地面积较大、分布区域广，且多处在偏僻山区，增大了实地进行贷后检查的难度，需要付出大量人力物力，抵押物权属也难以核实。

（2）跟踪监控难度大。对于抵押人在贷款期限届满前如有砍伐指标，或确需对抵押的林木进行砍伐、采伐的情况，尽管抵押人做出承诺砍伐或采伐收益优先用于归还贷款，但由于整个砍伐、采伐周期长，有的还要对砍伐的林木进行深加工，这样势必造成跟踪监控难以到位。同时，还会出现抵押或抵偿的林木被偷盗、偷砍的情况。

（3）抵押价值变动大。由于林权价值的重要决定因素是林木，其受自然灾害和病虫害影响较大，抵押物价值在抵押期间不确定性因素较多。

（4）抵押物重估欠规范。由于农业银行等金融机构尚未培养出自己的林权评估专业人才，对林权价值的重估缺乏专业技能和科学的测算方法，对抵押物林产的蕴藏量、价值测算具体方法不成熟，难以做到精细、准确，从而影响对抵押物价值的判断。

（六）抵押处置难

处置林权抵押物主要有两种方法：一是将林权流转变现；二是将林木砍伐后出售变现。这两种处置方法实际操作起来都会面临较大的困难。在林权流转方面，虽然林业产权交易中心（林权交易所）在全国各地相继建立，但大部分地区林权改革配套措施尚不完善，林权转让市场机制仍不健全，林木的交易权和处分权仍受到政策限制，林权流转的规范性和活跃程度较低，使林权押品有价无市，难以变现。从调查的情况看，在不良贷款集中的云南地区，目前尚未组建专门、统一、规范的林权交易流转平台，不能提供统一标准的符合法律程序的信息、价格以及评估、登记、处置等相关服务。在林木砍伐方面，则面临较多政策性风险：一是采伐限额政策，若实现林权抵押权，无法取得采伐许可证，将使林权抵押的担保效果落空；二是企业或个人投资营造的林木一旦被国家根据需要划为生态公益林，林木将被禁伐或限伐，经营受到限制，银行的林权抵押贷款就得不到保障；三是根据部分地方法规或政府规章的规定，对通过招标、拍卖、公开协商方式取得的宜林荒地使用权在一定期限内未进行绿化的，将由政府予以收回，若以此设立林权抵押，将会因政府的收回而灭失。

综上所述，由于目前我国林业产业发展仍处于从粗放型、分散化经营向集约式、规模化经营的过渡阶段，林业小规模、分散式经营同金融集约化经营战略之间的矛盾日趋尖锐。由于林农分散，贷款笔数多但贷款金额相对较小，而且抵押担保手续烦琐，签署有关贷款合约的环节、耗用的人力物力同样必不可少，由此导致单位合约成本大幅度提高。同时金融机构在发放贷款时，必须详尽了解贷款申请人的信用状况及经营情况，以规避逆向选择风险，防止选择信用较差、无经营能力的林农为贷款对象，贷款发放后还需要跟踪现金流，以规避道德风险，防止项目贷款资金被挪用于风险更高的项目投资，甚至用于林农自身消费使用，而非真正用于营林活动。

对于众多的小额贷款的林农，事前调查与事后跟踪同样必不可少，但因每笔金额小，在现在贷款经营方式下，不可避免地导致向林农提供贷款的合约成本与信息成本高。规模越大、组织机构越复杂的金融机构，越是不愿意向规模小、缺乏信息透明度的林农提供贷款。总之，正规金融机构为林农提供零售服务，都遇到交易费用过大、信息严重不对称、抵押担保难等问题，这些问题与金融机构经营利润最大化目标相背离，因而不可能提供普遍的金融服务（包括信贷、保险、理财等），致使金融机构对林农产生严重的惜贷倾向。

第四节 优化林权抵押贷款产品设置的路径选择

有效解决林业信贷约束，促进金融机构信贷供给，只有围绕林业信贷需求特征，构筑一个功能完备的金融服务体系和产品创新体系，形成相关的配套政策和措施，避免金融机构成本与收益不对称，并有效控制贷款风险，增强信贷供给意愿和金融产品创新力度，才有可能解决林业金融供求矛盾，全方位满足林农金融需求，最终实现林业可持续发展的目标。所以，应积极鼓励各类金融机构的改革和创新，积极推出多样化、个性化的与林业生产特点相适应的信贷产品和金融服务方式。

一、在林业信贷品种上，满足林农多样化的金融需求

各金融机构要按照有利于改善农村金融服务、有利于增加“三农”贷款、有利于促进林农增收的要求，积极创新推出多样化、个性化的与林业生产特点相适应的金融信贷产品，满足林业多样化的金融需求。商业银行要积极创新信贷管理机制，加强金融信贷产品开发研究，适时推出创新型信贷产品，以满足林权抵押贷款业务发展的需要；农村信用社要利用面向农村点多面广的优势，结合业已推广的林农小额信用贷款、联保贷款方式进行创新，打好林权抵押贷款创新“组合拳”。

一是开发小户林农林权质押贷款。可按照林农的信用评定标准，根据林农的个人信誉、还款记录、林木拥有量及所从事林业生产经营活动的规模、经营能力、偿债能力等指标，对林农进行信用等级评定，并根据其信用等级核定一定的贷款额度，采取“一次核定、随用随贷、余额控制、周转使用”的办法向林农发放只需办理林权抵押登记、借贷双方协议评估林木价值的林权质押贷款。

二是推广小额林权抵押贷款。除小户林农林权质押贷款之外，农信社还可对经有权评估部门评估的林农林业资产按评估价值的一定比例，直接向小户林农发放林权抵押贷款。

三是发展林农联保贷款。由农信社选择5～10户具有一定林木资源规模的林农建立负有连带责任的联保贷款小组，并确定1户较大户与农信社发生信贷关系，由该户将所有联保户的林权证收集，并进行统一评估、抵押，贷款与还贷均由该户统一负责。同时，也可以引导小户林农在自愿的基础上联合组建森林资源股份有限公司，并以股份公司拥有的森林资源资产向农信社申请林权抵押贷款。

人民银行要发挥货币政策工具导向作用，适时调整支农再贷款限额分配方案，对因发放林业贷款而出现资金困难的农村信用社，按一定比例增加支农再贷款限额。同时，引导金融机构灵活运用利率杠杆，对经营管理水平强、效益好、守信用的林权抵押贷款户或经过担保公司担保的林权抵押贷款提供优惠利率，少上浮或不上浮利率。

二、在贷款期限设计上，与林业生产经营周期相匹配

对抵押贷款期限与林业经营周期不匹配问题，理论界提出若干建设性意见。例如，根据不同林种的林业生产特点，采取多元化的抵押贷款期限；根据林权抵押贷款的具体用途确定不同贷款期限，对主伐周期 20 年以上用材林的贷款期限可设计为 10～15 年；可以借鉴德国、美国等发达国家在农村土地使用权抵押贷款方面的先进经验，以贷款经营对象的自然生长属性为主要依据，设定林权贷款基准还款期限，同时适当考虑林木采伐制度、林产品市场供求及价格的影响，采取灵活、弹性贷款还款期限制度，以适应市场的实际需求。

例如，某林农想通过抵押贷款获得资金造林，树种是杉木人工纯林，经营类型是集约小径材，其主伐周期是 16 年。金融放贷部门可根据农户贷款申请资料和信贷员调查核实情况，设定该农户基准还款年限为 16 年（同时允许可以提前还贷及在该年限内以多种形式还贷）。假如还款期限已到，而该农户若无法获得采伐指标或由于木材市场价格低迷而不愿立即采伐变现，可考虑适当延长 2 年还款期限，最迟还款期限为 18 年。当然，基准贷款期限具有严肃性，延长贷款期限并不是无条件的，而要根据具体情况，确定合理浮动利率。

三、在贷款运营模式上，提供多样化的抵押担保模式

延长林权抵押贷款还款基准期限是优化还贷方式的前提。在实现长贷款期限条件下，金融机构可根据借款人的经营内容、信用水平、经济能力、风险偏好等变量因子，融合利率浮动机制，加大金融产品创新，提供差别化、多样化的可调整贷款利率的林权抵押还款方式，以丰富借款人根据自身经济状况及风险好恶做出最适合自己的选择内容。当然，对政策性与商业性金融机构不同贷款发放对象的还贷方式也应有所区别。政策性银行发放的财政贴息林权贷款，由于仅局限于林业经营，具有针对性、目标性，故其贷款的还贷方式设计也要考虑这个特性，要从抵押人申请项目的具体特征入手，设计合理的还款方式，如抵押物是短轮伐期速生丰产林，其还款节点应是具有经营收益的间伐期与主伐期；如资金款项用于发展油茶、果树等经济林，其生产前期不应分偿抵押贷款，初产期可有适当少量的还款，其主要返款期限应在经济林的盛产期。对于以市场规律运作的商业性

金融机构发放的林权抵押贷款，更应该以市场机制为指引，提供包括一次性偿还、分期偿还、变动偿还、任意偿还等多种还贷方式，以适应市场需求。

不断创新林业贷款业务模式，金融机构利用合作组织、龙头企业和担保机构的增信作用和担保作用，通过采取林业合作经济组织和林业龙头企业承贷（统贷统还）的方式，积极推广"金融机构 + 林业担保公司 + 林农""林业信用共同体贷款"等模式，将资金从金融机构传导到林农，从而缓解林农不能直接从金融机构贷款而面临的信贷约束问题。

四、在抵押贷款方式上，适当提高林权抵押贷款比率

金融机构要结合林业资产的价值特点，在抵押贷款比率上给予区别对待，适当提高抵押物贷款比率和贷款额度，而不能参照其他不动产制定贷款比率，死守60%的"黄金贷款比例"底线，必要时可实行林木浮动抵押制度，以实现抵押权时的林木价值为担保债权数额，以提高林权抵押融资额度。当然，金融机构提高放贷比率的基本前提是林业资产评估结果的客观性、科学性与公正性。当前，林业资产评估不论从技术层面还是道德层面的建设，都极不完善。技术上，主要评估依据是1996年国资委、林业部颁布的《森林资源资产评估技术规范（试行）》（简称《规范》）。以现在的眼光看，《规范》不仅在理论上与《资产评估基本准则》存在矛盾，在技术方法上主要对用材林描述较为详细，而且对林地资产、森林生态资产、森林景观资产等其他客体评估的表述较少，已不能满足现实评估业务的需要。资产评估道德层面，由于森林资源资产评估道德准则及相关制度的缺失，整个行业的执业风气并不理想，评估机构和评估人员受利益诱导，提供虚假评估报告的事情并不少见。因此，加大森林资源资产评估技术研究、整顿评估行业风气，使金融机构获得林权抵押物真实的价值信息，是促使金融机构提高贷款率和贷款额度的关键要素。

五、在贷款风险防控上，建立林业贷款担保补偿机制

担保机制是促进森林资源资产抵押贷款制度建立健全的主要保障机制之一。为此，要重点按照以下三种形式做好抵押贷款担保工作：一是林业个体承包大户公议授信制度，解决其大额贷款担保抵押的相关问题；二是林业经营大户及林农联保制度，实行"个人申请、多户联保、周转使用、责任连带、分期还款"的管理办法；三是担保公司运作模式。针对我国森林资源资产抵押贷款发展的基本状况及今后的发展趋势，为了减轻担保公司的风险，加强林农育林、护林的积极性和风险意识，在担保公司和林业经营者之间也应建立风险共担、利益共享的合作关系，还可以大力推广福建省林业产权制度改革后新增加的林权反担保贷款新

模式，即银行发放贷款给贷款户，并由担保单位提供担保，同时，贷款户将林权证提供给担保单位作为反担保，一旦贷款到期借款人不能按时还款，银行有权要求担保单位偿还贷款本息，同时，担保公司有权根据反担保协议处置变现借款人的林木资产收回相应的资金。

除担保机制外，为保障金融机构在贷款到期后能够如期回收资金，应特别注意加强林业保险体系建设，由林农、农信社和保险公司三方签订协议，在林业投资发展项目贷款的同时向保险公司投保，并在合同中明确规定贷款银行为第一受益人。投保金额不得低于抵押物评估价值，时间不短于贷款期限。抵押期内保险单由经办行保管。抵押林木资产发生保险事故应及时通知贷款人，并向保险人索赔。赔偿金首先用于火灾迹地更新，其次用于偿还贷款人到期本息。赔偿金应存放在贷款人经办行开立的专项存款户，由贷款经办行监督使用。这样既可以拓展中间业务（代理保险业服务），又可以降低投资风险和银行信贷资金安全的后顾之忧。

专栏2－4

庆元县如何处置林权抵押不良贷款？

由于存在抵押林权变现处置难的问题，不良贷款逐渐增多，金融机构对林权抵押贷款前景表现忧虑。丽水市庆元县在处置林权抵押不良贷款问题中形成了自己的独特经验，可供各地借鉴参考。

根据中国人民银行庆元县支行和庆元县和兴林权抵押担保有限公司的统计，2007～2012年，庆元县共发生林权抵押担保不良贷款38笔，金额达244.9万元。庆元县具体处置办法如下：

1. 协议清收方式

2010年4月，丽水市银监会、丽水市中级人民法院、丽水市林业局、丽水市财政局、中国人民银行丽水市支行共同出台《关于做好林权抵押不良贷款资产处置变现工作的意见》。该意见确定了坚持以协议清收为主、诉讼清偿为辅的基本原则，规定了折价、拍卖、变卖、收储、采伐、诉讼六种处置方式。除诉讼外，其余五种处置方式均需林权抵押权人和借款人协商同意为前提。

2. 收储方式

在应对林权抵押不良贷款处置变现的几种方式中，收储方式相对经济便捷，能最大限度地保障林农的经营权。森林资源收储是将可以依法流转的森林、林木的所有权或者使用权和林地的使用权，非竞争性地进行收购，并依法出让的森林资源流转行为。如林权抵押人无力归还贷款，可要求以其反担保的林权折价抵偿债务的森林、林木或林地。

3. 强制执行方式

司法应该是避免市场交易风险的有效手段。实践中，金融机构和担保机构通过诉讼途径解决不良贷款处置变现的问题。

第五节 推进我国林权抵押贷款发展的政策方向

各类金融机构为林业提供信贷服务，必须形成合理的分工格局和运营定位。目前，各类金融机构往往只拥有同质的、最基本的金融产品和金融服务，难以满足多层次的林农信贷需求。因此，需要建立多元化的林业金融服务体系，应该建立以国家开发银行和农业发展银行的政策性信贷服务为引导，农业银行、农信社等商业性和合作性金融机构适度竞争，森林保险与信用担保等金融中介适当介入，其他各类金融组织和民间借贷为补充的完备金融服务体系。同时通过各种金融机构的联结、链接，利用“行行联合、行社协作”等发展模式，采取委托贷款、转贷款和捆绑式担保信贷业务等方式，将政策性银行和商业银行的信贷资金通过农信社等机构传递给林农和林业中小企业。

一、建立政策性信贷为主导、财政贴息为支撑的林权抵押贷款体系

林权抵押贷款利率高与林业经营收入低效益的矛盾决定了市场机制下的商业性金融运作模式并不完全适合于林权抵押贷款，以政策性银行为主导、公共财政为支撑的林业贴息贷款制度是开展林权抵押贷款的必然选择。具体举措如下：

（一）充分发挥政策性开发性金融的引导作用

国家开发银行和农业发展银行要调整职能定位，创新政策性贷款业务模式，发挥政策性银行的导向作用，加大林业信贷支持力度。一是通过各地国有资产投资经营公司等类似机构作为借款主体统借统还，林农作为最终用款人使用并偿还贷款本息，农信社联社、村镇银行或资金互助社等为委托贷款行办理贷款发放和结算业务；二是开展活立木储备政策性信贷业务，在地方政府或者其国有资产运营公司的担保下，农发行可向政策性收储企业或者中心提供政策性贷款，从而诱

导商业银行和农信社积极提供林权抵押贷款，起到政策性银行应有的扶持和诱导功能；三是开展扶持龙头企业与林农合作造林政策性信贷业务，政策性银行可以设立林业政策性贷款专项业务，主要用于扶持龙头企业与林农合作造林模式的贷款申请项目，促进林业企业和林农的共同增收。在信贷业务的操作流程上，政策性银行向林业企业提供贷款，企业与林农签订购销合作合同，通过商业信用的方式赊销生产资料给林农，林农通过企业对林产品的收购偿还所欠债务（类似于来料加工），实现银行、企业和林农三方共赢。

（二）引导建立竞争有序的林权抵押贷款市场

为支持我国林业商业性信贷体系创新与发展，通过信贷制度和融资业务及技术创新，改进对林农的金融服务。商业银行应积极创新信贷管理机制，加强金融信贷产品开发研究，适时推出创新型的信贷产品，以满足林业贷款业务发展的需要；农信社要利用面向农村点多面广的优势，结合业已推广的林农小额信用贷款、联保贷款方式进行创新，打好林权抵押贷款创新“组合拳”，并推出符合林农信贷种苗生产、花卉生产、经济林生产、竹林生产、工业原料林生产、大径级珍贵用材林、生物质能源林生产、“森林人家”及森林生态旅游经营活动等需求特征的大额与小额全覆盖、短周期与长周期全包含的信贷产品，同时简化现有林业信贷产品和服务的审批手续，缩短放贷时间，降低林农融资的隐形成本。

除支持农信社与商业性金融参与林权抵押贷款外，还应建立多种形式的新型金融机构（组织），吸引更多信贷资金和社会资金进入林业，以建立竞争有序的林权抵押贷款金融市场。

一是适度放宽农村金融的准入标准，继续允许成本低廉、开展简单业务、能够维持微利的各类机构进入林业信贷市场，可适当优先考虑事实上已经存在多年并有良好记录和当地群众口碑的各类小额贷款组织。通过培育建立林业小额信贷组织，进一步改善和提升林业金融的服务水平，促进形成更加多样化的林业金融服务体系，为打破农信社垄断林业信贷市场的局面创造条件。二是支持有条件的林业重点县市加快推进组建村镇银行、农村资金互助社和贷款公司等新型金融机构。鼓励各类金融机构和专业贷款组织通过委托贷款、转贷款、银团贷款、协议转让资金等方式加强林业贷款业务合作，促进形成多种金融机构参与林业贷款市场体系。三是正确引导和规范民间信贷的发展，允许民间资本进入合法融资渠道。在严厉打击高利贷和金融欺诈等违法行为的前提下，在林业信贷市场引入竞争机制，能有效发挥民间借贷对林业正规金融体系的补充作用。

（三）推动完善林业小额贷款的财政贴息政策

本着“政府推动、市场运作，多方共赢、协调发展”的原则，加强林业和金融部门之间的协调配合，扩大试点范围，提高贷款贴息额度，完善财政贴息运行管理机制，确保林权抵押贷款利率降到惠农、支农的金融贷款利率水平。制定金融机构林权抵押贷款奖励政策，对林权抵押贷款利率上浮幅度控制在30%以内的金融机构，按照林权抵押贷款余额的一定比例对金融机构进行奖励，促进金融机构积极开拓林权抵押贷款业务项目。

总之，林权抵押贷款有小额贷款特征，更符合福利主义特征，调节高额贷款利率应由具有公共服务职能的政策性银行和各级政府来主导。特别是林业本身具有显著正外部效应，林业提供的生态服务效能具有公共产品特性。由于存在市场失灵，实现外部效应内部化不能靠市场手段解决，而政府等公共服务部门通过贷款贴息政策途径购买或部分购买林业的外部效益反哺于林业经营者，也是应有之义。

二、完善林权抵押评估政策，扩大森林资源抵押权限

在《林权抵押贷款的实施意见》的基础上尽快出台《全国林权抵押贷款管理办法》，从制度上对林权抵押贷款用途、期限和利率，拟抵押林权的评估，抵押登记程序，抵押财产的管理和处置等有关问题进行设定，以便于各地在开展林权抵押贷款时有所参照、遵循。

允许林地使用权抵押，对于使用权所有者而言，在不失继续独立经营林地的前提下能增加其林权抵押能量，做到物尽其用。对于政府而言，借助于抵押债权人对于债务人经营管理林地资产的有力监督，可以减少监督与保护林地的公共财务支出；对于债权人而言，增加抵押贷款额度，也就可以增加利息差收入和经济利润。

从权益实现角度，林地使用权抵押能克服公有资产所有者虚置的弊端，还使用者以完全处置权。所以，把林地使用权纳入林权抵押范畴是一种多赢行为。当然，在林农要求强烈、政府态度不明确的情况下，多数金融机构不愿把林地使用权作为抵押贷款对象的主要原因还是处于信息弱势、惧怕坏账风险。故赋予林地完整抵押权限的关键是明确林地抵押的法律地位、提高林地计价水平及资产处置变现能力，以解除金融机构的风险警惕，具体举措如下：①修改《担保法》《农村土地承包法》等相关法律，把林地承包经营权列入可以抵押的资产范畴，明确其资产抵押权的法律地位，确定其可抵押的法律依据。②加强林业部门与金融机构的彼此沟通，加大对金融机构相关人士的林地知识普及和培训力度，以提高其林地价值意识。③加强林地资产评估理论研究与评估市场管理，建立高水准、高信度的林业资产评估管理体系，提供客观、公正的资产评估结果。④建立健全林地使用权流转市场机制，完善流转社会服务体系建设，改进林地资产变现能力，使银行变现抵押受偿林地的渠道畅通。

三、加快信用担保体系建设，提升林农贷款获取能力

1. 推进林业信用体系建设，建立林农信用评价体系

商业银行、农信社、政府有关部门、林农等要共同协调和努力，结合“农村信用工程”创建活动，稳步推行林农信用评价体系，积极构建以家庭为单位的个人信用体系，将林农的历史贷款信用存档，以便于银行和农信社做出抵押信贷决策，从而规范金融机构的信贷行为，保障贷款的安全性。

2. 发展林业信用担保机构，提供各类融资担保业务

研究制定林业信贷担保扶持政策，建立政府扶持的林业信用担保机制。一是建议设立包括中央、地方财政出资和企业联合组建的多层次的林业信用担保机构，鼓励各类担保机构开办林业融资担保业务；二是大力推行以专业合作组织为主体，由林农自愿入会或出资组建的互助性担保体系，发挥其直接提供担保或组织会员互保的作用；三是鼓励各类担保机构通过再担保、联合担保及担保与保险相结合等多种形式，积极提供林业生产发展的融资担保服务，切实解决林农大规模贷款担保的难题。

四、建立林业风险管理体系，增加金融机构信贷供给

为有效化解林业经营所面临的市场风险、自然风险和流动性风险，减少金融机构提供信贷的阻力和后顾之忧，建议构建基于“订单林业＋林产品期货＋森林保险＋资产证券化＋信贷风险补偿基金”的林业一体化风险管理体系，积极探索林业信贷市场与林产品期货市场、森林保险的有机结合方式。

一是大力发展订单林业，通过合同管理减少林业市场风险，帮助林农获得稳定的收益，同时也可确保林产品加工（流通）企业获得稳定的原材料；二是恢复和重建林产品期货市场，为大户林农和林业企业利用期货市场防范林业市场风险提供条件；三是推行森林资源资产证券化，用证券化方式取得的资金能有效盘活森林资源资产，促进森林资源资产的合理流动，可以有效解决森林资源资产的流动性风险问题；四是加快构建森林保险体系，推进以政策性保险为主、商业保险为辅的森林保险体系的建立，针对当前森林保险品种单一的现状，建议尽快出台《森林保险管理条例》，编制《森林保险发展规划》，丰富森林保险品种，加大补贴水平和补偿力度，降低保险费率，提高保障理赔金额，扩大林农参保率和森林保险覆盖率；五是探索建立林业信贷风险补偿基金，风险补偿基金实行林业与金融部门共同管理，专款专用，通过合理确定用于补偿商业银行和农信社林业贷款的风险损失率，降低金融机构的信贷风险，并逐步建立银行、企业、个人风险基金，形成政府、银行、企业、个人共担风险的机制。

五、建立林业要素流转市场，加快建设林权服务中心

推动建立以林权流转为主的林权交易市场、森林资源收储机构等配套的林木市场体系，配套活跃市场交易的手段，逐步形成县、乡、村一体化互动网络和服务体系；出台规范化的《集体林权流转管理办法》，保障和促进林权流转、林木资产正常交易的良性运作，一旦出现信贷风险，即可按照市场化原则进行处置，化解信贷风险。加大林权服务中心标准化建设试点力度。按照“统筹规划、分步实施，合理布局、突出重点”的原则，抓紧制定全国林权管理服务中心标准化建设规划。通过财政补贴政策和建设规范引导，加快林权管理服务中心、林权登记管理信息系统、森林资源收储担保中心、森林资产评估中心等林权综合社会化服务体系建设，争取未来5~10年初步形成全国林权服务中心标准化体系，全部覆盖主要林区市县范围，大幅度提高我国林权管理社会化服务水平，基本建立稳定的林权管理社会化服务体系，为社会资本顺畅进入林业做好基础工作。

六、健全相关配套扶持政策，促进林业金融政策落实

1. 完善森林资源资产评估体系

一是尽快出台森林资源资产评估机构资质认定管理办法，积极探索建立森林资源资产评估师或评估专家制度，培育具有相应资质的森林资源资产评估专业中介机构，强化森林资源资产评估的行业规范建设和市场监管，并逐步加强对评估人员的培训和管理，不断提高资产评估质量；二是出台森林资源登记、评估的收费管理制度和办法，逐步降低资产评估收费费率，根据林木生长期限长的特点延长评估期限。

2. 明确林权抵押贷款登记机构

由于林权证涉及乡镇千家万户，林权登记机构不能设立得规格太高、距乡镇太远，建议以乡镇为单位、以乡镇林站为依托成立林权抵押登记机构。林权登记部门必须建立现代化的计算机登记网络，能够完整记录林木及林权抵押贷款的详细数据。

3. 改进森林资源采伐管理办法

对在抵押贷款期间所抵押的林木，未经抵押权人同意不予发放采伐许可证、不予办理林木所有权转让变更手续。贷款到期时，积极协助金融机构做好抵押权的处置工作，优先保证贷款抵押林木的采伐需要，确保银行抵押权的顺利实现。

4. 逐步完善林业贷款贴息政策

一是积极构建与各级金融管理机构的协调互动机制，建议国家林业局与中国银监会等机构建立林业贴息贷款联席会议制度，建立林业贴息贷款重点联系银行

制度，由各级林业部门与确定放贷银行联系和沟通，加强部门间合作，发挥政策合力。林权抵押贷款的成功经验表明，林权抵押贷款的推进除了需要国家在政策层面引导外，更需要实践层面的示范。当前，金融机构在国家调结构的宏观要求下，都有开展林权抵押贷款的愿望，但因对林业行业的了解不够，不敢贸然开展这项业务。召开林权抵押贷款现场会，用成功的实践推动各地的工作，十分必要。二是改进林业贴息贷款项目的计划管理模式，完善林业贴息贷款项目的申报与审批机制，按贷款规模大小，合理划分中央、省、县（市）三级林业，财政部门的贷款管理权限，允许各地根据林业贷款落实情况及用途确定申报林业贷款的财政贴息资金。三是扩大林业贴息贷款的使用范围和对象，加大对林农的贴息力度，对林业小额贷款可以考虑给予全部贴息，并延长林业贷款财政贴息的期限。

第六节　我国林权抵押贷款典型地区案例

一、永安模式

2004 年，国家开发银行在永安市进行试点，以永安国有资产投资经营有限责任公司（简称永安国投）作为借款主体向国家开发银行统借统还，各林业中小企业及林农作为最终用款人使用并偿还贷款本息，当地农村信用社联社作为委托贷款行办理贷款的发放和结算业务。这种模式简称永安模式。

（一）模式概要

永安模式是以政府信用为基础，地方政府组建贷款平台，通过企业信用和市场信用构建违约风险分担机制的间接贷款模式，其贷款主体是永安国投，如图 2－5 所示。其另一特点是借款人、用款人分离，用款人为第一还款人，以其自有林权证等固定资产向借款主体提供抵押担保，以政府组织增强信用共同构筑融资平台。贷款由永安国投作为借款主体统借统还；各林业中小企业及林农，作为最终用款人使用并偿还贷款本息；永安市农村信用合作社联社作为委托贷款行办理贷款的发放和结算业务。该贷款模式在采用传统银行贷款业务一般做法（如用款人的抵押担保）的同时，运用开发性金融政府组织增信的原理，引入政府财政信用的担保。为了确保贷款的顺利发放，永安市政府和国家开发银行福建省分行就改善融资环境、构建林业融资平台、构建基层信用平台、建立切实可行的信用评价体系、构建完善的信用结构、建立贷款偿还机制等方面展开了积极的合作。

例如，为降低贷款风险，永安市在国家开发银行建立了风险补偿金，资金来自林业信用协会会员缴纳的贷款互保金和永安市财政筹集的林业产业发展风险准备金。

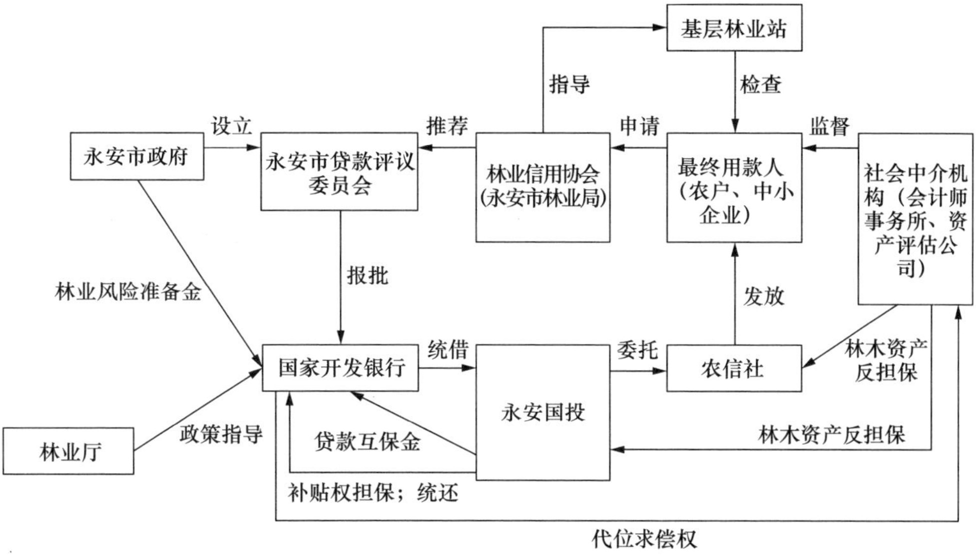

图 2－5 永安模式概要图

（二）模式特色

财政富裕和政府支持是永安模式成功的两大前提。永安国投作为借款主体向国家开发银行统借统还，实际是利用政府信用作为担保，永安市发达的经济和永安国投庞大优质的资产规模、良好的盈利能力为还款提供了有效的保障。注入风险准备金、以财政作为还款保障、对小额林权抵押贷款贴息，这些都需要财政资金的充裕和地方政府的大力支持。如果离开这两点，永安模式将寸步难行，也束缚其推广。

1. 政府财政支持，增强林农信用结构

永安模式以政府信用为基础，地方政府组建贷款平台，通过企业信用和市场信用结合构建违约风险分担机制，其贷款主体是永安国投，以政府组织增强信用，共同构筑融资平台。

另外，作为向国家开发银行贷款的条件，永安市设立了林业产业发展风险准备金，首期由福建省林业厅和永安市政府注入 300 万元，其后永安市每年安排 200 万元，并在国家开发银行设立监管专户，以控制违约风险。永安市政府对永安市国投给予财政补贴，永安国投以其资产和收益向国家开发银行进行贷款担保。此外，为了支持林业发展，永安市政府对林农小额林权抵押贷款提供3%的年贴息财政支持。可以看出，为了保障林权抵押贷款的顺利开展，永安市从多方位多角度增强林农的信用结构，降低贷款风险。

2. 实行统贷统还，借款人、用款人分离

考虑到永安市林权分散化、小额化的特点，为解决林农主体分散、经济实力弱，难以直接办理林权抵押贷款的问题，永安市人民政府建立了"统一规划、统一审批、统贷统还"的贷款机制，指定永安国投作为永安市林权抵押贷款的统一承贷平台向国家开发银行借款，负责管理贷款资金，并向国家开发银行还本付息；各林农及林业企业作为用款人使用贷款资金，并向借款人还本付息。永安市统贷统还流程如图2－6所示。

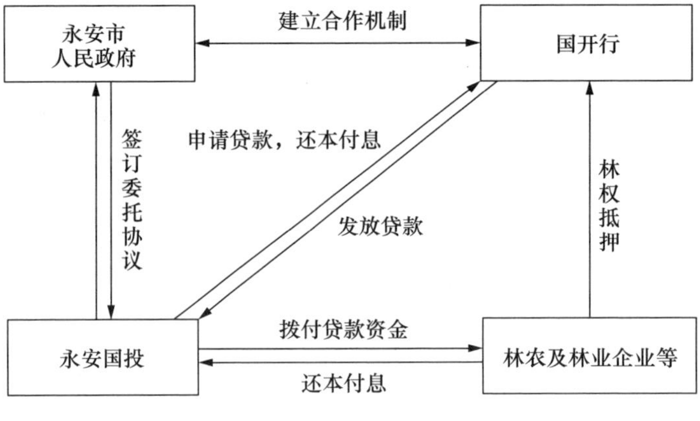

图2－6　永安市统贷统还流程图

操作层面上，永安国投在国家开发银行永安市分行开立贷款账户、结算账户和风险准备金专户，用于发放贷款、办理结算、回收贷款本息和存放风险准备金，各用款人开立结算账户用于办理结算。统贷平台的建立明确了国开行贷款的承贷主体，方便各用款人通过统一融资平台顺利办理林权抵押贷款。

（三）存在的不足

1. 缺乏利益诱导机制使参与者缺乏积极性

在永安模式中，永安国投作为贷款平台向国家开发银行贷款，然后委托农信社将贷款发放至企业、农户，在这个过程中，永安国投仅作为政府部门完成任务，没有获取商业利益，却付出一定的成本；农信社作为贷款发放渠道，只享受政府风险准备金存入农信社的收益，收益金额有限，与其付出的交易、管理成本不成比例。永安国投和农信社付出了成本却缺乏相应的收益；如果不考虑其服务林农、造福社会的政治责任感，这种风险与收益不匹配的状况会扭曲其行为模式，容易导致“多一事不如少一事”的消极行为，制约林业信贷的发展。

2. 政府担保有局限性，急需新型担保主体

国家开发银行属于政策性银行，可以接受政府财政担保；而商业银行不能接受政府财政担保，这就极大地限制了永安模式的推广能力。此外，国家开发银行也在逐渐进行商业化改制，永安模式未来存在不确定性，必须创新承贷担保平台的形式，构建商业化担保主体，推动林业信贷的发展。

二、屏南模式

（一）模式概要

与永安模式相比较而言，屏南县的林权融资模式更加偏向于小额林权抵押贷款，更加符合林权融资制度改革的初衷，为需要资金的小林农解了燃眉之急。屏南县小额林权抵押贷款服务平台框架是在政府的支持、推动下，实行社会化、市场化运作，充分发挥屏南县小额信贷促进会在小额林权抵押贷款服务平台建设中的指导、服务、自律作用；以信用建设和林权抵押为基础，建立担保基金，融合推介担保、技术信息、林权流转服务；以会员制形式建立农村信用评价制度，推动信用体系建设；建立县、乡（镇）、村三级联动，多种融资服务经营形式互补，以中低收入农户为主的小额林权抵押贷款融资服务平台。

（二）模式特色

1. 建立小额林权抵押贷款信息服务平台

屏南县小额林权抵押贷款移动信息服务电子平台是基于现代信息技术、融合“政府扶持、多方参与、市场化运作”的农村融资服务模式而建立的农村小额信贷服务平台。其具有六个优势：一是便利农户办理贷款、降低农户借款成本；二是大大减少了信贷员的工作量，极大地缩短了贷款审批发放时间，方便林农更快速地获得贷款；三是通过信用等级评定，提高贷款抗风险能力；四是通过小额信贷机构担保降低信贷风险；五是综合应用自然人信用担保、林权反担保、担保风险基金等切合农村实际的担保方式降低了贷款门槛；六是为农信社提供三农信贷需求的综合情况，有利于提高农信社三农信贷计划科学性和指导性。总之，通过建立屏南县小额林权抵押贷款移动信息服务电子平台，大大促进了屏南县林权抵押贷款业务的开展，对屏南县林农增收和林业产业的发展都起到了极大的促进作用。

2. 建立小额林权抵押贷款风险分散机制

屏南县小额林权抵押贷款风险分散机制由三个部分组成——政府救助、贷户互助和社会捐助。屏南县小额信贷促进会首批 50 万元的扶贫小额贷款风险金已获批准，开创了福建省农村扶贫小额贷款风险补偿机制的先河，促进会影响力日

益扩大，将引导贷款户自发地交纳互助风险基金，用于会员制原则下的信贷损失补偿。同时通过各种劝募活动，争取社会各界对扶贫开发工作的捐助。此外，促进会坚持信贷支持融合技术、信息、项目选择等服务，实行持续的信贷扶持，可以化解信贷风险，增加家庭收入，促进贫困农户摆脱贫困，实现勤劳致富。

（三）存在的不足

1. 产品不能适应市场需求

从贷款利率看，目前农信社对森林资源抵押贷款的利率一般在基准利率的基础上再上浮70%，最高的上浮100%；商业银行对森林资源抵押贷款的利率一般在基准利率的基础上上浮30%，最高的上浮50%；少部分森林资源抵押担保贷款经担保公司担保后，所负担的利息和费用更高。从评估收费标准看，林业管理部门为100万元以下收取6‰的评估费和登记费，农信社按评估值的50%～60%贷款，借款人需承担评估、抵押登记等相关费用约达12‰，加上需缴纳3‰的担保费，折算综合平均贷款利息及费用在12%左右，过高的利率、费用负担制约了林农的贷款需求。从贷款期限看，辖区森林资源抵押贷款90%以上为1年期的短期贷款，由于林业生产周期较长，最快的如毛竹到成材也需要3年时间，而其他经济林作物则需更长时间，林木生产周期与金融信贷期限不匹配的问题突出。

2. 林权改革尚未完全到位

一是林权证还未全部发放到林农手中，特别是小林农领取比例更小；二是部分林区也存在不稳定因素，一些历史遗留问题和经济利益相互交织，一些村涉林纠纷较突出，林改步伐缓慢，全市有多个村镇未开展改革或改革方案未获通过。

三、丽水模式

（一）模式概要

丽水市着重就突破传统林业产权制度和农村金融体制进行深刻思考和探索，突出“盘活”“变现”两大关键点，全面系统地推进集体林改。丽水市也在林权抵押贷款改革实践中形成了自己的特色。该模式创新金融的主要特色是支持林权改革服务产品，包括小额循环贷款、林权直接抵押贷款、收储中心担保贷款以及生态公益林权抵押贷款；建立流转平台，包括林权管理中心、森林资源收储中心和林权交易中心。

（二）模式特色

1. 创新林权抵押贷款产品，拓宽林农融资渠道

丽水市在推进林权抵押贷款实践中，最不能被忽视的一点就是林权抵押信贷产品的创新。在这些创新金融产品体系中，逐渐形成了三个比较成熟的贷款品牌，即小额循环贷款（在信用村、信用户创建的基础上，以信用＋林权抵押的方

式核定最高贷款授信额度，并采取“集中评定、一次登记、随用随贷、余额控制、周转使用”的管理办法）、林权直接抵押贷款（对森林资源良好、权属清晰、变现容易的林权，推行直接向银行抵押贷款）以及林权反担保贷款（农村金融机构发放给借款人贷款，由担保公司提供担保，同时借款人将林权证提供给担保公司作为反担保，担保公司根据所担保贷款金额收取一定的担保费），这些金融产品极大地满足了各种林户对林权抵押贷款的需求，也提升了金融机构的经济效益，形成了一个健康的丽水林业金融闭环，为促进丽水市林业的健康发展发挥了不可忽视的作用。

2. 建立森林资源流转平台，降低银行坏账风险

由于森林资源分布广，又十分偏远，再加上植树不如盗伐获得收益高的错误观念影响，盗伐已经成为很严重的现象，要使农信社和更多的银行参与其中，必须加强森林资源的管理，尤其是已经抵押的森林资产。因此，丽水市、县两级均成立了林权管理中心、森林资源收储中心和林权交易中心，提高林权流转的便利度，确保抵押物的安全，降低银行坏账风险。

（三）存在的不足

1. 服务机构不完善

目前，丽水各县（市）都组建了林权管理服务、森林资源收储担保、森林资产评估三大服务机构，落实了部分人员及编制，但在 20 世纪 90 年代以后，农村金融机构纷纷撤并，服务功能大大减弱。此外，合作组织、服务体、地籍管理、资源保护、林业执法等配套改革还需进一步深化。

2. 担保机构较单一

金融部门为了抵御贷款风险，除了“信用 + 小额贷款”外，要求实行有担保贷款。目前，丽水开展担保业务的全部是林权收储公司，而收储公司是由财政注入资本金，根据金融部门的规定，担保额度为资本金的 5 倍，一个县 500 万元的资本金最多只能为 2500 万元的贷款额进行担保。要求财政注入太多的资本金是不现实也是不可行的。因此，必须拓宽担保渠道，减轻政府压力。

第七节 我国林权抵押贷款储备林项目案例

一、项目背景

目前，国家储备林项目的建设资金主要来源于中央财政投入，但当前经济下

行压力加大，财政增收放缓，仅仅依靠财政支持难以独自支撑储备林建设任务。此外，由于国家储备林项目具有社会性、公益性等公共产品属性，以及建设规模大、周期长、资金占用额度大、沉淀成本高等特点，这些特征与商业性金融追求短期盈利的要求并不符合，导致商业性金融供给乏力，社会资本不愿介入，国家储备林项目面临严重的融资困境（宋艳丽，2014）。因此，如何创新国家储备林项目融资机制，是全面推动国家储备林建设的关键。

广西作为全国速丰林、人工林面积最大和商品林产量最大的省区，是全国首批国家储备林基地建设试点省区之一。根据《规划》，广西 2015 ~ 2020 年需营造储备林 2100 万亩，占全国储备林建设总规模的 13.37%，任务量居全国首位；储备林项目总投资约 387 亿元，融资需求 280 亿元（其中一期项目规模 750 万亩，融资需求 100 亿元以上）（张雷，2015）。为破解融资难题，广西引入开发性金融进行国家储备林基地建设，建立了“统贷统还、融资担保、契约管理、按期还款”的融资模式，突破了林业工程项目建设主要依靠财政资金的单一投资格局，创新了储备林项目的投融资机制，对全面推进国家储备林建设具有重大的示范效应和推广价值（李佳怡等，2016）。本书正是基于广西储备林项目的融资创新模式，通过分析其引入开发性金融过程中面临的融资困境及难点，提出进一步完善广西储备林项目融资机制的政策建议，以期为全国其他省份推进国家储备林建设提供借鉴。

二、广西国家储备林基地建设融资困境分析

广西国家储备林项目建设主体多、建设周期长、收益机制模糊、担保资源有限等问题致使其难以承接国家开发银行贷款。

1. 建设主体众多，缺少统一承贷平台

广西国家储备林项目涉及 14 个市、72 个县（市、区）、13 个区直林场和 2 个国有企业，覆盖自治区内 29 个连片特殊困难地区，建设主体多且分散。此外，广西国家储备林项目的建设主体大部分是国有林场，而多数国有林场经济实力弱，其资本金数量与信用等级难以达到国家开发银行的放款标准和条件，无法直接承接国家开发银行贷款（余东威，2017）。因此，如何建立符合国家开发银行放款标准的承贷平台，满足各建设主体的融资需求，是广西获取国家开发银行贷款建设国家储备林基地首先要解决的问题。

2. 建设期限较长，不易匹配信贷产品

林木生长周期长的特性决定了储备林项目建设周期长，投资回报期长。一般的中短期速木林生长周期为 8 ~ 10 年，而大径级用材林和珍稀树种的生长周期更长（可达 30 ~ 50 年），这导致广西国家储备林项目融资期限将长达十几年甚至几

十年。现有的信贷产品一般期限较短、利率较高，即使是政策性银行的常规信贷产品，也难以适应广西国家储备林项目的融资期限，这将导致贷款与还款的时间脱节，易出现偿还期限错配问题，从而导致融资成本增加（刘晓亮，2015）。此外，广西国家储备林项目资金需求量大、投资收效慢，且林木生长过程中基本没有现金流入，这将导致储备林项目建设主体在项目初期承受巨大的还款压力，增加储备林项目的经营压力。

3. 收益机制模糊，还款来源不够明确

国家储备林项目的还款来源是国家开发银行考察其预期偿债能力的重要指标（王东红，2017）。广西国家储备林项目的建设内容包括经济林和生态林，项目的现金流不稳定，且收益机制不明晰，项目自身的造血功能是否足以实现项目现金流的正常循环尚未可知，导致还款来源无法明确，难以达到国家开发银行的贷款条件。

4. 担保资源有限，信用结构难以搭建

首先，广西国家储备林项目贷款抵押物不足，缺乏足够的担保资源。目前，储备林项目的抵押物主要是林木所有权和林木使用权，其抵押价值难以达到国家开发银行的贷款要求。林地因处置不便，以及难以进行价值评估等原因无法作为贷款抵押物。此外，南方集体林区林地经营权流转的租地合同较为普遍，但因集体林权改革时期存在的技术障碍、法律问题等原因造成部分林地尚未取得林权证，给部分林场场外租地造林融资带来相当大的困难。其次，广西现行的森林保险产品保障水平低，风险缓释效力低。我国森林保险实施“低保额、低保费、保成本”的原则，广西公益林每亩保险金额为500元，商品林每亩保险金额为800元，保障水平难以达到保林木资产价值的目标。作为抵押物的林木资产一旦灭失，保险的赔偿金额就无法抵补银行的损失。因此，现有保障水平难以满足国家开发银行对项目风险控制的要求。

三、广西国家储备林项目融资模式创新

为顺利承接国家开发银行贷款，广西在承贷平台、信贷产品、还款来源、增信机制等方面进行创新，建立了“统贷统还、融资担保、契约管理、按期还款”的融资模式。

（一）构建承贷平台，实行统贷统还

考虑到广西国家储备林项目涉及区域广、林场多的特点，为解决储备林项目建设主体分散、经济实力弱，难以直接承接国家开发银行贷款的问题，广西壮族自治区人民政府建立了“统一规划、统一审批、统贷统还”的贷款机制，指定自治区直属国有独资大型林业企业广西林业集团作为本项目的统一承贷平台向国

家开发银行借款，负责管理贷款资金，并向国家开发银行还本付息；自治区直属林场及基地建设单位作为用款人使用贷款资金，负责基地建设并向借款人还本付息。广西国家储备林基地建设项目融资流程如图 2－7 所示。统贷平台的建立，明确了国开行贷款的承贷主体，方便各建设主体通过统一融资平台顺利获取国开行贷款支持（张燕琳等，2012）。

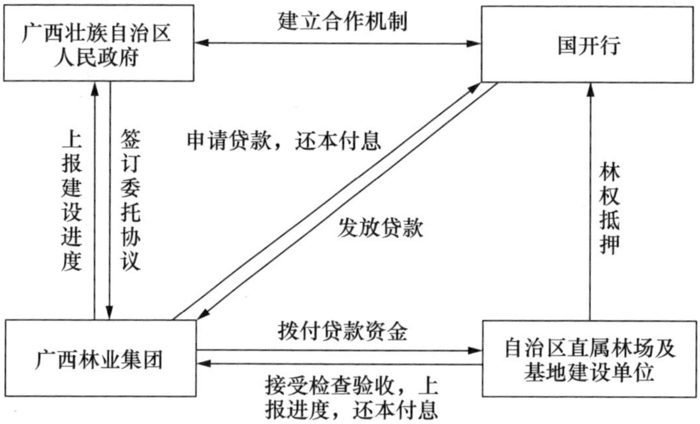

图 2－7　广西国家储备林基地建设项目融资流程图

（二）针对项目需求，优化信贷产品

为解决广西国家储备林项目建设期限长、信贷产品期限难匹配的问题，国家开发银行提供了 27 年超长期贷款期限、8 年宽限期及优惠利率的新型林业信贷产品。该产品贷款期限超过世行、欧投行 20～25 年林业项目贷款期，与广西国家储备林项目林木建设周期相匹配；8 年的宽限期也确保广西国家储备林项目建设主体在 8 年建设期内无须偿还本金，仅支付利息即可，有效减轻了项目建设主体前期还款压力。

（三）明晰盈利模式，确定还款来源

广西国家储备林项目的承储主体持有林地规模较大，可以专注于森林的经营管理，具有较强的规模效应。因此，广西计划通过集约化、专业化经营提高林地生产效率，以经营周期内采伐收入形成项目现金流，作为项目还款来源，实现项目资金的自循环。根据测算，广西国家储备林基地建设一期项目可通过木材采伐实现收益 226 亿元，项目现金流能够有效覆盖贷款本息，满足国家开发银行的贷款条件。此外，林下经济、森林旅游、森林养生等方面的收入也可产生直接经济效益，进一步增强了项目的还款能力。

（四）搭建信用结构，完善增信机制

搭建安全稳健的信用结构是通过国家开发银行贷款审批的重要条件，为此，广西积极弥补其在林权抵押和森林保险方面的不足，并创造性地构建了“风险准备金+林权抵押+林业保险”的信用结构。

1. 建立风险准备金制度

为确保林业信用平台安全运作、贷款资金正常回收，广西壮族自治区政府设立了风险准备金制度，由区直国有林场从其编入部门预算的经营收入中安排资金，作为广西国家储备林项目风险准备金，保证其能够覆盖国家开发银行贷款本息，降低信贷风险。

2. 完善国有林权抵押流转机制

广西林业厅与国家开发银行协商，积极探索完善国有林权抵押流转机制，一方面，允许项目借款人以合法拥有的纳入广西国家储备林项目的林地使用权、林木所有权和林木使用权为开发银行提供林权抵押，为超长期限林业贷款探索担保资源。另一方面，利用流动贷款释放在押林权等方法，使林场及时获得信贷资金用于当季营造林生产。第一，针对抵押物不足、担保资源有限的问题，国家开发银行放宽限制，允许储备林项目建设主体以商业用地和经济林等作为抵押资产。第二，针对林场场外造林林权证办理不足的问题，广西林业厅安排专人统计并派专员奔赴相关市县加快推进林权证发放工作。第三，为确保抵押合法有效，广西林业厅要求区直林场场内林地林木林权证明需经林业厅、场外林地林木需经当地市县林业主管部门核实出具抵押意见后方可抵押。为确保抵押意见合理可靠，一方面，林业厅要求林班小班对抵押文件进行逐字逐项核对，全力保证几十万亩的林权没有重复抵押；另一方面，安排专人负责林权抵押审核，对项目借款人用于项目抵押的林地、林木等资产合法性进行认真核对，并将抵押林权信息登记在册，保证抵押期间林地林木处于监管状态。

3. 实行森林综合保险

由于广西森林保险保额低，保障水平差，只能提供基本保障，难以达到国家开发银行对项目风险控制的要求，广西将储备林基地全部纳入现行财政补贴的森林保险范围，并开展商业性保险，以保证森林保险的保险金额能够覆盖贷款本息。

广西通过采取以上一系列措施，为储备林项目承接国家开发银行贷款扫清障碍，在一定程度上满足了广西国家储备林项目融资需求。此举不仅突破了广西林业工程建设主要依靠财政资金的单一化投资格局，创新了林业投融资机制，破解了国家储备林建设融资难题，更为后续撬动社会资本投资国家储备林项目、形成多元化融资格局奠定了基础。

四、完善广西储备林项目融资机制的政策建议

目前，国家储备林项目的建设资金仍主要来源于财政投入与开发性金融，但由于财政补贴范围受限，林业贷款贴息期限短、利率低，抵押担保、风险准备金等相关政策体系不够完善，林业融资工具有限等原因，制约了金融机构对储备林项目的支持力度，也在一定程度上抑制了社会资本的有效投入，造成资金来源渠道有限和投资主体过于单一的局面。因此，需要建立多类型的政策扶持体系和多样化的融资工具，为构建多元化融资格局提供政策保障。

（一）加大财政支持，完善财政补贴政策

目前，财政对国家储备林项目的支持主要体现在中央资金补助政策及林业贷款贴息政策两方面。广西国家储备林基地建设享受中央资金补助政策，但只能安排在国有林场实施，社会造林无法享受补助，且由于难以定性造林林地的荒山和迹地性质，造成部分林农造林补贴无法兑现。此外，支撑项目运行的短周期树种也不能享受造林补助。中央资金补助范围的限制在一定程度上增大了项目还款压力。另外，广西国家储备林项目当前可享受国家贴息 3 年、利率 3% 的贴息政策，难以适应储备林建设的长周期。

因此，建议放宽中央资金补助范围。首先，拓宽中央预算内林业基本建设投资的主体实施范围，中央财政造林补助标准不再区别荒山造林和迹地更新造林。其次，将国家储备林基地建设中的短周期树种（如桉树等）纳入补贴范围，同时完善林业贷款贴息政策，给予国家储备林贷款专项贴息（许传德，2014）。一是扩大贴息范围，将社会造林纳入贴息范围；二是延长贴息期限，为适应林业生产经营周期，建议贴息年限延长至 6 ~ 8 年；三是提高贴息率，建议对国家储备林项目贷款按照人民银行规定的基准利率予以全额贴息，切实减轻贷款造林的利息负担。

（二）完善配套政策，建立政策扶持体系

建立健全保障有力的政策体系、灵活适用的金融体系，是推进国家储备林建设的重要保障。除了财政补贴政策，广西国家储备林项目还应加强林权抵押担保以及风险准备金制度等方面的创新，争取开发性金融对储备林建设的进一步支持，吸引社会资本进入储备林建设领域（程朝阳等，2017）。目前，广西国家储备林项目担保仍以林木抵押担保为主，林地因处置不便、难以确定评估价值未能列入贷款抵押物。同时，质押担保和信用担保尚未尝试，如应收款项质押、第三方保证担保等方式使用不足。此外，目前尚未出台关于风险准备金投资的有关规定，当期约 1.2 亿元（现在贷款余额约 20 亿元）和后期 6 亿元的风险准备金（当贷款 100 亿元时）存放在账户无法得到有效利用，其保值增值和灵活使用的

手段有待加强。

因此，建议进一步放宽抵押物范围和担保方式，探索质押担保和信用担保，尝试更多的担保与反担保、政府企业共担的融资担保基金等多种措施，真正使林业这个“绿色银行”源源流动、生生不息，为推动生态林业和民生林业建设增加源动力（谷增军等，2016）。同时建议在有效控制风险的前提下，积极探索风险准备金的利用方式，实现资金的增值保值。

（三）创新金融工具，构建多元化融资格局

目前，广西国家储备林项目建设主要依靠信贷融资，运用绿色金融债券、信托融资、项目融资、产业投资基金、资产证券化等新型融资工具上有待加强（陈元，2010）。建议探索通过建立林业产业投资基金，发行林业信托产品、实施森林资源资产证券化等方式进行多元化融资支持国家储备林项目建设（张宏元，2013）。如根据储备林建设长周期性的特点，借鉴发达国家的通行做法，组建国家储备林收储基金。收储基金初期资金筹集对象以中央和地方政府、开发性（政策性）金融机构为主，后期逐步吸引社保基金、养老基金、商业银行、证券公司、保险公司等各类机构投资者进入。通过基金投资的项目公司作为收储平台负责收储，可以有效解决缺少承贷主体（平台）的问题，有助于通过规模化经营获得商业性金融支持，构建多元化的融资格局，形成资本流通与项目建设的良性循环。

第三章　林业贸易信贷融资

集体林权制度改革以后，极大地激发了林农投资林业的积极性，但是对于绝大多数林农而言，受自身收入与财富积累水平的限制，需要依靠信贷资金来进行林业生产和投资。然而，在林业信贷市场上，由于林业生产经营周期长、林业信贷市场信息不对称且林农往往无法提供合格的抵押品等因素，正规金融机构在向分散的、小规模的、低收入的林农提供信贷时，不仅要承担较大的交易成本，还要面临较大的信用风险。金融机构采取谨慎性风险控制策略和信贷供给行为，又必然导致林农难以获得所希望得到的信贷服务，林农信贷约束问题严重。随着林业产业化、集群化和规模化发展，林业龙头企业迅速壮大起来，通过采取“公司＋基地＋林农”经营模式，以“林业企业＋林农”的组织模式为依托，借助金融支持把分散的林农联系起来，林业企业通过与林农发展林业贸易信贷融资可以将资金从金融机构传导到林农，从而缓解林农不能直接从金融机构贷款而面临的信贷约束问题，实际上也是林权证抵押品替代机制的一种形式。

本章首先分析林业贸易信贷融资模式的内在机理，以及其与金融机构直接向林农放款相比所具有的优势，然后讨论林业贸易信贷融资的动力机制与合作条件，基于实地调查情况分析开展贸易信贷过程中存在的问题，提出促进林业贸易信贷融资发展的机制路径。

第一节　林业贸易信贷融资内在机理与主要优势

林业贸易信贷融资在林业金融市场上是一种重要而广泛的非正规金融形式。许多理论和实践研究表明，它在克服林业信贷市场上信息不对称、较高的交易成本、缺乏有效抵押品及违约率高等问题上较正规金融显现出明显优势，对缓解农户普遍面临的信贷约束问题能起到积极的作用。

一、林业贸易信贷融资内在机理

贸易信贷或合作造林实际上是一个产品交易和信贷交易的互联制度。林产品加工企业在生产之前和林农就生产、销售等各个环节签订契约，农业银行、农信社等农村金融机构以企业信用作为担保，以企业和林农之间的合作带来的收益作依据，向林农提供贷款，林农借助企业信用获得贷款从事生产经营。此种模式适用于产品适销对路、供不应求、在某地区或较大范围内知名度较高的林产品生产过程中的信贷供给，由金融机构以林农手中持有的订单为担保或质押进行放贷。林业贸易信贷融资能将分散林农和林业技术服务、信贷服务等渠道有效地连接起来，还可把分散林农与有保障的、有利可图的产品市场联系起来。贸易信贷成为林农获得资金的一个重要来源，成为正规金融机构贷款的一种替代方式，其机理如图 3－1 所示。林业企业可以利用以往交易活动所捕获的信息，了解借款人（林农）信誉、生产经营能力、财产收入状况，通过提供技术服务、投入品及销售协议，降低林业生产经营失败的可能性，进而降低借款人的信贷风险，直接从林产品收购款中扣除贷款，采取将来不再提供贷款的动态威胁来激励借款人还款。同时，企业与林农签订订单，可以建立起稳定的原料来源。

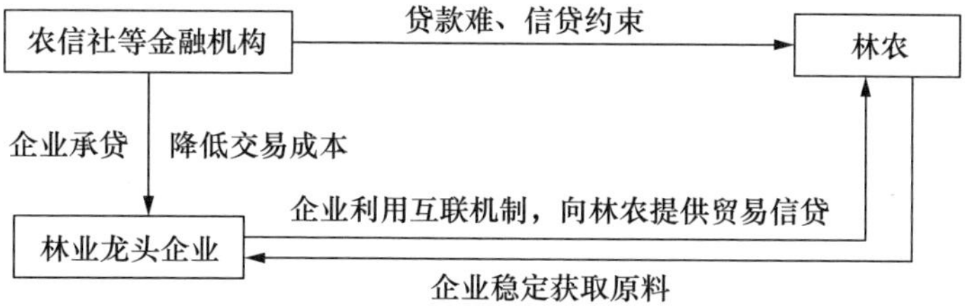

图 3－1　林业贸易信贷融资内在机理

二、林业贸易信贷融资主要优势

从某种程度上讲，林业贸易信贷融资是一种抵押品替代机制的具体运用。林农将其林地上正在生长的林木作为抵押品，向林业企业做抵押（或实质上的反抵押），而林农从企业获得资本（实物或货币形式），林业企业以其自身的资产作为抵押向银行贷款，同时它从林农处获取原材料的远期交易合同。根据以上交易机理，不难发现林业贸易信贷融资具有以下优势和作用。

一是解决信息不对称性。与正规金融机构信贷相比，林业企业对林农的信贷供给建立在林木产品交易的基础之上，因而利用原有产品交易所提供的信息，企业能较容易地获悉借款人的风险偏好、信誉表现，降低因信息不对称所引起的逆向选择问题；同时企业也可以对借款人的生产经营活动进行有效的监督，有助于防范道德风险的发生。

二是降低与借款人之间的交易成本。由于贸易信贷具有的信息优势，与正规金融机构相比，企业在借款人的筛选、借款用途的审查以及借款偿还的实施上，都具有明显的成本优势，可以解决正规金融机构面向林农借款是进行贷前调查、贷中审查和贷后检查而造成的交易成本过高问题。

三是存在潜在的还款激励。为防止林农进行合同外销售及提高林农生产积极性，企业往往对超额完成约定交易量的林农给予一定的现金奖励。林农若出现违约行为，企业除要求其按合约条款进行相应的赔偿外，今后也不再会与林农进行任何方面的合作。出于声誉机制的作用及林农对于企业长久合作关系重要性的认识，企业提出今后不再与之交易的威胁将会对林农当期行为产生较大约束作用。相对于正规金融机构只能依靠法律手段保证贷款的偿还来说，贸易信贷通过与经济利益挂钩的还贷激励能对林农产生更有效的约束作用。

四是有效缓解林农信贷约束。由于大型林业企业所面临的信贷约束相对较小，林业产业化龙头企业可通过贸易信贷的形式将其从正规金融机构获得的贷款转贷给林农，这样既可以发挥正规金融机构由规模经济产生的成本优势，又可以发挥非正规金融机构的信息优势，促成两者的有效连接，进而缓解林农的信贷约束问题。

正因为贸易信贷融资具有上述优势和作用，可以弥补正规金融机构在为林农提供的信贷方面的缺陷和不足，使企业能够有效地替代正规金融机构的行为对林农进行信贷供给。

第二节　林业贸易信贷融资动力机制与合作条件

林业产业化龙头企业与林农之间发生贸易信贷是基于双方有合作的需要，一方面，林业企业为保障原料供给，降低零散采购的成本与风险，节省自建基地的经营管护成本；另一方面，林农为获得造林资金，增强抵御风险能力。企业和林农双方优势互补，以及林业部门的积极参与是贸易信贷合约得以达成的条件，贸易信贷融资发生原因与合作机理如图 3 -2 所示。

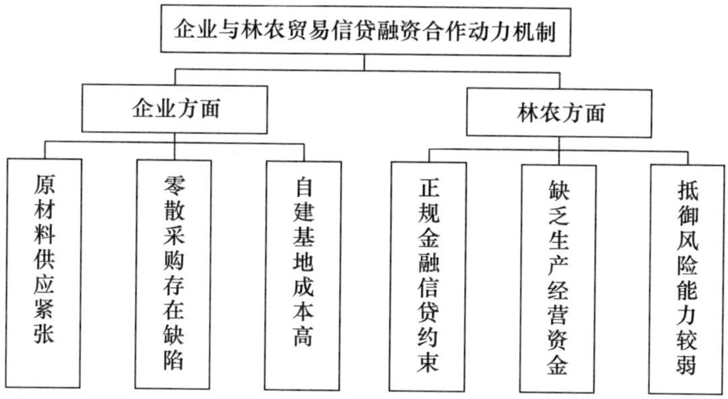

图3－2 林业贸易信贷融资发生原因与合作机理

一、林业企业开展贸易信贷合作需求分析

一是原材料供应紧张。由于林木生产的长周期特性，在一段时期内，一个地区的木材蓄积量是一定的，可供采伐的木材是相对有限的，因此，需求的急剧增加使原料市场上出现供不应求的局面，仅靠本地的原料供给已经难以满足林业加工企业的需要，因此，建立稳定的原料供应机制显得尤为重要。

二是市场零散采购存在缺陷。依据企业以往的采购方式，企业与林农之间通常只存在口头协议，林农有采伐下来的木材就可以跟企业联系，由林农负责将木材运到企业，货到付款。为了保证随时都有足够的木材供应量，企业通常同时跟上千个分散的林农保持联系，这样的零散采购方式使得交易成本大大增加。同时，交易存在较大的不稳定性，在市场非常紧俏时，林农可能将约定好的木材转卖给出价更高的企业，也可能因为自然原因使得木材滞压在山场上，造成企业无法及时获得原料，影响正常生产经营。

三是自建基地经营管护成本高。如果通过直接承包山地，建立自有原料基地方式来供应原材料，企业必须自己承担与造林相关的一切日常管护工作和具体的生产经营工作，当然也可以雇用附近林农来负责管护，但不可避免的是，企业需要为此支付一笔护林费。在造林过程中，还存在开设采伐便道等可能涉及周边林农利益的问题，由企业自己出面解决，很可能要付出较大的协商成本，处理不当还可能引发与林农之间的纠纷。

二、林农参与林业贸易信贷融资需求分析

一是林农缺乏造林资金。自开展集体林权制度改革以来，随着分林到户的逐步完成，林农获得了真正的林权（即林木所有权、林地经营权、林地林木处置权

和林地林木收益权），但出现了有了林地却没有资金造林的情况。由于林木产品本身固有的特性，前期生产投入非常大。林农通过分派责任山、承包等方式获得林地，少则二三十亩，多则上百亩，甚至上千亩，相对于大多数林农收入和积累状况来说，难以支付全部造林费用。由于农村金融市场存在信息不对称、抵押物缺乏、特质性成本与风险、非生产性借贷为主的四个基本问题，林农在向正规金融机构贷款时面临着严重的信贷约束。在林权改革过程中林业部门协同金融机构积极开展了以林权证作为抵押进行贷款的林业信贷创新，但开办至今在缓解林农信贷约束上仍收效甚微。因此，为了解决资金难题，林农由正规金融机构转向求助于非正规金融机构，通过与资金实力相对较强的企业进行合作来获得直接信贷支持是林农在当前情况下的最佳选择。

二是林农抵御风险能力弱，林业生产具有长周期性和高风险性。在江西、福建一带的林区，除了竹林外，主要种植的树种为杉木和松木，杉木、松木的生长周期都很长，间伐期往往要两三年，主伐期则需要二三十年；在生长过程中，又常常伴随着不可抗风险的存在，如森林火灾、病虫鼠害和乱砍滥伐的林业三害。仅凭林农单家独户的力量，根本无法有效地进行风险防范，而当风险发生后，林农也难以通过法律或经济手段来获得一定的补偿。

三是森林保险业务实施困难。通过对福建、江西等林业大省的实地调研发现，目前，保险公司在开办森林保险问题上仍相当谨慎。保险公司对于保险标的的要求非常严格，并将保费率定为7‰~9‰，这对于存在资金困难的林农来说无疑又增加了一笔贷款成本。同时，保险公司还提出采取全省或全市统保方式，在已经分林到户的情况下是很难操作的。最终，导致部分地区森林保险业务无法实施。这不仅使开展林权证抵押贷款显得更加步履维艰，也使得林农无法获得抵御风险和弥补损失的有效手段，只有通过与企业建立合作关系，利用企业在资金、技术和管理上的优势来分担风险。

三、贸易信贷合约得以达成的条件

通过以上分析，林业企业与林农之间的贸易信贷融资出于双方的需求，而同时双方在达到贸易信贷合约方面具备充分的条件。

一是林业企业在资金、技术和管理方面具备优势。相对于林农所面临的信贷约束，企业较易通过资产抵押从正规金融机构获得信贷支持，同时企业也拥有其他融资途径，如由股东私人筹资、民间集资或上市融资等。因此，在替代金融机构向林农提供信贷的问题上，企业几乎不存在资金上的困难。此外，由于林产品生产的长期性和高风险性，只有在生产过程中加大技术投入、加强生产管理，才能更好地防范风险，减少无谓损失。通过合作造林，由企业负责良种选择、造林设计、采伐规划，充分发挥其技术、管理优势，能帮助林农有效地减低经营风险。

二是林农具备育林优势、地域优势及协商优势。林农拥有多年育林经验及地域上的便利性，企业通过与林农合作的方式将日常管护和生产经营工作都转移给了林农，大幅度减少了护林防火、现场施工管理等工作量；同时，由于林农之间存在较为亲近的血缘关系或地缘关系，相互之间的协商成本较低，由林农来协调处理开设采伐便道等可能涉及周边林农利益的问题也大大降低了企业的协商成本，同时也避免了协商不成所引发的恶性纠纷。

正是由于企业与林农间的优势互补使双方的需要都得到了相应的满足，在此基础上的信贷合作将企业所拥有的资金、技术、管理优势与林农所拥有的育林、地域、协商优势相整合，可以实现林业生产要素的最佳组合，如图 3－3 所示。这种组合不仅可以保障企业所需原料的数量和质量，林农可以满足生产资金的需求，而且可以使山林资源得到充分的开发和利用，实现共赢。

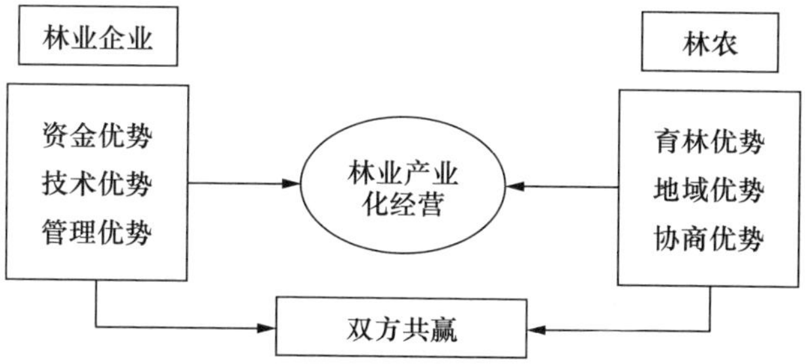

图 3－3　林农和林业企业优势互补组合图

三是林业部门发挥组织协调作用。为了推进集体林权制度改革的进程，林业部门积极发挥服务职能，摸索能使企业增效、林农增收、林业增产的新途径。除了积极与金融机构、担保公司、保险公司等进行协调，试图拓展林权证抵押贷款业务外，林业部门积极帮助企业组织原材料。据调查，福建省邵武市林业局专门成立了工业原料基地办公室，配合林业服务中心的投融资窗口，专门负责帮助林产加工企业建立原材料基地，为缺乏资金的林农和需要原材料的企业牵线搭桥。在企业与林农签订的《工业原材料基地专项资金借款合同》中，基地办公室和乡镇林业站共同作为合同的见证方，林业站负责办理林权证抵押登记手续和处理抵押相关事宜，起到了监督和约束合约双方行为的作用。正是由于政府相关部门的积极参与，才促成了企业与林农间贸易信贷合约的顺利签订。

第三节　林业贸易信贷融资存在的问题及推进策略

通过“产品交易＋信贷交易”相结合的贸易信贷方式，企业保障了所需原料的数量和质量，林农满足了生产资金的需求，森林资源得到了充分的开发和利用，实现了“企业增效、林农增收、林业增产”的共赢局面。但在参与贸易信贷的龙头企业中，真正向有订单关系的林农提供贸易信贷并且运作成功的为数不多，订单林业极低的履约率不可避免地带来贸易信贷的失败。对于少数运作成功的企业，出于风险和成本等方面的考虑，其所提供的信贷规模及覆盖林农的数量也较小，远不能满足林业信贷市场上众多分散林农的融资需求。在国际上被证明是有效的贸易信贷制度在我国却发展缓慢，对于缓解林农信贷约束的功能未能有效发挥。

一、林业贸易信贷融资存在的问题

1. 契约设计存在缺陷，违约现象严重

在任何交易中，由于语言的非精确性、合约双方的疏忽，规范合约条款的高成本，信息不对称性及专用性投资的存在，合约往往是不完全的。尤其林产品交易合约，由于林业生产过程的特殊性、林产品市场的波动性、合约双方的信息不对称等原因，有限理性人事先难以考虑到所有可能发生的事件，因而一旦在实际执行中出现合约未规范到的内容，合约中的一方就可能采取机会主义行为而损害他方利益。

在企业与林农进行贸易信贷融资的过程中，由于受原料生长周期的限制，借款期限长达5年以上，而合约中却没有预先约定林产品的收购价格，只注明以市场价收购，林农的收益得不到稳定的保障，企业可以在合约事先留下的“公共空间”内任意压低产品的收购价格或延迟付款。即使事先约定价格，由于合约的不完全性，当市场价格低于合约价格时，企业也总能为其机会主义行为找到依据。林农若想利用合同外销售作为对抗企业压价的威胁，必须先获得林木的采伐权。可见，在贸易信贷合约中，一系列履约机制（如第三方的参与）主要约束林农的行为，而对企业违约及刻意损害林农利益的行为难以形成有力的制约。由于信息的不对称，林农在契约签订中属于从属地位，更不可能制定完善而合理的订单合同。同样，合约中也未对如何应对森林灾害及如何分担损失进行明确的规定。由于企业不负责林木的具体经营管护，加之森林保险迟迟未能开展，一旦发生森林灾害，企业很可能将全部责任推给林农。另外，大多数订单合同是短期的、非激励性的不完全契约，企业与林农之间的利益联结强度不够，这是违约发生的根本原因。

2. 林农组织程度较低，交易成本偏高

“公司 + 林业经济合作组织 + 林农”信贷模式是以订单林业为基础的价值链融资方式，主要以公司为承贷主体，围绕林业生产过程中各生产链条提供信贷资金，促使林产品产、供、销的衔接，实现公司和林农的双赢。虽说通过企业与林农的贸易信贷融资能减少由金融机构直接向林农发放贷款的信息不对称现象，但林农分布过于分散化，林农组织程度较低，导致单个订单林业合同金额不高，交易成本仍有下降的空间。

3. 林业企业资金不足，信贷支持缺位

发展林业贸易信贷融资只有依靠林业产业化龙头企业，而林业企业也不同程度地面临资金瓶颈，如果得不到金融机构贷款的有力支持，发展就会力不从心。目前的银行贷款与林业生产的时效性不相适应，与林业生产周期不匹配；订单林业的贷款保证方式也比较匮乏，各家金融机构贷款主要采取抵押担保方式，而林产品加工企业能够作为抵押物的固定资产有限，往往因为担保问题而贷不到所需资金。同时财政税收政策影响信贷支持，林业贷款成本高、风险高、收益低，金融业无差别的财政税收政策影响金融机构放贷的积极性。

4. 森林保险发展缓慢，信贷安全不足

林业作为弱势产业，受天气变化等自然灾害因素影响较大，迫切需要保险业保驾护航。森林保险由于高赔付率、财政补贴不到位等因素，发展严重滞后于林业风险控制的需求，一旦发生自然灾害，林农损失极其严重，生活都成问题，更谈不上还贷。目前，林区森林保险业发展滞后，没有设立专业性的森林保险公司，现有森林保险业务，仅有少量涉及林业产业方面，难以适应林业发展对林业风险保障的服务需求。在森林保险缺失的情况下，如果大量的林业受灾损失得不到森林保险的有效保障，相关林业信贷资产的风险将加大，直接影响各方参与林业贸易信贷的积极性。

二、林业贸易信贷融资在林业产业的推进策略

林业企业与林农间开展贸易信贷主要基于两方面原因：一方面，企业为保障原料供给、降低零散采购的成本与风险、节省自建基地的经营管护成本，林农为获得造林资金，增强抵御风险能力，是促成信贷合作的需求因素；另一方面，企业和林农双方优势互补、贸易信贷的作用及林业部门的积极参与是信贷合约得以达成的条件。林业贸易信贷融资作为非正规金融的一种形式，可以有效缓解林农

的信贷约束，为解决林农融资难问题提供一条有效途径。如何推进林业贸易信贷融资的发展应从以下方面入手：

1. 加强履约机制建设，降低林户违约风险

促进企业向林农提供贸易信贷的数量，通过贸易信贷方式缓解林农的信贷约束，应该鼓励企业通过多种形式的“订单林业”与林农结成紧密的契约关系，从而一方面带动林农致富，另一方面也保障企业自身的原料供应。政府和林业主管部门应在企业与林农之间做好“媒人”，为双方牵线搭桥，同时也监督双方切实履行契约。

2. 发展林农合作组织，提高林农组织程度

提高林农组织化程度既有利于节约契约签订成本，又有利于降低契约执行的交易费用。林农通过合作组织这一载体和企业谈判、签约，充分发挥合作组织在企业与林农间的纽带作用，既容易促成双方的产品交易和信贷交易，降低双方的交易成本，也可以在一定程度上替代政府直接介入契约的作用，有利于政府从生产经营环节中退出，作为市场规则的维护者，为规范市场运行提供保障。同时各类合作组织也能通过社区内部的约束能力来强化防止林农违约的自律作用，从而降低契约执行的成本。福建、江西、浙江等地在集体林权制度改革过程中已经出现不少合作林场、协会等林业合作经济组织，但规模相对较小，所囊括的成员数量也极其有限，对企业的判断力量还较弱。因此，在进一步的改革中，应加大对这些合作组织的扶持力度，鼓励企业以“企业 + 合作组织 + 林农”的方式带动更多的林农。

3. 加大林企信贷支持，提高贸易信贷供给

贸易信贷融资的前提条件是企业资金充足，如果企业自身的资金紧缺，即使企业对原料的需求再迫切，也没有能力通过贸易信贷方式从林农处获取原料，或者仅能对小部分林农提供小额的贸易信贷。所调查的林业企业普遍面临信贷约束是一个不容忽视的现象。因此，为了促使林业企业向林农提供信贷支持，并扩大供给的规模和覆盖面，金融机构只有应对林业企业本身进行信贷支持，缓解企业的信贷约束，才能通过企业使金融机构的信贷资金以贸易信贷方式传导到林农手中，实现正规金融机构与非正规金融机构的有效连接，克服正规金融机构直接面向林农的诸多困难，真正解决林农的融资难题。

4. 完善森林保险体系，分散林业经营风险

在完善森林保险体系的同时，尽快建立林业信贷与森林保险相结合的银保互动机制，并注意保险与信贷业务的协调配合，通过建立以政策性保险为主体的森林保险体系，鼓励发展互助合作保险和商业保险业务；加大财政对森林保险的支持力度，中央财政设立森林保险专项资金，建立巨灾补偿基金，将现有林业财政

资金列入地方财政预算，逐步建立起地方对政策性森林保险的财政补贴长效机制。

第四节　林业贸易信贷融资典型案例

——对福建省某林产加工企业向林农提供贸易信贷的分析*

一、背景介绍

LY公司①是一家生产中密度纤维板的专业厂家，主要利用林区木材“三剩物”和“次小薪材”②生产各种规格的中高密度纤维板，年生产能力6.8万立方米，产值7012万元，年销售收入6680万元。产品主要销往广东、浙江、上海、江苏及福建等地，具有牢固的客户群体和良好的品牌优势。

LY公司是2001年3月在邵武市政府招商引资政策的号召下来到邵武落户的。为了充分利用当地的林木资源，邵武市积极发展林木加工业，建立林业产业集群，对从外地来邵武投资落户的企业，政府都给予一定的政策优惠，如在兴建厂房、用水用电、税收等方面，尤其在原材料供应上，林业部门积极帮助企业组织原材料，而原料供应正是所有林产加工企业最关心的问题。

2005年4月，在林业服务中心③投融资窗口和基地办的牵线搭桥下，LY公司先后与11户林农签订了《工业原料林基地专项资金借款合同》。合同规定，林农以林权证作为抵押物，由LY公司向林农提供借款，用于原料林的营造、施肥和抚育，到可采伐利用时，林农向企业按市场价定向销售林木产品，企业从应付

---

* 为保证案例完整性，书中所有案例均为原文引用，未做删改。

① 系浙江某木业集团的子公司，该集团下设1家分公司，9家子公司，主要分布在东南5省，年生产能力可达80万立方米，成为全国最大的中纤板生产企业，是目前国内唯一一家进入世界20强的MDF生产商（由美国《Wood-based Panels International》杂志评选）。

② “三剩物”包括采伐剩余物（指枝丫、树梢、树皮、树叶、树根及藤条、灌木等）、造材剩余物（指造材截头）和加工剩余物（指板皮、板条、木竹截头、锯沫、碎单板、木芯、刨花、木块、边角余料等）；“次小薪材”包括次加工材（指材质低于针、阔叶树加工用原木最低等级但具有一定利用价值的次加工原木，其中东北、内蒙古地区按ZBB 68009—89标准执行，南方及其他地区按ZB B68003—86标准执行）、小径材（指长度在2米以下或径级8厘米以下的小原木条、松木杆、脚手杆、杂木杆、短原木等）和薪材。

③ 林业服务中心是邵武市为深化林权改革，实现林业部门由管理职能向服务职能转变而建立的综合性服务机构，于2005年5月挂牌成立。下设林业行政办证、林权登记管理、森林资源资产评估、林业投资融资、森林资源资产流转、科技法律咨询、人力资源培训和网络信息共8个窗口。

货款中直接划拨还款，不计利息，借款期限长达7年。此外，该公司还通过租山造林、部分投资①模式与林农进行合作造林，这两种模式中同样隐含公司对林农的信贷供给。

那么，是什么原因促使企业替代金融机构的行为对林农进行信贷供给？林农为什么要参与到这样的信贷合约中呢？

二、贸易信贷发生的原因：双方的需要

LY公司与林农间之所以发生贸易信贷首先是基于合作的需要，如图3－4所示。

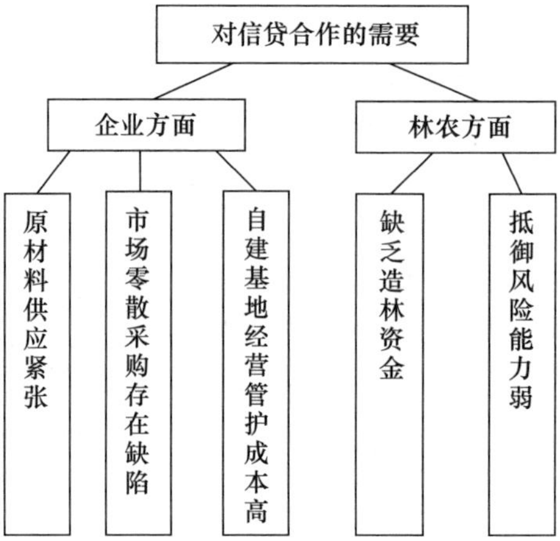

图3－4　贸易信贷发生的原因

（一）企业方面

1. 原材料供应紧张

（1）市场整体状况。随着外地林产加工企业的逐渐引入以及原有企业的规

① 租山造林模式：企业从林农手中租赁荒山荒地或采伐迹地进行造林，新造林所有权70%归LY公司，30%归林农。合同期内，由林农提供林地并负责日常管护，公司负责投资造林和采伐规划，林木产品由企业定向收购，货款由企业和林农七三分成。在此模式下，林改后获得林地的林农不必担心没钱造林的问题，在转让部分林权后仍然有山可管，并凭所有权享受稳定的收益分成；企业则节省了大量的管护成本，同时满足自身的原料需求。最后的分成中，实际上包含企业对林农的隐性借款成本，即企业可以通过压低收购价格来抵销对林农隐性借款的利息支出。部分投资模式：在合作造林过程中，企业以为林农提供种苗和肥料作为投资，具体的造林活动由林农承担，待林木采伐后，企业进行统一收购，并在应付货款中扣除种苗、肥料的成本及一定的利息。这实际上是企业在林木生产初期为林农提供了实物形式的贸易信贷，在生产完成后再由林农以原料产品（即实物形式）进行偿还。

模扩张，LY 公司的发展面临资源瓶颈，即原材料供应紧张。全市共有林产加工企业 204 家，规模以上企业 27 家，产值超过千万元的企业 11 家，2005 年全市林产加工业共消耗薪材 15 万吨以上，木材 40 万立方米以上。[①] 由于林木生产的长期性，在一段时期内，一个地区的木材蓄积量是一定的，可供采伐的木材是有限的，因此，需求的急剧增加使得原料市场上出现供不应求的局面，仅靠本地的原料供给已难以满足加工企业进一步发展的需要。

（2）企业自身需求量大。尽管企业所需原料以木材剩余物为主，不具有特殊性，但相对于每年 7000 多万元的产值而言，要确保原料供给并不是件容易的事。单从提高原料利用率和缩短原料生长周期的角度看，邓恩桉[②]是最符合企业长远经济利益的树种。但邵武一带的林农偏好种植杉木和松木，从适宜桉树生长的最佳气候条件上看，闽北的气候还不够温暖，种植桉树常常出现冻死的情况，所以林农对种植桉树的积极性不高。这样一来，更加剧了企业原料紧缺的状况。

2. 市场零散采购存在缺陷

依据企业以往的原料采购方式，除了从采育场（林业系统内企业）获得一部分固定的木材供应量外，80% 的原料来源是直接从单家独户的林农手中收购木材。企业与林农之间通常只存在口头协议，林农有采伐下来的木材就可以跟企业联系，由林农负责将木材运到企业，货到付款。为了保证随时都有足够的木材供应量，企业通常同时跟上千个分散的林农保持联系，这样的零散采购方式使得交易成本大大增加。同时，交易存在较大的不确定性，在市场非常紧俏时，林农可能将约定好的木材转卖给出价更高的企业，也可能因为下雨等天气原因使得木材滞压在山场上，造成企业无法及时获得原料，影响正常生产。

3. 自建基地经营管护成本高

如果通过直接承包山地、建立自有原料基地的方式来供应原材料，企业必须自己承担与造林有关的一切日常管护工作和具体的生产经营工作，当然，也可以雇用附近林农来负责管护，但不可避免的是，企业需为此支付一笔护林费。在造林过程中，还存在开设采伐便道等可能涉及周边林农利益的问题，由企业自己出面解决，很可能要付出较大的协商成本（如过高的借路费等），处理不当还可能引发与林农间的纠纷。

① 数据来源：福建省邵武市林业局 2005 年林业统计年鉴相关资料。

② 邓恩桉，3 年可间伐，6 年主伐。

（二）林农方面

1. 缺乏造林资金

（1）林木生产投入大。自开展集体林权制度改革[①]以来，随着分山到户的逐步完成，林农获得了真正的林权（即林木所有权、林地经营权、林地林木处置权和林地林木收益权），但出现了有了林地却没钱造林的情况。由于林木产品本身固有的特性，前期的生产投入非常大。根据 LY 公司所提供的一份造林合同，一亩林地的造林费用为 150～200 元，其中包括林地清理、定点、挖明穴、施基肥、栽种、抚育、锄草、施肥等过程中所需的材料费和雇工费。林农通过分派责任山、承包等方式获得的林地，少则二三十亩，多则上百亩，相对于大多数的林农的收入和积累状况来说，完全由自己造林所要承担的造林费用不是一笔小数目。

（2）面临严重的信贷约束。由于农村金融市场存在信息不对称、抵押物缺乏、特质性成本与风险、非生产性借贷为主的四个基本问题[②]，农户在向正规金融机构贷款时面临着严重的信贷约束，邵武一带的林农也不例外。据与企业调查同步进行的农户信贷情况调查的结果显示：在获得的 165 份有效样本中，问及 2004 年、2005 年是否申请过农村信用社贷款时，仅有 50 户申请过，占总农户数的 30.3%，50 户中又有 8 户未能获得贷款，在获得贷款的 42 户中，只有 32 户最终获得了所申请的全额贷款；当问及农户为什么没有向信用社申请贷款（多选）时，有 25.6% 的农户将“贷款手续烦琐，审批时间太长”作为原因之一，又分别有 4.5%、4.5%、5.8% 的农户选择“贷款利率太高”“缺乏信用社要求的质押品、抵押品”“找不到符合要求的担保人”作为原因之一，而这些原因都直接导致农户所面临的信贷约束。

（3）林权证抵押贷款成效甚微。值得关注的是，在林改过程中，林业部门协同金融机构积极开展了以林权证作为抵押进行贷款[③]的林业信贷创新，但开办至今在缓解林农信贷约束上成效甚微。

从绍武市林业服务中心林业投融资窗口了解到，原先设想的林权证抵押贷款模式主要有三种：①以林权证进行抵押直接向商业银行贷款；②以林权证进行抵押，由非国有担保公司担保，向商业银行贷款；③由林产加工企业以林权证向商业银行贷款，再由企业转贷给林农。具体的林权证抵押登记流程如图 3－5 所示。

---

① 邵武市于 2003 年 4 月开始福建省集体林权制度改革的试点工作，开展了以“明晰所有权，放活经营权，落实处置权，确保收益权”为内容，以实现“山有其主、主有其权、权有其责、责有其利”为目标的集体林权制度改革。

② 周立. 两部门合作：农村金融体系发展的一般逻辑与中国经验［R］. 首届中国经济论坛，2005.

③ 林权证抵押贷款是林改地区为了拓宽林业投融资渠道、解决林农扩大林业再生产融资难问题、促进林业发展而开展的一项业务创新。林权证抵押贷款以林权证作为抵押为企业或个人提供担保，按林地评估价值确定贷款额度，并在林业部门进行抵押登记。

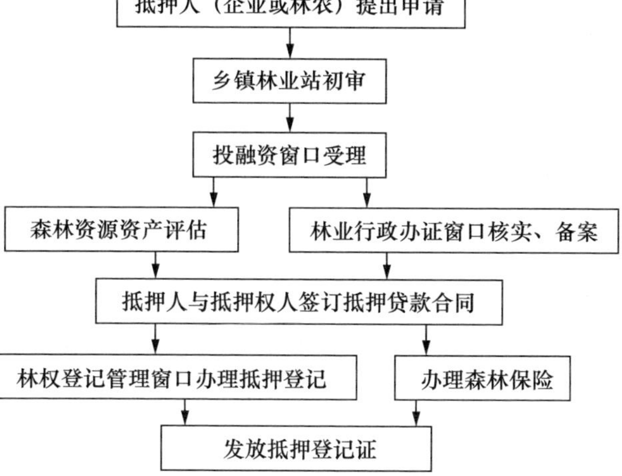

图3－5　林权证抵押登记流程

资料来源：福建省邵武市林业服务中心《便民服务手册》。

然而这些设想在现实中却遇到了重重阻碍。首先，8家商业银行都不愿开展这项业务，一是因为对林权抵押贷款业务不熟悉，对林业生产中的风险因素缺乏有效的措施进行防范；二是对林业部门森林资产评估结果不信任，认为其高估了资产的价值，因此即使是以企业名义进行林权证抵押，商业银行也不愿参与。其次，民间担保公司即使有参与的意愿，但必须以提高担保费或贷款利率来应对贷款的高风险性，这无疑增加了林农的贷款成本。再次，肩负支农任务的信用社目前对开展这项业务的安全性半信半疑，因而在贷款资格审批上卡得很紧。最后，进行森林资产评估还须支付一定的评估费①，假设是价值10万元的森林资产，林农需交纳的评估费为600元，若最终能申请到贷款，最高的贷款额度是5万元，贷款期限通常只允许1年期，贷款利率为7.92‰，依此计算，评估费相当于在原有利率基础上增加了12‰。更多的情况是，即使进行资产评估，最终也不一定能得到贷款，因而较高的评估费也大大降低了林农申请林权证抵押贷款的积极性。

2. 抵御风险能力弱

（1）生产的长期性和高风险性。在福建一带的林区，除了竹林外，主要种植的树种为杉木和松木，杉木、松木的生长周期都很长，间伐期往往要十二三

① 评估费采用差额费率累进办法计费，评估值在100万元以下的部分，计费率为6‰，最低收费300元。

年，主伐期则需要二三十年；在生长过程中，又常常伴随着不可抗风险的存在，如森林火灾、病虫鼠害和乱砍滥伐的林业三害。仅凭林农单家独户的力量，根本无法有效地进行风险防范，而当风险发生后，林农也难以通过法律或经济手段来获得一定的补偿。

（2）森林保险难以开展。保险公司在开办森林保险问题上相当谨慎，尽管林业服务中心的有关负责人多次与其协商，希望其能够为抵押的森林资产提供保险，以降低林权证抵押贷款实施的风险、促进林业信贷业务的开展，但是，保险公司对于保险标的的要求非常严格，并将保率定为7‰～9‰，这对于本来就存在资金困难的林农来说无疑又增加了一笔贷款成本。在林业部门的多次努力下，保险公司提出要全市统保，这在已经分山到户的情况下是很难操作的。最终，原先设想的开办森林保险业务就不了了之。这样一来，不仅使开展林权证抵押贷款显得更加步履维艰，也使得林农无法获得抵御风险和弥补损失的有效手段，只有通过与企业建立合作关系，利用企业在资金、技术和管理上的优势来分担风险。

三、进一步分析：信贷合约得以达成的条件

（一）双方的优势互补

1. 企业的资金优势

相对于林农所面临的信贷约束，企业较易通过资产抵押从正规金融机构获得信贷支持，同时企业也拥有其他融资途径，如由股东私人筹资、民间集资或上市融资等。在本案例中，根据对企业融资情况的问卷调查，企业的负责人认为，在过去3年中企业的资金状况是较为宽裕的。企业与邵武市建设银行建立了长期的信贷关系并通过了AAA级信用评级，每年都从建行获得800万元的贷款。[①] 此外，由于建立了完善的销售渠道，企业能实现较快的资金回流，而且可以从集团公司获得短期的资金支持。因此，在替代金融机构向林农提供信贷的问题上，企业几乎不存在资金上的困难。

2. 企业的技术、管理优势

由于林产品生产的长期性和高风险性，只有在生产过程中加大技术投入、加强生产管理，才能更有助于防范风险，减少无谓损失。通过合作造林，由企业负责良种选择、造林设计、采伐规划，充分发挥其技术、管理优势，能帮助林农有效地降低风险。在本案例中，企业通过速生丰产工业原料林的技术攻关，不仅可实现最符合其经济利益的树种的广泛种植，也可尽量避免林农单独种植桉树可能发生的冻死现象。

---

① 但据企业老总私下透露："其实我们并不需要这笔贷款，这800万元相当于是一个硬性的指标去完成的。"

3. 林农的育林优势、地域优势及协商优势

林农拥有多年育林经验及地域上的便利性，企业通过与林农合作的方式将日常管护和生产经营工作都转移给了林农，大幅度减少了护林防火、现场施工管理等工作量；同时，由于林农之间存在着较为亲近的血缘或地缘关系，相互之间的协商成本较低，由林农来协调处理开设采伐便道等可能涉及周边林农利益的问题也大大降低了企业的协商成本，同时也避免了协商不成所引发的恶性纠纷。

正是由于企业与林农间的优势互补使双方的需要都得到了相应的满足，在此基础上的信贷合作将企业所拥有的资金、技术、管理优势与林农所拥有的育林、地域、协商优势相整合，实现了林业生产要素的最佳组合（见图3－6），不仅企业保障了所需原料的数量和质量，林农满足了生产资金的需求，而且使山林资源得到了充分的开发和利用，实现共赢。

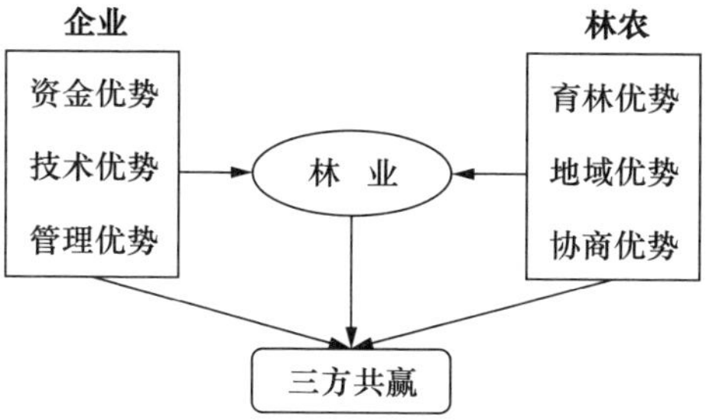

图3－6 林业生产要素组合图

（二）林业贸易信贷融资的优势和作用

1. 解决信息不对称性

与正规金融相比，企业对林农的信贷供给建立在林木产品交易的基础之上，因而利用原有产品交易所提供的信息，企业能较易地获取借款人的风险偏好、信誉表现，降低因信息不对称所引起的逆向选择问题；同时，企业也可以对借款人的生产经营活动进行有效的监督，有助于防范道德风险的发生。

2. 降低与借款人的交易成本

由于贸易信贷具有的信息优势，与正规金融机构相比，企业在借款人的筛选、借款用途的审查以及借款偿还的实施上，都具有明显的成本优势，解决了正规金融机构面向林农借款时进行贷前调查、贷中审查和贷后检查而造成的交易成本过高的问题。

3. 存在潜在的还款激励

为了防止林农进行合同外销售及提高林农的生产积极性，企业往往对超额完

成约定交易量的林农给予一定的现金奖励。林农若出现违约行为，企业除要求其按合约条款进行相应的赔偿外，今后也不再会与该农户进行任何方面的合作。出于声誉机制的作用及林农对与企业长久合作关系重要性的认识，企业提出今后不再交易的威胁将会对林农当期的行为产生较大的约束作用。相对于正规金融机构只能依靠法律手段保证贷款的偿还，贸易信贷通过与经济利益的挂钩的还款激励能对林农产生更有效的约束作用。

4. 利用正规金融机构的资金

由于企业所面临的信贷约束较小，企业可通过贸易信贷的形式将其从正规金融机构获得的贷款转贷给林农，这样一来，既发挥了正规金融由规模经济产生的成本优势，又发挥了非正规金融的信息优势，促成两者的有效联结进而缓解林农的信贷约束问题。①

正因为贸易信贷具有上述的优势和作用，弥补了正规金融在为林农提供信贷方面的缺陷和不足，使得企业能够有效地替代正规金融机构的行为对林农进行信贷供给。

（三）林业部门相关机构所起的作用

为了推进集体林权制度改革的进程，林业部门相关机构积极发挥服务职能，摸索能使企业增效、林农增收、林业增产的新途径。除了上文中提及的积极与金融机构、担保公司、保险公司等进行协调，试图拓展林权证抵押贷款业务外，林业部门相关机构还积极帮助企业组织原材料。为此，林业局专门成立了工业原料基地办公室，配合林业服务中心的投融资窗口，专门负责帮助林产加工企业建立原材料基地，为缺乏资金的林农和需要原材料的企业牵线搭桥。在企业与林农签订的《工业原料林基地专项资金借款合同》中，基地办公室和乡镇林业站共同作为合同的见证方，林业站负责提供企业所规定的种苗，以及管理借款并监督借款用途的实施，而基地办则负责办理林权证抵押登记手续和处理抵押物事宜，起到了监督和约束合约双方行为的作用。正是由于政府相关部门的积极参与，促成了企业与林农间贸易信贷合约的顺利签订。至 2006 年 3 月底，投融资窗口共促成企业与林农合作办基地 1.6 万余亩，为林农筹集造林资金 310 余万元。

四、林业贸易信贷融资存在的问题

在任何交易中，由于语言的非精确性、合约双方的疏忽、规范合约条款的高成本、信息不对称性及专用性投资的存在，合约往往是不完全的。② 尤其是林产

① 左臣明，马九杰. 正规金融与非正规金融关系研究综述——增加农村金融供给的一个制度视角［J］. 河南金融管理干部学院学报，2005（6）：46－49.

② 刘凤芹. 不完全合约与履约障碍——以订单农业为例［J］. 经济研究，2003（4）：22－30.

品交易合约，由于林业生产过程的特殊性、林产品市场的波动性、合约双方的信息不对称等原因，有限理性人事先难以考虑到所有可能发生的事件，因而一旦在实际执行中出现合约未规范到的内容，合约中的一方就可能采取机会主义行为而损害他方利益。

在本案例中，受原料生长周期的限制，借款的期限长达5年，而合约中却没有预先规定产品的收购价格，只注明以市场价收购，林农的收益得不到稳定的保障，企业可以在合约事先留下的“公共空间”内任意压低产品的收购价格或延迟付款。即使事先约定价格，由于合约的不完全性，当市场价格低于合约价格时，企业也总能为其机会主义行为找到依据。而林农若想利用合同外销售作为对抗企业压价的威胁，必须先获得林木的采伐权。可见，在这个信贷合约中，一系列履约机制（如第三方的参与）主要约束林农的行为，而对企业违约及刻意损害林农利益的行为难以形成有力的制约。同样，合约中也未对如何应对森林灾害及如何分担损失进行明确的规定，由于企业不负责林木的具体经营管护，加之森林保险迟迟未能开展，一旦发生森林灾害，企业很可能将全部责任推给林农。

通过上文的案例分析，可以得出企业与林农间贸易信贷的成因包含两个层次：其一，企业为保障原料供给、降低零散采购的成本和风险、节省自建基地的经营管护成本，林农为获得造林资金、增强抵御风险能力，是促成信贷合作的需求因素；其二，企农双方优势互补、贸易信贷的作用及林业部门相关机构的积极参与是信贷合约得以达成的条件。企业的原料供给情况、资金状况及对原料的需求量则是影响企业信贷供给行为的主要因素。通过“产品交易+信贷交易”相结合的贸易信贷方式，一方面，企业保障了所需原料的数量和质量，林农满足了生产资金的需求，山林资源得到了充分的开发和利用，实现了“企业增效、林农增收、林业增产”的共赢局面；另一方面，贸易信贷作为非正规金融的一种形式，有效缓解了林农面临的信贷约束，为解决林业产业普遍存在的融资难问题提供了一条可借鉴的途径。

第四章　林业产业投资基金

随着我国林业产业的迅速发展，林业产业融资需求与资金供给不足的矛盾日益突出，资金短缺问题已成为制约我国林业产业发展的瓶颈，如何弥补巨大的投资资金缺口已成为业内关注的热点话题。林业产业投资基金作为一种全新的金融创新制度，使林业产业投资和资本市场融资有机地结合在一起，有利于引导社会资本投资林业，可为我国林业产业化发展提供巨大的资金支持，对于推进我国林业投融资体制改革、促进林业产业结构调整和升级、提高林业企业经营管理水平具有重要意义。本章通过梳理国内外产业投资基金的融资特征和发展模式，在分析借鉴美国林业产业投资基金成功经验的基础上，探讨设立我国林业产业投资基金的必要性和可行性，提出我国林业产业投资基金的设立模式和运行机制，并针对设立林业产业投资基金过程中面临的问题和制约因素提出相应的政策建议。

第一节　产业投资基金概况

产业投资基金是将金融与产业发展相结合、将实体经济与虚拟经济相融合的现代金融投资方式，是推动产业结构调整优化的重要工具。产业投资基金起源于英国、成熟于美国。在欧美等发达国家，产业投资基金已经发展成为影响广泛、规模庞大的金融工具，对经济发展和产业提升的作用至关重要。

一、产业投资基金融资特征

产业投资基金是一种对未上市企业进行股权投资和提供管理服务的利益共享、风险共担的集合投资制度，在国外通常被称为私人股权投资基金（Private Equity Fund）。具体来说，产业投资基金是通过向多数投资者发行基金份额（基金单位）募集资金设立基金公司，由基金公司自认基金管理人或另行委托基金管理人管理基金资产，委托基金托管人托管基金资产，从事创业投资、企业并购重组和基础设施投资等实业投资。产业投资基金按照资产组合原理直接投资于特定产业或项目，并通过资本经营和专业管理对投资企业加以培育，以实现资产保值增值，从而获得投资收益。

产业投资基金通过与有经验投资机构或团队的合作，利用市场化的运作模式，更有利于发现促进产业发展、推进产业科技创新的关键环节，将原有简单的直接扶持转变为有效的间接扶持，改变财政资金、银行信贷对产业发展单一的投资渠道，促成政府有形之手和市场无形之手合力，利用杠杆放大作用进一步提升扶持效率，实现政府资金四两拨千斤的效果。产业投资基金作为一项全新的金融工具，其具有资金来源广泛、不增加债务和投资稳定性强等优点，与银行贷款、企业债券和发行股票等传统的融资方式相比具有显著特征，如表4-1所示。

表4-1 产业投资基金与其他融资方式比较

比较内容	银行贷款	企业债券	发行股票	产业投资基金
适用对象	成熟的、现金流稳定的企业	成熟的、现金流稳定的企业	有巨大增长潜力的企业	新兴的、有增长潜力的企业
资金稳定性	低	较低	高	较高
融资成本	较低	低	高	高
对资本结构影响	负债率提高	负债率提高	负债率降低	负债率降低
对公司控制权的要求	影响公司融资决策以及限制现金流使用	影响公司融资决策以及限制现金流使用	接受股东大会全面监督	参与公司重大决策，提供管理服务
运作时间	3~6个月	5~12个月	18~24个月	3~6个月
融资规模	融资规模受负债率约束	融资规模受净资产约束	融资规模大	融资规模受回报率和股权比例影响
后续融资可能性	后续融资受负债率限制	后续融资受负债率限制	可后续增发和配股、可转债	后续融资不受限制

通过对产业投资基金的融资特征分析可以发现，产业投资基金其实质是一种股权投资，是资本市场的重要构成部分。与债权投资相比，产业投资基金投资的着眼点并不在于投资对象当前的盈亏，而在于产业的发展前景和投资环境，以便于能够通过经营获得投资收益，通过上市或出售企业股份获得合理的资本利益回报。因此，投资者也将更加注重企业的经营管理，为企业提供更多的增值管理服务。

二、产业投资基金发展历程

我国产业投资基金的发展可分为三个阶段：第一阶段为中外合作创办阶段；第二阶段为国家审批阶段；第三阶段为备案设立阶段。

我国产业投资基金的发展是从与外资合作创办开始的，通过这种方式，我国共创立了3只产业投资基金。它们分别是1998年创立的中瑞合作基金（简称中瑞基金）、2002年创立的中国—东盟中小企业投资基金（以下简称“中东基金”）以及2004年创立的中国—比利时直接股权投资基金（以下简称“中比基金”）。通过与外资合作创办基金的方式，我国产业投资获得了初步发展。

从2006年起，我国产业投资基金的发展步入了第二个阶段，即国家审批阶段。在此阶段，国家发改委分三次共审批通过了10只产业投资基金作为试点。它们分别是2006年第一次审批通过的渤海产业投资基金，2007年第二次审批设立的山西能源基金、广东核电及新能源产业基金、上海金融发展投资基金、中新高科产业投资基金和绵阳科技城产业基金，以及2008年7月第三次审批通过的华禹水务产业投资基金、东北装备工业产业投资基金、天津船舶产业投资基金、城市基础设施产业投资基金，如表4-2所示。

表4-2　我国前三批产业投资基金概况

基金名称	主要发起人	基金规模（亿元）	存续期
渤海产业投资基金	社会保障基金理事会、国开金融、中国邮政储蓄银行、天津市津能投资公司、中银集团投资公司、中国人寿、天津城市基础设施建设投资公司	200	15年
上海金融发展投资基金	上海国际集团有限公司、中国国际金融有限公司	200	8年
广东核电及新能源产业基金	中国广东核电集团、平安保险、中国人寿、国开行	100	
山西能源基金	山西瀕鼎能源投资有限公司、中科招商创业投资管理公司、光大三山创业投资管理有限公司	100	15年
绵阳科技城产业基金	中信证券、中科成环保集团、绵阳市发改委	90	12年
中新高科产业投资基金	苏州创投集团旗下的苏州工业园区银杏投资管理有限公司和厚朴投资管理公司	100	15年
华禹水务产业投资基金	中国邮政储蓄银行、全国社会保障基金理事会、国家开发银行	300	20年

续表

基金名称	主要发起人	基金规模（亿元）	存续期
天津船舶产业投资基金	中通远洋物流集团	200	永久
城市基础设施产业投资基金	中华全国工商联城市基础设施商会组织	100	
东北装备工业产业投资基金	国家发改委振兴东北办、国开行、辽宁省政府	200	

数据来源：根据公开资料整理。

2008年8月以后，我国进入了产业投资基金发展的第三个阶段。之前一直推行产业基金审批制的国家发改委提出，50亿元以下（含50亿元）规模的产业基金在发改委备案即可，无须获得国务院审批。此外，产业基金的申报人改为发起人和管理人，而不是各级政府机构。这意味着原本带有浓厚官办色彩的产业基金开始走向市场化运作。自此大量产业投资基金纷纷设立，涉及行业涵盖农业、环保、文化、房地产、体育等领域，为促进产业发展、有效拉动内需、完善金融市场发挥了重要作用。

总体来看，我国前三批设立的产业投资基金或多或少带有一定的“官办”性质，在一定程度上成为政府对特定行业进行投融资的平台。宏观方面，国家根据区域发展战略和产业政策的需要，引导产业基金的投向，从而优化经济结构，促进资本市场的健康发展；微观方面，产业投资基金为企业发展提供多样化资金来源和经营管理服务，优化了机构投资者的资产配置。

三、产业投资基金发展模式

经过近10年的实践探索，国内产业基金发展具有成熟的模式和成功经验，已出现一批成熟的专业管理机构和职业投资人队伍，为产业基金蓬勃发展奠定了管理基础和人才基础。

（一）发起设立模式

从前三批产业投资基金发起人来看，既有当地政府相关部门发起设立的，如中新高科产业投资基金、绵阳科技城产业基金，也有大型国企发起的，如广东核电及新能源产业基金、上海金融发展投资基金等产业基金，还有渤海产业投资基金、东北装备工业产业投资基金等由金融机构发起设立的。但总体来看，不管是哪种类型的发起人，各地方政府都起着关键作用。政府干预在一定程度上制约了基金的市场化运作，但在基金发展初期的现实条件下，政府的引导和约束也控制了基金风险以保证其平稳运营。但是产业投资基金在具体运作过程中，政府要起到应有的作用，不能只从主观因素出发考虑问题，使产业投资基金与政府关系模糊不清。产业基金作为政策性金融向市场性金融转化最恰当的过渡工具，政府在设计产业投资基金时就应该设定其中政策与市场各自分工的边界。这就意味着，可以考虑利用政府的地位与影响促进产业投资基金的发行与上市，还可以在发起时让地方政府多参与，并为基金提供一些收益稳定、回报率高的好项目，可给予其一定的优先投资权，既可解决项目选择问题，又可有效地规避风险。

（二）资金募集模式

产业投资基金的募集方式有公募和私募两种。公募型基金是指以公开形式（通常由管理机关规定招募说明书的内容、格式和披露方式）向法人和自然人发行基金证券募集基金，发起人只认购一部分资金，其余部分向社会公众公开发行基金单位筹集资金；私募型基金是指以非公开形式向特定投资者发出要约以募集基金，不得向社会公众或非特定人士发布信息的一种资金募集方式，即基金收益凭证只能由特定投资者认购。私募方式的产业投资基金是建立在投资者和基金经理间相互了解和信任关系之上，基金运作环境较为宽松，较少受制于国家主管机关监管。

从国际经验来看，国外产业投资基金基本以私募方式为主，对投资人的资格和数量都有相应的限制。例如，美国产业投资基金的发展中，最初的资金来源以富有个人为主，一度占投资结构的60%左右，有限合伙制出现以后，机构资金开始进入，资金来源中个人的投资比重不断减少。欧洲和日本的产业投资基金资金来源与美国相比有明显的差别，银行是其资金的主要来源。在日本，金融机构、企业集团分别占产业投资基金资金来源的46%和37%，而个人仅占7%。商业银行的投资条件比较苛刻，且资金投资的长期稳定性不如退休金，加之银行投资实际上是风险贷款，其作用远不及权益性投资。在实际的筹资活动中，基金有一定的筹集期限。当期限满时，基金会宣布认购截止。同一个基金可能会有多次认购截止日，但一般不超过3次。

从国内现实情况来看，筹资来源显示产业投资基金的发起机构基本都参与资金投入并联合其他投资者共同出资。如渤海产业投资基金分两期募集，首期基金规模为60.8亿元，由全国社保基金理事会、国家开发银行、国家邮政局邮政储汇局、天津市津能投资公司分别投资认购基金10亿元，各占16.45%，中国人寿保险（集团）公司、中国人寿保险股份公司分别认购5亿元，占8.22%；渤海产业投资基金管理公司首期认购0.8亿元，占1.3%；中银集团投资公司作为境外发起人以港币首期认购相当于10亿元人民币的基金，占16.45%。再如东北装备工业产业投资基金一期募资目标，规模为40亿~50亿元，其中国开行全资子公司国开金融出资30亿元，中信集团、沈阳达锐投资管理有限公司承诺共同出资其余部分。其余基金的资金来源从公开资料显示看，出资人一般都资金充裕，如中金集团、社保基金、国家邮政储蓄、上海国际集团等实力雄厚的大型机构。此外，投资管理公司直接出资较多，山西能源基金筹资来源体现了地域性，省内占30%，省外占70%。

（三）组织管理形式

根据我国《产业投资基金试点管理办法》的规定，产业投资基金的组织形式可以分为公司型、契约型和有限合伙企业型，其优缺点对比如表4-3所示。

表4-3 公司型、契约型和有限合伙企业型基金的优缺点对比

类型	基金条例	优点	缺点
公司型	按照《公司法》通过设立投资公司来协调各出资人之间的关系	设立方便；有完整的公司治理结构，管理体系成熟，各方面运作比较正规，各种配套法规相对健全	在公司层面和投资人层面存在双重征税；对于原有股东的再次出资需要通过公司增资的方式，若公司成立后而再次新增投资人，需要采取增加新股东的方式而比较烦琐，且会出现新旧股东利益不同的情况
契约型	通过契约形式来协调各投资人之间的关系	组织结构比较简单，可以避免双重征税	投资人与管理人之间是全面委托关系，投资人不介入管理。当存在信息不对称时，投资人不接受此方式基金管理人（GP）在管理期限中如需要调整不便
有限合伙企业型	通过投资者与管理者共同出资，形成合伙性质组织来运作。美国私募股权基金组织形式多以有限合伙制为主	组织形式灵活；可采取最有效的激励约束机制；税收不存在双重征税问题；设立方便	合伙企业法配套法规相对不完善；被投资企业在国内IPO时对有限合伙制基金所参与项目的上市审批尚存不确定因素

公司型基金是指依《公司法》成立，将具有共同投资目标的投资者依据《公司法》组成的以营利为目的、投资于特定对象的投资基金。公司型基金在组织形式上与股份有限公司类似，具有法人资格，有股东会、董事会和监事会。公司型基金法人主体明确，基金公司资产为投资者（股东）所有，由股东选举董事会，由董事会选聘基金管理公司，基金管理公司负责管理基金业务。例如，广东核电及新能源产业投资基金管理公司由中国广东核电集团、平安信托和中国信达资产管理公司组建。

契约型基金是指依据信托契约，通过发行受益凭证而组建的投资基金。这类基金通常由基金管理人、基金托管人和基金投资人三方共同订立一个信托投资契约。基金管理人是基金的发起人，通过发行受益凭证将资金筹集起来组成信托财产，并根据信托契约进行投资；基金托管人依据信托契约负责保管信托财产；基金投资人即受益凭证的持有人，根据信托契约分享投资成果，三方之间依托的主要为信托—受托关系。渤海产业投资基金为契约型基金，基金首期资产委托渤海产业投资基金管理公司管理，委托交通银行托管。按照契约型基金的有关法律规定，渤海产业投资基金不设董事会，基金持有人大会是最高权力机构。作为资金管理方的渤海产业投资基金管理公司注册资本金为2亿元，中银国际控股公司占48%的股份，天津泰达投资控股有限公司持22%的股份，6家基金持有人（人寿集团和人寿股份合并计算）各占5%的股份。

有限合伙企业型基金通常由两类合伙人组成——普通合伙人和有限合伙人。普通合伙人通常是资深基金管理人，负责管理合伙企业的投资，对合伙企业的债务承担无限责任，从而把基金管理者的责任与基金的投资效益紧密联系起来；有限合伙人主要是机构投资者，是投资资金的主要提供者，不参与合伙企业的日常管理，故以投入的资金为限对基金的亏损和债务承担责任，从而为投资者所承担的风险设置一个上限。基金各方参与者通过合伙协议可以规定基金的经营年限、投资承诺的分阶段履行以及实行强制分配政策等。在美国，1980年，有限合伙企业形式的产业投资基金已占整个产业投资基金市场的40%，到1994年有限合伙企业进一步增加到了81.4%，逐步成为美国产业投资基金最主要的组织形式。上海金融发展投资基金、绵阳科技城产业基金及天津船舶产业投资基金采用有限合伙企业型。

（四）投资管理模式

从投资方式看，美国的产业投资基金以股权投资（尤其以可转换优先股和可转换债券）为主，投资的目的并不在于获取近期的财务利润，而是待企业进入成长期或成熟期股本增值后通过股权转让一次性获取中长期高额回报，并且在进行股权投资的同时还投入经营管理、市场信息等社会资源，诸如参与董事会和监事会，提供技术、经营策略、市场信息、人才引进与培训等方面的支持。日本、欧洲等主要沿袭银行风险贷款的做法，对目标企业提供资金支持，但并不积极介入或支持目标企业的经营管理。由这种风险贷款派生的投资方式主要有两种：一种是直接投资形式；另一种是银行不直接向企业投资，而是采用由一家私人投资公司向银行申请贷款的形式。这种投资方式类似于美国小企业管理局的运作方式。

从激励与约束机制来看，在欧美基金中，基金管理人一般会出资1%左右。管理人出资份额越高，往往投资者信心越高。基金管理人除了获得管理费之外，还会获得分红。在这种激励机制之下，基金管理人有很强的动力去追求最大利润。另外，基金存续期一般在15年以下。基金管理人有可能在原有基金尚未到期之前就重新融资成立新的基金。在融资过程中，基金管理人的声誉和历史业绩非常重要。这种约束机制也是产业投资基金在没有严格监管情况下仍然健康成长的重要原因。

从基金的投资项目策略上看，国内各只基金实际投资项目与投资领域相近，如中新高科产业投资基金第一期30亿元主要投资于长江三角洲高科技企业，其中重点是中国与新加坡合作的苏州工业园区；广东核电及新能源产业基金首期募集金额70亿元，主要投资于国务院已核准开工建设的岭澳核电站二期、辽宁红沿河核电站、福建宁德核电站和阳江核电站。但是基金投资项目并非局限于既定投资领域，如渤海基金最初三个投资项目入股天津钢管集团、成都商业银行。泰阳证券，其中后两个项目并非原定投资领域，所以基金在投资项目的选择上即使是重点领域，也有一定的自主性。

从基金的投资组合策略上看，国内各只基金主要是股权投资并有一定限制。如渤海产业投资基金股权投资组合选择性较强，包括普通股、优先股、可转换优先股份、可转换债券等，非股权投资可以是购买政府债券、金融债券和其他固定收益债券等，并且限制对民营企业的投资和担保金额不超过基金资产总值的10%，对单个企业的占股比例控制在10%～49%。再如，绵阳科技城产业基金投向成长期、扩张期和成熟期未上市阶段的企业，对于已上市公司进行股权长期战略投资，并且限定上述几类投资单笔金额在1亿～10亿元之间；上海金融发展投资基金积极参与中国金融业和其他优势产业的投资、重组、改制及上市，限定金融业的投资比重不低于50%。此外，天津船舶产业投资基金主要是股权投资和租赁，东北装备工业产业投资基金采取直接股权投资策略，广东核电及新能源产业基金追求稳定收益加高增长的投资战略。

（五）基金退出模式

产业投资基金一般在出现以下两种情况会选择退出：一是所投资的企业在基金所预期的时间内达到它的预期投资目标，产业投资基金为了最终实现这种预期目标而选择退出；二是所投资的企业在预期的时间内没有达到预期投资目标或者企业陷入困境，产业投资基金为了减少损失、控制风险，也会选择退出。产业投资基金退出的方式主要包括公开上市（IPO）、并购、管理层收购（MBO）和破产清算四种，如图4－1所示。

从国外退出方式的经验上看，各种退出方式的比例差别较大。Schmiendacher（2002）统计美国已完成创业投资基金的退出方式IPO、并购、清算基本各占30%，而欧洲并购方式占到几乎一半，IPO方式接近30%。从我国产业投资基金的具体情况来看，由于成立时间较短，投资项目有限，各种退出方式都有。例如，

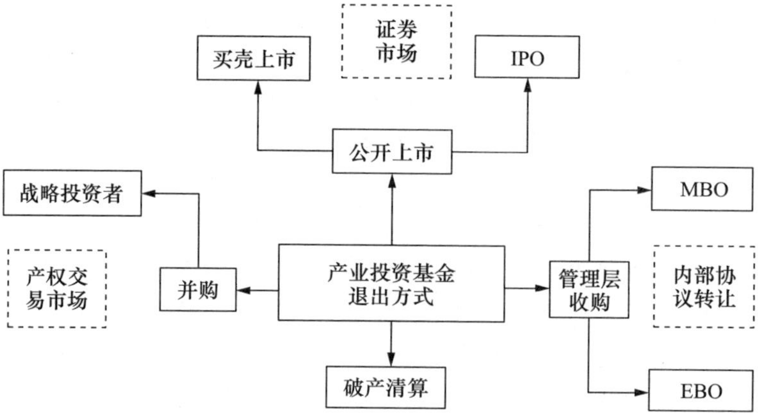

图4－1　产业投资基金可供选择的退出方式

渤海产业投资基金的投资项目选择盈利性较好的企业，并属于Pre－IPO项目，这样可以通过企业上市进行资本退出。不同项目在退出方式的选择上可以根据自身投资特点选择不同的退出方式。例如，高新技术产业投资基金可以在企业发展到一定规模后通过产权市场或次级市场向其他投资转让股权。对于传统产业中资产状况较好、具有上市前景的企业可以选择IPO方式退出；能源类和基础设施投向的产业基金可以选择长期投资获取红利报酬，得到稳定的投资收益。

四、美国林业产业投资基金发展模式

全球林业产业投资基金持有林地规模约1.5亿公顷，金额规模600亿~900亿美元，目前每年按1500万公顷左右。林业产业投资基金在北美和澳洲、新西兰都非常活跃。北美40%林地由林业产业投资基金持有，新西兰和澳洲35%林地由林业产业投资基金持有。全球主要的林业产业投资基金都集中在美国，投资的标的也大部分在美国。一方面是因为美国可供商业化种植的林地面积大，另一方面是美国的机构投资者投资需求大。美国林业产业投资基金已成为美国林业产业投融资体系中至关重要的一极，因此，本节通过分析美国林业产业投资基金的资金来源、运行模式等方面总结出其成功的三大要素，以期为我国林业产业投资基金的设立提供经验借鉴。

（一）美国林业产业投资基金发展历程

美国林业产业投资基金起步于20世纪80年代，经过短短30多年的发展，管理的林地面积已达8000多万公顷，占美国可交易林地面积的40%左右。林业产业投资基金持有林地的经济价值约达900亿美元，年均增长超过20%。美国林业产业投资基金主要吸引养老金、保险公司、捐赠基金等机构投资者投资，以收购林地、经营管理林地、采伐木材为主要盈利模式，期限一般为 10 ~ 20 年。

林业产业投资基金的年均收益在 7% 左右。由于林地具有自然生长特性，与宏观经济的相关性不高，成为机构投资者重要的风险对冲工具。从林业产业投资基金收益率数据可查的 1987 年算起，美国林业产业投资基金的年均收益率达到 7.6%，超过股票、债券等大部分投资品。由于主要针对机构投资者，美国林业产业投资基金投向较为专一，以避免过于复杂的风险暴露。另外，如果单个投资者出资规模大，会采取林业基金管理公司直接托管机构投资者名下林业资产的模式。从机构投资者的角度来看，林业产业投资基金由于其收益的稳定性以及风险相对较低而成为一个很好的风险对冲工具，期限一般都在 10 年以上，使其能够满足长期资金风险对冲需求。

美国的林业产业投资基金主要采取低价买林—森林抚育—高价卖林的投资模式，基金交由专业的林业基金管理公司进行管理。大多数基金公司会设立投资决策委员会，在买林及卖林时起到战略决定的作用。基金监督委员会则在监督投资决策委员会的决定以及在森林抚育等中间环节中充当督促的作用。森林抚育等中间环节则大多外包给其他专业的森林抚育机构，以获得最大的投资效果。总的来说，基金管理公司主要在金融资金运作及管理方面发挥其专业性的水平，这也正好契合林业产业投资基金的金融属性。

（二）林业产业投资基金对林业发展的作用

林业产业投资基金在为投资者获得可观回报的同时，更促进了美国林业的发展，具体表现为以下 4 个方面。

1. 盘活林业存量资产，注入林业发展资金

美国的林地原来大量掌握在垂直一体化的木材加工企业手中。20 世纪 80 年代，木材加工企业资金短缺，下游加工环节的设备投资不足。林业产业投资基金通过收购这些企业手中的林地，在不影响木材供应的前提下，解决了木材加工企业的融资问题。

2. 通过集约专业经营，提高林地生产效率

林业产业投资基金持有林地规模大，如汉考克基金公司持有的林地面积达 260 万公顷，具有较强的规模效应。林业产业投资基金专注于森林的经验管理，以期从巨大的经营森林中获利。许多林业产业投资基金发展出独特的森林经验管理经验和模式，如汉考克基金的森林抚育技术、RMS 的林业信息化平台等。这些基金公司通过集约化、专业化的经营管理，提高了林地的生产效率。

3. 突出持续经营理念，推动森林资源保护

林业产业投资基金的收益不但来自于采伐木材，更来自于林地价值的上升，森林的自然生长占林业产业投资基金收益的 60% 以上。因此，林业产业投资基

金非常重视林地的可持续经营，美国主要的林业产业投资基金都通过了 FSC 和 SFI 认证，在获得经济效益的同时，也保护了森林资源，实现了可持续发展。

4. 带动林权资产交易，活跃林地流转市场

林业产业投资基金虽然采取长期持有的经营策略，但在基金设立和基金到期时，仍需进行林权的买卖，从而带动林权交易市场的活跃。目前，林业产业投资基金参与美国 80% 以上的林权交易，可以说，美国林业产业投资基金的发展史也是美国林业资本市场的成长史。

（三）美国林业产业投资基金主要成功要素

1. 林业产业投资基金资金来源成本低

美国林业产业投资基金的资金来源中有接近八成是养老金、捐赠基金及公司年金等对收益率要求较低的资金，一方面是因为美国林业产业投资基金设立之时恰逢美国养老金计划推出，大量的廉价资金供给出现在市场上；另一方面也是由于其在设立之时便有意识地寻找长期及稳定而非短期激进的基金作为其资金来源。因此，从基金的长远发展考虑，结合林业产业相对其他高新产业的收益率较低但更稳定的特点来看，中国林业产业投资基金的首期募集资金来源应从社保机构、养老机构等有长期资金供给的机构中选择。

2. 投资管理专业化水平较高

全球十大林业基金管理公司有 9 个集中在美国，这也是美国林业产业投资基金能够取得巨大成功的原因之一。专业化的投资管理能力使美国林业产业投资基金能够取得相对低廉的林地并经过抚育高价卖出，如 20 世纪 80 年代林业产业投资基金成立之初，低价收购林业加工企业手中的林地，而现在由于目前美国林地市场成熟，基金转向南美等地寻求低价林地。中国的基金管理市场尚未成熟，因此中国林业产业投资基金如何寻找一个合适的管理公司成为相当重要的问题。

3. 全球木材市场发展趋势好

美国林业产业投资基金是在 20 世纪 80 年代左右设立的，而不可忽视的是，美国木材价格指数自 60 年代至 2000 年前后上涨了 8 倍，年均增长 5% 左右，这大大降低了林业产业投资基金的投资风险，提高了林业产业投资基金的收益回报率，提升了投资者的信心，进一步促进林业产业投资基金吸引更多的资金供给。美国林业产业投资基金因顺应木材价格的发展趋势而获得了巨大的成功，这对中国设立林业产业投资基金的时间点选择有很大的借鉴意义。虽然目前全球木材价格快速攀升、林业公司库存增加，但是木材产业依然正处于超级循环周期的开始，因此，中国应抓住时代机遇，顺应市场发展趋势，尽快组织设立中国林业产业投资基金。

第二节　林业产业投资基金设立的必要性与可行性

一、设立林业产业投资基金的作用与意义

林业产业投资基金作为一种资金投入的同时，不仅能从资金的数量上改善林业产业投资不足的问题，同时林业产业投资基金作为产业资本和金融资本的结合，将有助于向社会募集闲散资金，也有利于更好地吸引和利用外资，有益于实现林业投资主体向多元化发展，有利于增加林业的融资渠道。另外，从林业产业发展的角度看，它有助于促进林业企业建立起现代企业制度，完善产权的约束机制，同时，更有助于林业产业结构的调整，推进林业产业科技化的进程及实现林业产业发展的两个转变。从促进林业产业升级和改善林业投融资环境的现实需要来看，目前我国发展林业产业投资基金有其客观的必要性和可行性。

（一）有利于引导社会存量资本投资林业

目前我国社会资金十分充裕，但由于缺乏专业化融资工具以及投资门槛的限制，大量的潜在投资者根本无法直接投资于林业企业和项目。设立林业产业投资基金，可以聚集企业、机构等闲散资金，集中投资于林业产业项目，实现社会效益和经济效益的最佳结合。林业产业投资基金通过与政府林业产业扶持政策的配合，可以将民间资本通过公开合法的渠道有序地引入林业重点发展的战略性新兴产业，实现专业化和规范化的投资运作。在汇聚民间资本的同时，林业产业投资基金通过设立科学的激励机制吸引和培养优秀创业创新人才和团队，利用专业化投资机构所拥有的信息、技术、人脉资源和较为成熟的风险分担机制及管理机制，形成林业产业发展所必需的要素集聚区，加快推进林业产业的发展与成熟。总之，通过设立林业产业投资基金，鼓励引导社会投资主体以股权投资等形式缓解林业企业在初创期和发展期的资金压力，并通过对企业技术研发和产业化应用等高风险关键环节的重点扶持，加快林业产业关键技术和共性技术的研发突破，可以为林业产业发展提供要素保障。

（二）有利于拓宽林业企业直接融资渠道

目前，在林业产业项目建设中，银行贷款仍为其主要资金来源，间接融资比重过高，这种单一和集中的融资结构使林业企业财务负担和风险过大。在传统的信贷融资渠道方面，由于林业企业规模普遍较小、信用度不高、抵押担保的财产少，林业企业很难从银行得到贷款，林业企业融资渠道的单一性使融资成本固定

且难下降。在利用证券市场方面，虽然我国证券市场已形成一定的规模，但我国林业企业绝大多数为非上市企业，部分大型林业企业虽然多次发行企业债券，但由于受到政策等多方面条件的限制，发行规模较小，与项目建设庞大的资金需求不成比例。同时，由于债券要按期还本付息，而股票发行门槛较高，中小型林业企业一般很难直接进入。因此，增加企业资本投入，不能单纯依靠发行上市这一条途径。通过设立林业产业投资基金可以为林业企业开辟新的直接融资渠道，为非上市企业提供股权资本支持。林业产业投资基金以股本的形式分散投资到优选的林业企业中，可以有效地解决林业企业资本金筹措补充问题，有利于逐步改善融资结构，降低资产负债结构，减轻企业债务负担，促进直接融资和间接融资的合理均衡发展，实现融资格局多元化。

（三）有利于促进林业产业结构调整升级

林业产业的金融属性适合采用产业投资基金融资模式。林业产业经营的长周期、高风险及分散式小规模经营，需要依托林业产业投资基金来实现投资收益与风险匹配。林业产业投资基金可以为具有增长潜力而又缺乏资金的林业企业提供金融支持，同时，还可以引导商业银行、信托机构等其他金融资本不断涌入林业，形成对我国林业产业发展的投资乘数效应。

当前，我国正处于林业产业结构调整和升级的关键时期，林业产业整体规模相对较小，产业技术含量不高，产品附加值较低，产业组织发展模式滞后，产业链条不完整，现代林业建设缺乏坚实的产业支撑，成为制约我国林业产业发展的瓶颈。林业产业化要摆脱一家一户的作坊式生产方式，转为以科技为指导的工业化的集约型经营方式，需要从生产、加工到贸易各环节都有资金的投入。林业产业投资基金以龙头企业为投资对象，有助于实现以股份为纽带的利益关联机制和风险共担的协调发展机制，使林业产业化龙头企业实现低成本扩张，建立大规模、上档次的生产基地，进而形成跨地区跨部门跨所有制的大型林业企业集团，进一步增强辐射力，扩大企业的市场占有率，促进林业产业集聚和转型升级。对于未上市的林业企业的投资，可以通过产权的流动和重组来盘活资本存量，形成投资主体多元化，待时机成熟后再上市，不仅可以使投资基金大幅增值，更可以盘活企业的大量资产。因此，建立林业产业投资基金，以股权投资的方式可以汇集大量资金投资于林业产业，为引导龙头企业加快调整产品结构，推进产业聚集，加强科技创新，发展精深加工，延长产业链条，实现林产品生产、加工、流通各环节协调发展，促进林业产业化升级，为提高林业发展的质量和效益提供基本保障。

（四）有利于提高林业企业经营管理水平

林业产业投资基金作为新型集合融投资制度，不但向投资企业投入股本资金，而且提供专家管理的服务支持，在一定程度上参与所投资企业的重大经营决策，从而能够有效地在投资者和企业之间建立一种与市场经济相适应的连接机制。基金以资本金的形式参与投资项目，为了维护自身利益，一般都会委派专业人士作为股东代表进入被投资企业的董事会或监事会，行使监督管理权。项目则必须按照现代企业制度建立，改组为有限责任公司或股份有限公司，由此形成的专业化管理及较强的产权约束机制将大大提高企业的管理水平。因此，设立林业产业投资基金不仅可以缓解林业企业的资金问题，还能够利用基金管理公司专业化管理团队，以及基金公司自身投资经验、管理经验、市场关系网的优势，为林业企业提供信息咨询、管理、理财等多种服务，促进林业企业完善经营管理。同时，林业产业投资基金运用资本经营优势，对未上市的林业企业进行资产重组，改善企业的产权结构，可以帮助其进行股份制改造，建立现代企业制度，形成合理有效的内部治理机制，提高企业素质，推动林业企业成为上市公司，这些都是其他纯资本性投资无法达到的效果。

（五）有利于降低林业产业投资管理风险

林产品可持续的强劲需求使林业产业投资基金呈现出较高的投资价值。从中长期来看，随经济发展不断提升的购买力等因素均会促使对林产品需求的增加。林业的产业化、现代化将是解决林产品供需矛盾的主要渠道。在这一过程中，蕴含着大量的投资机会。目前，金融机构在林业领域提供的金融产品服务种类有限，盈利模式单一。通过组建林业产业投资基金，投资于未上市优质林业企业客户，有助于金融机构充分发掘盈利空间，改善盈利模式，提高资金安全回收系数。金融机构不仅可以监督、指导林业企业运营，有效控制贷款风险，还可以分享企业利润，实现资本增值，从而在伴随客户成长中过程中享受债权、股权双重收益。

综上所述，设立林业产业投资基金将有利于打造森林资源市场化的投融资平台，改善林业投融资环境，实现森林资源向资本的转化，推动林业产业的资本运营，有利于培植、整合林业中小企业向产业化龙头化推进，孵化一批林业上市公司，打造一批林业产业“航母”，从而推动整个林业产业升级。

二、设立林业产业投资基金的基础与条件

（一）政策支持

从国家宏观经济战略看，国家政策鼓励组建林业产业投资基金旨在推动产融结合。在林业资本积累有限的条件下，林业产业投资基金就是资金供给方与资金需求方紧密衔接的黏合剂，通过一对一的个性化谈判、灵活的投资门槛、相对简单的操作规则达到吸引境内外资本进入林业产业领域的目的。2016 年 11 月，国

家林业局、发改委联合颁布的《关于运用政府和社会资本合作模式推进林业建设的指导意见》（发改农经〔2016〕2455号）以及国家林业局颁布的《关于运用政府与社会合作模式推进林业生态建设和保护利用的指导意见》（林规发〔2016〕168号）中明确指出，鼓励社会资本出资设立林业产业投资基金。这些文件为我国设立林业产业投资基金提供了坚实的政策支持，设立基金的时机已日趋成熟。

（二）市场基础

森林资源行业投入大，建设周期长，发展建设资金缺口较大，林业产业投资基金具有广泛的市场需求。随着全球气候变暖，环境保护意识逐步增强，林产品价格将不断上涨，林业行业投资价值凸显，各种社会资金特别是金融资本进入林业产业意愿强烈。2016年年末，我国的社保基金规模已超过1.8万亿元，保险资产规模突破15万亿元，累计结余近4万亿元的养老保险基金投资运营也即将启动。“十三五”期间，林业生态、林业产业和森林生态文化三大体系建设将要担负更加艰巨的历史使命。仅依靠国家财政投入根本无法满足巨大的融资需求，需要构建包括财政与金融互动发展、协调促进的融资体系作为支撑。设立林业产业投资基金，可以激发如此巨量资金的潜在供给。

从需求方面看，目前，我国林业产业化快速发展，具有增长潜力的龙头企业金融需求越来越大。我国林业金融服务体系尚不完善，林业企业融资的内在弱质性也对信贷投入产生影响，林业产业化金融支持出现缺位。与此同时，林业企业寻求资本投资的意识也日益增强，林业产业投资基金和林业企业均有共同的诉求，合作基础将更加牢固，这就给林业产业投资基金的发展提供了绝好的机遇，通过抢占我国林业产业制高点，率先进行大规模产业化开发，林业产业投资基金必将获得丰厚回报。

（三）资金基础

稳定的资金来源对于设立林业产业投资基金至关重要。资本来源的结构及投资者的结构会影响产业投资基金的治理结构、激励方式，进而影响林业产业投资基金是否能真正起到推动产业发展的作用。从国际上看，林业产业投资基金的来源渠道包括两方面：一是私人民间资本，如退休基金、养老基金、大公司和银行控股公司、保险基金、捐赠基金、个人和家庭投资等；二是政府直接或间接提供的资金，如财政拨款、财政优惠贷款、政府直接研发基金等。我国当前社会经济发展水平与发达国家有很大的差异，市场制度也没有完全建立，所以我国林业产业投资基金的资金来源也会与发达国家有所不同。

林业产业投资基金的资金来源渠道主要有以下两种。第一种资金来源是企业投资。目前国内已经具有相当数量的战略投资人以及相关的金融投资机构、公司，包括国有大型企业、上市公司以及非国有经济的企业集团。很多大公司或者大企业集团，有向林业产业这一行业渗透的强烈愿望，但因缺乏专业的管理人员，或者林业当地有一定的进入壁垒等，这些企业想跨行业经营林业的难度很大。林业产业投资基金由于有各类专家管理，有政府的政策支持，有资金集中、投资项目分散等优点，可以减少产业进入的壁垒，分散投资风险，从而间接地帮助这些企业成功地实现跨行业经营，迅速扩大企业的规模。第二种资金来源是金融资本。随着储蓄的增加和自有资金的增加，商业银行的投资渠道如果不拓展，银行自己就会面临生存危机，从国际经验看，随着分业经营向混业经营转换趋势的凸显，尽管产业投资基金所投资的单个项目风险确实很高，但在总体受益中仍会较市场的平均收益高，商业银行少量参与产业投资基金并不会增加过多的金融风险，与一般的信贷相比有减少坏账的可能性。可以说，商业银行在林业产业投资基金发展过程中应该是大有作为的。

（四）项目基础

林业产业是一个涉及国民经济第一、第二和第三产业多个门类，涵盖范围广、产业链条长、产品种类多的复合产业群体。从世界林业产业发展经验来看，林业产业发达国家的林产品附加值是相当高的，如纸制品的生产加工业。随着我国林业投资政策改革和林业产业的发展，许多林产品也展露出广阔的发展前景。我国的林业产业在项目发展上有充分的选择余地。林产工业特别是具有创新生产能力的企业进行结构调整，向集团化、专业化、基地化方向发展，打出自己的品牌完全可能，而且林业产业完全有能力发展兼具竞争性和高收益性的产品，在收益上有着广阔的前景。林业产业投资基金在项目选择上有可行的、广泛性的发展空间。林业产业投资基金在投资初期可以选择一些投资效益明显、收效快的项目进行投资，作为林业产业投资基金的起步。

“十三五”期间，我国林业总产值不断增长，到2020年年末将达到8.7万亿元，林业产业结构进一步优化，第三产业占林业总产业比例进一步提高。未来几年，我国木材及相关林产品需求必将保持一定甚至较快的增长速度，这给林业产业投资基金带来巨大的发展空间。由于许多传统林业企业管理和生产技术的落后，产品技术含量低，加上国外林产品的冲击，林业行业处于一种艰难的境地，林业产业发展较慢，给许多人的印象是林业产业的投资回收期长、风险大、收益率低，但是这同时也说明国内的林产品还有巨大的发展潜力，这对设立林业产业投资基金是一个极好的历史机遇。

此外，近几年资本市场的快速发展为林业产业投资基金提供了广阔的生存空间。林业产业投资基金的生存和发展，其自身的保值和增值都需要在资本市场里得以实现。对于获得林业产业基金投资的林业企业来说，除了在主板和中小企业板直接上市以外，还可以通过境外上市、场外交易、买壳上市或被大企业收购的方式融资，实现产业投资基金的退出和持续发展。

（五）经验支撑

2009年，中央“一号文件”首次指出，“有条件的地方可成立政策性农业投资公司和农业产业发展基金”；2010年出台的“一号文件”也明确提出，要“建立农业产业发展基金”。在这一背景下，我国农业产业投资基金得到了快速发展，其正成为我国现代农村金融体系的“新鲜血液”和重要组成部分。2009年9月，北京农业产业投资基金成立，此后，河南、黑龙江、江西等地先后成立农业产业投资基金，希望借力农业产业基金有效组织和引导社会投资，推动农业产业化龙头企业和高新技术产业发展，实现农业投资机制根本性的转变。2012年12月底，为创新财政支持金融支农方式，积极发挥财政资金的引导作用，财政部根据中央“一号文件”精神和国务院批复的方案，联合中国农业发展银行、中国信达资产管理股份有限公司和中信集团股份有限公司等股东单位，发起设立中国农业基金，并于2013年开展实质运营。我国主要的农业产业投资基金如表4-4所示。根据中国农业基金设立方案，基金的基本目标是实现政策向导和市场经营有机结合，带动和引导社会资金投向“三农”；定位是强调以坚持服务“三农”为前提，以市场方式进行决策和经营，获得稳定的市场平均回报。

表4-4 我国主要的农业产业投资基金简表

基金名称	主要发起人	成立时间	基金规模	存续期
北京农业产业投资基金	北京农投、金石投资	2009年9月	10亿元	8年
河南农业产业投资基金	河南农开、中信集团	2010年1月	48亿元	
寒地黑土农业产业投资基金	建设银行黑龙江分行、黑龙江省供销合作社、省投资总公司	2011年2月	10亿元	5年
中粮农业产业基金	中粮集团	2011年4月	20亿元	4年投资期 4年退出期
新希望产业基金一期	新希望集团	2011年6月	10亿元	
杨凌东方海富生物产业基金	东方福海	2011年6月	2.5亿元	
中农科产业发展基金	中国农科院	2011年7月	15亿元	5年 可延长2年

续表

基金名称	主要发起人	成立时间	基金规模	存续期
天堂硅谷大康并购基金	大康木业、天堂硅谷	2011 年 8 月	3 亿元	5 年
同创艾格农业食品股权基金	同创伟业、艾格农业	2011 年 10 月	10 亿元	5 年 可延长 2 年
农银高特佳农业产业基金	高特佳、农银国际	2011 年 11 月	10 亿元	
新希望产业基金二期	新希望集团	2011 年 11 月	2 亿美元	
鄱阳华果农业产业投资基金	工商银行江西分行、江西鄱阳湖产业投资公司、正邦集团	2012 年 5 月	10 亿元	
中国农业产业发展基金	财政部、农业发展银行、信达资产管理公司、中信集团	2012 年 12 月	40 亿元	15 年

资料来源：www. ChinaVenture. com. cn。

从基金发起人性质来看，我国农业产业投资基金的发起人主要包括政府投资公司、农业产业集团、金融机构和科研院所等。虽然不同农业产业投资基金的发起人有所不同，但具有产业背景的企业和机构占据主导地位，这表明农业产业投资基金产业资本与金融资本结合的特性。不同的发起机构影响着农业产业投资基金的投资方向和投资领域，如由河南省农业综合开发公司为主发起设立的河南农业产业投资基金，着眼于对优势企业的提升，其主要投资于河南省内具有高成长性、未上市的农业产业化及关联产业的优秀企业、河南省内或与河南省相关的已上市的农业产业化及关联产业的优秀产业，以促进河南省农业产业化发展和产业结构升级调整。由中国农业科学院发起设立的中农科产业发展基金主要关注国内农业领域高新技术的孵化，以及高成长、创新型、科技型的企业。由大型企业集团发起成立的新希望产业基金、中粮农业产业基金则注重对本企业经营业务相关的上下游企业的投资。由此可以看出，具备政府背景的农业产业投资基金往往偏好于对本地优秀企业进行投资，而由科研院所发起设立的产业投资基金则注重对高科技企业，或与本机构科研成果转化有关的企业；发起人为企业集团的产业投资基金则往往服务于集团业务。

从基金规模和存续时间来看，现有的 13 只农业产业投资基金的筹资规模差异较大，最少的杨凌东方海富生物产业基金的筹资规模仅有 2. 5 亿元，而规模最大的河南农业产业投资基金达到了 48 亿元，但从整体来看，农业产业投资基金平均筹资规模在13亿元左右，与前3批成立的产业投资基金相比，农业产业投资基金的规模相对较小。农业产业投资基金的存续期分布在2~8年，其中5年的较多。总体来看，农业产业投资基金的基金普遍较小，存续期相对较短。

第三节 林业产业投资基金设立运作模式

设立林业产业投资基金要以国家林业产业政策为指引，将林业产业投资基金作为资源整合平台，充分调动各方积极性，利用国际和国内两个市场，以提高林业综合生产能力和主要林产品加工有效供给为目标，以技术及体制创新为动力，以市场为导向，以林产品加工和以林产原料为本源的制造业及其他涉林产业和林产品生产基地建设项目为支撑，以推动林业和以林产品为原料的加工及制造业以及其他涉林产业又好又快的发展为宗旨，强力推动和促进我国林产品加工和以林产品为原料的制造业和新兴林业服务业，建设一批配套完善、产品竞争力强、成长性好的新兴涉林产业聚集区，打造具有全球竞争力、以大规模林业生产为本源的新兴产业集群，并以此带动所在地区林业的全面发展和林产品生产基地建设的不断高涨，有效提升林业产业及其产品的结构层级。

一、基金架构

林业产业投资基金主要有母子基金和单独基金两种组织架构模式，目前国内各行业基金多采取单独基金的组织形式，而考虑到林业行业分类经营及弱质化等特点，林业产业投资基金应选择母子基金而非单独基金的架构，主要有以下五个原因：①适应林业产业分区分块的现状。林业产业各地方、各方向呈现出条块分割的局面，每个地方的经济发展水平、林业产业分布都极其不均衡，如果采用单独基金的形式，会导致基金投资重点不明晰的问题。②便于投资管理。林业产业各个方向的投资收益率、成本与风险都大不相同，如果采取单独基金的模式，就会大大提高金融机构的投资及管理难度；相反，如果采取母子基金模式，可以针对基金的重点投资领域进行更专业的投资管理，获得更好的投资效益。③便于资金的募集。林业产业各个方向的投资收益率、投资回收期及风险都有很大的区别，设置母子基金的架构可以给社会投资者提供多样化的投资选择，如对资金安全性要求较高的可以投资于国家重点投资的林业领域（如储备林）的子基金。④降低投资风险。产业基金因其投资分散性而降低了风险，母子基金架构中，母基金不直接投资于项目而分散地投资子基金，这相当于在子基金分散风险的基础上进一步分散风险。⑤提高财政资金使用效率。财政资金要体现其公益性，引导性则必须明确其投资方向与投资重点，而投资与单独的林业产业投资基金不能满足原本就不足的财政资金用在刀刃上的需求，从这个角度考虑，设置母子基金的架构是非常必要的。

具体到子基金的选择问题，首先，目前我国林业产业正处在粗放式发展向节约式现代化发展的关键阶段，大量林业企业有转型发展的需求，因此可以设立林业产业转型发展子基金，该基金重点投资于处于转型发展或成立初期的林业企业，后期可培育部分企业上市而获得高额的投资回报率。其次，对于林业产业中投资量特别巨大，投资回报期特别长的领域必须特别对待，如建设国家公园等森林旅游项目可设立国家森林旅游建设专项子基金。再次，中国林业产业投资基金必须配合国家战略安排，如针对国家储备林战略，国家林业扶贫战略可分别设立国家林权收储专项子基金与国家林业扶贫专项子基金，也正是因为这两个领域对我国森林安全等方面极其重要，但是相较于其他领域在投资成本、投资收益等金融属性上有明确的差异而导致社会资本不愿进入，因此国家必须做特殊的战略安排，林业产业投资基金必须设立相对应的子基金。最后，针对林业区域性差异，林业产业投资母基金可与一些地方政府及金融机构设置区域性的子基金，以促进区域林业产业的发展。林业产业投资基金的母子架构如图 4－2 所示。

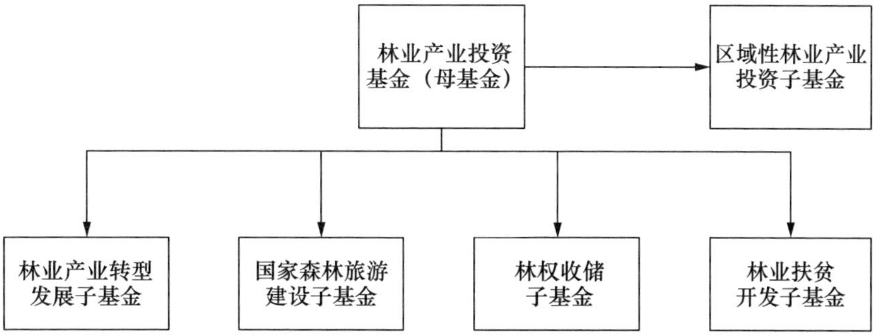

图 4－2 林业产业投资基金的母子架构

二、基金设立时的关键问题

（一）基金发起人选择

由于发起人在林业产业投资基金的发起和设立中起着关键的作用，为了保证林业产业投资基金的健康发展，必须对林业产业投资基金的发起人实行严格的资格认定，即只有具备一定的条件，才能作为基金发起人，才能申请设立和组建林业产业投资基金。按照我国《产业投资基金管理暂行办法》的规定，发起设立产业投资基金需要满足三个条件：一是基金投资方向符合国家产业政策；二是发起人必须具备3年以上产业投资或相关业务经验，在提出申请前3年内保持良好财务状况，未受到过主管机关或司法部门的重大处罚；三是法人作为发起人，除产业基金管理公司和产业基金管理合伙公司外，每个发起人的实收资本不少于2亿元。

由于林业产业投资基金对投资的专业性有非常高的要求，要求主要发起人应是森林资源开采和经营方面的专业机构，这样可以增强基金的社会公信力，以利于资金的募集和运作。因此，基于林业投资项目及产业投资基金的特性，由大型林业企业集团作为林业产业投资基金主要发起人，具备独有的优势。首先，林业企业集团有承担主要发起人的主观需求。通过上下游一体化进行价值链管理是企业集团扩张的主要途径，这种扩张模式大都通过猎捕并购对象来收购整合，达到构建完整产业链、提高抗风险能力并形成产业集群的目的。林业企业集团通过林业产业投资基金的管理，可以结合企业价值产业链的构建，通过林业产业投资基金的资金募集功能着力投资培育潜在并购整合对象，为潜在收购减少整合难度。其次，林业企业集团有产业价值链管理与资源整合的优势与动力。林业产业投资基金的项目很多都集中在产业链的一个点，上下游的价值衔接往往是项目成长的一个重要因素。林业企业集团主导或影响林业产业投资基金运营管理，可以利用自身的产业发展优势在品牌、技术及营销网络等方面输出资源。这种资源输出方式对企业集团至少产生三种利益：一是利用社会资源为自身培育潜在并购对象，完善产业链条，推动自身做大做强；二是投资项目有了更多更易的退出渠道，企业集团铸造良好的资本运营品牌等于为产业资本与金融资本的融合发展插上翅膀；三是通过投资管理公司的投资收益分成获得丰厚的管理回报。最后，对林业产业投资基金所投资项目进行价值培育或提升管理是投资基金管理人获得利益回报的必然途径。由林业企业集团主导或大力参与林业产业投资基金管理，不仅在于发现具备潜在价值的投资项目，还在于利用自身的品牌、技术、营销网络等优势向所投资项目输出资源，提升企业价值，给基金投资人创造价值和财富。

此外，从林业产业投资基金的性质来说，还要选择大型金融机构、具有实业投资经验的投资公司或擅长资本市场运作的证券公司作为共同发起人。为保证基金的筹资规模，对于投资者认购的最低限额应有相应的规定。发起人所认购实收资本应在35%以上，以利于建立以发起人为核心的风险责任自我约束和内控机制，保证全体基金持有人的利益。目前，国家林业局已经先后与国家开发银行、中国农业银行等大型金融机构签订战略合作协议。因此，林业产业投资基金主要发起人可以在中国农业银行、农业发展银行、国家开发银行等金融机构中选择。

如图4－3所示，最初可以由一个或几个大型的林业企业集团、战略投资人或非银行的金融机构作为发起人，共同发起设立林业产业投资基金。同时，其他机构投资者如证券公司、保险公司，可直接通过参与发起进行投资，也可在发起成立后，通过购买基金券参与投资。林业产业投资基金发起人确立，建议以政府财政资金作为林业产业投资基金的引导资金，支持以大型金融机构和国有大型林业企业为主导，发起成立林业产业投资基金，并广泛吸收金融机构、民间资本和国际资本等社会闲置资金。林业产业投资基金具体设立形成可以参照中国农业产业发展基金的组建模式，由财政部联合国家开发银行（农业发展银行）、大型证券公司以及大型林业企业集团共同发起设立林业产业投资基金。

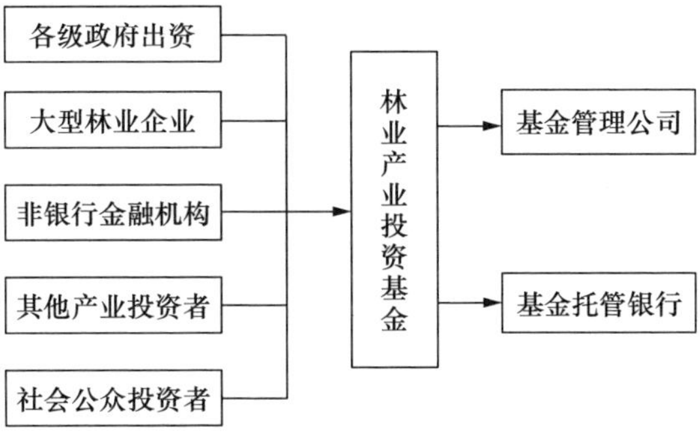

图4－3　我国林业产业投资基金组织形式

（二）基金的募集方式

资金筹集是产业投资基金运作的第一步。根据《产业投资基金试点管理办法》，产业投资基金的资金来源主要为特定机构投资者，该“特定机构投资者”包括国有企业、国家控股的商业银行、保险公司、信托投资公司、证券公司等金融机构，全国社保基金理事会等机构投资者。

从整体来看，林业产业投资基金投资期限较长，难以实现短期收益最大化，这种较长的期限要求通常要通过锁定期来实现。因此，中小投资者很难成为其主要资金来源，而实力雄厚的机构投资者以闲散资金投入林业产业投资基金，能够有效保证其资金来源的长期稳定性。目前，商业银行、保险公司、养老金等机构投资者在投资私募股权基金方面仍然受到一定的限制。再加上林业产业投资基金的风险较大，不适合社保资金、保险资金的进入；而富有家庭和个人投资群也未形成，所以，我国林业产业投资基金的投资主体应该是金融机构和林业企业集团。但是，由于林业基础性投资基金需求量极大、建设周期长，必须加大政府投资力度。例如，中央和地方各级政府、大型国有控股金融机构出资参与林业产业投资基金的设立，或政府在税收和贴息政策上给予优惠，以鼓励和扶植林业产业投资基金的发展。林业产业投资基金的资金来源应以社会资金为主导，政府资金为引导。在起步阶段，可以以国有林业企业集团、上市公司和非银行的金融机构及政府资金为主，作为主要发起人，向社会公开募集资金。

从国外林业产业投资基金的成功经验来看，林业产业投资基金的资金来源应该多样化，资金来源多元化是林业产业投资基金的发展趋势。吸收国际资本的参与，发展国际合作林业产业投资基金，是促进产业化发展的重要条件，在吸引外资的同时也可以同时学习国外先进技术和管理经验。因此，林业产业投资基金的资金来源不应仅限于特定机构投资者，还应包括国外资本。

林业产业投资基金的资金募集究竟采用哪种形式，实际上是由它自身的特点决定的。具体来看：一是林业产业投资基金的投资具有高风险性。由于公募的投资者主要是社会公众，他们的风险鉴别和承担能力一般较弱，而私募发行是面向特定的投资者，其风险鉴别和风险承担能力相对较高，从这一点来看，私募更有利于林业产业投资基金资金的筹集。二是作为一种长期股权投资，林业产业投资基金的投资期限一般都较长，要求资金具有长期性和稳定性。由于私募发行的流动性较差，私募发行的资金更具有长期性和稳定性，从而迎合林业产业投资基金对资金的需求。三是从法律角度来看，按照我国最新修订的《证券法》，累计向超过 200 人的特定对象发行证券属于公募行为，必须向中国证监会或者国务院授权的部门申请发行核准。这样，采用公募形式来募集资金，势必会增加基金发行的时间和费用。

为了加快基金设立步伐和出于稳妥考虑，林业产业投资基金的募集以私募方式为宜，募集对象主要为具有丰富投资管理和资本运用经验的林业企业集团和金融机构，当基金运作一定时期和实现良好业绩之后，基金后续资金的募集可以探索个人投资者参与认购的公募方式，以适应我国投融资体制改革的需要，引导民间资本投向林业产业所急需的基础设施建设和没有上市企业发展领域。同时，基金的首期资金募集可以实行承诺制，即投资者在基金募集阶段签署基金份额承诺书，在基金项目投资实施阶段，投资者再根据承诺书认购基金份额的比例落实承诺、分批到位，但首期出资额不得低于承诺总额的一定比例，否则，林业产业投资基金不能成立。投资者承诺资金到位后，需尽快向法定的验资机构申请验资，向工商管理机构申请注册并报主管机关备案。

（三）基金规模与类型

对于产业投资基金来说，需要至少 10 个以上的投资项目才可能谈得上分散风险，一般来说，以单个项目需要的资金为 5000 万元计算，基金规模至少 5 亿元以上。作为投向基础产业的林业项目投资，由于固定资产部分投资会比较大，单个项目需要的投资资金相对要大，因此总体规模要相对更大一些。作为对林业项目投资的基金，发起的基金总盘可参考中国农业产业发展基金的规模，应不少于40亿元人民币，否则基金规模过小，不能将产业发展和企业的改革开放推向产业化发展的轨道，不能形成具有国际竞争力的产业优势。另外，基金规模过小，在与外资的接轨过程中，难以募集大规模资金，不能真正控股，主导林业产业的发展。中国林业产业投资基金就是要通过其规模性的投资行为，提高现有林业企业的规模经济，获得企业的规模经济效益，从宏观角度将失衡的产业结构重组、整合，获得宏观经济收益，促进林业的整体发展。

（四）基金的设立方式

从基金设立方式来看，产业投资基金可分为封闭式基金和开放式基金。开放式与封闭式基金各有利弊，但开放式基金是现今世界基金业发展的主流。目前，在我国产业投资基金还处于起步发展阶段，林业产业投资基金所依托的证券市场不成熟，市场波动大，投机气氛浓厚，加之投资者不够成熟，其投资行为具有很大的盲目性。在这种背景下发展开放式基金，证券市场的波动、社会形势的变化都会导致投资者冲动性撤资行为，从而影响基金的正常运作。林业产业投资基金的投资对象是林业产业，林业生产经营周期较长，需要稳定的资金来源，而不是随时可以抽走的游资，设立开放式投资基金，会造成资金的不稳定。根据林业长周期的投资特点，建议采用封闭式方式设立林业产业投资基金，封闭期限为10～15年。但长期来看，开放式林业产业投资基金比封闭式产业投资基金具有更多的优势。从投资基金的发展趋势看，由于开放式产业投资基金对投资者较为有利，且发展规模不受限制，林业产业投资基金向开放式发展也是大势所趋。

（五）基金的组织形式

根据我国的实际情况，林业产业投资基金宜按公司型设立。其主要原因有五个：一是公司型基金形式是现代企业制度发展至今的一种极为完善的组织形式，其在管理人、保管人和投资人之间形成一种制衡机制，这种制衡机制有利于基金的三个组成要素之间的相互监督。二是有利于保护投资者的利益。如果按契约型基金设立，则投资者的权益得不到应有的保障。三是《公司法》要求发起人认购基金份额不低于35%，这有利于基金的运作，可避免过去我国基金发行中存在的一些问题，即发起人不占任何基金份额，结果基金亏损对发起人影响不大。四是实业投资的可分析性小于证券投资，因此，投资于实业的产业投资基金者更难以监督管理人的行为，从而林业产业投资基金管理人的道德风险较证券基金更大，因而从组织形式上更宜采用公司制。五是公司型基金不能随意终止，比较稳定，符合能源项目投资回收期长、对资金稳定要求比较高的特点。

（六）基金的管理形式

林业产业投资基金经营管理的关键取决于基金管理公司。林业产业投资基金在成立之后必然需要一个管理机构对其资产进行管理。林业产业投资基金的管理模式主要有自我管理和委托管理两种管理模式。自我管理模式为设立新型基金而成立一家基金管理公司；委托管理模式是在基金设立后委托给现有的基金管理公司进行管理。我国已经设立的投资基金和国外早期的基金由于早期缺乏相应的基金管理公司，大多采取第一种方式。但随着林业产业投资基金业的发展，会涌现出一批优秀的林业基金管理公司，委托给经验丰富的专业基金管理公司管理将成为林业产业投资基金管理模式的主流。

目前，我国已经具备林业部门和金融部门携手共同合作的可能，所以也就具备利用金融机构在资金调度和运用的优势，并利用林业企业在行业内专家共同管理林业产业投资基金的极大优势。因此，建议林业产业投资基金实行委托管理，通过建立林业产业投资基金管理公司和专业管理团队，把基金的全部资产委托给基金管理公司进行投资管理。建议依托大型金融机构和中国林产工业协会，并联合国内在林业产业有丰富投资经验和影响力的投资者，共同组建林业产业投资基金管理公司，聘请具备金融、财务和林业综合从业背景的人才作为基金管理人。结合我国林业产业发展的实际情况，鉴于中国农业发展银行和中国农业银行与林业的联系最为密切，可考虑选择其中一家银行作为基金托管人。

三、基金运作管理模式

（一）基金投资流程

产业投资基金的运作过程即基本程序包括3个阶段——筹资、投资和退出。投资过程又包括交易的发起和筛选、评估、交易设计、投资后管理4个阶段，如图4－4所示。

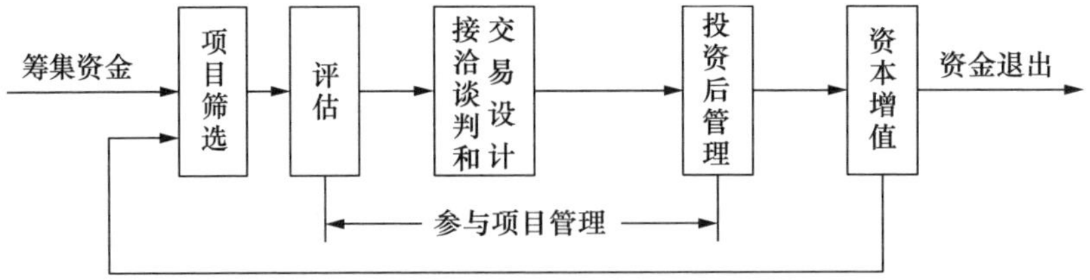

图4－4　林业产业投资基金基本运作过程示意图

1. 寻找和筛选投资项目

获取好的投资机会是产业投资的起点，林业产业投资基金应根据自身的投资取向通过多种渠道以经济的方式筛选确定项目名单，具体可通过采取与林业政府部分、林权所、相关金融机构合作的方式获取优质项目信息，并根据项目相关财务信息、产品信息、市场信息、管理团队等信息进行初步筛选。

2. 投资项目评估与选择

在经过项目初步筛选之后，就进入投资评估阶段。林业产业投资基金的管理人应该从可能的投资收益和投资风险方面对项目进行可行性评估。在项目评估完成后，基金管理人便应与被投资方进行谈判，以确定交易结构、控制条件等，并就相关问题达成具体协议。

3. 投资的运营与监管

如前所述，由于信息不对称现象的存在，林业产业投资基金在投资过程中会面临道德风险和逆向选择问题，为了防范可能的风险，一套严格的项目监控机制十分必要。因此，林业产业投资基金在投资之后，要对被投资企业和项目的具体运营情况进行密切关注，同时，利用自身优势和资源，为被投资方提供管理、市场等方面的帮助，以帮助被投资方改善经营状况，同时提高自身的投资收益。

（二）基金投资方向

林业产业投资基金的投向标准是为投资者减少和分散投资风险，确保基金资产的安全，并谋求长期稳定的投资收益。根据《产业投资基金暂行办法》的规定，投资于基金名称所体现的投资领域的比例不低于基金资产总值的60%，即林业产业投资基金设立之后，投资于林业产业领域的资金比例不低于基金资产总值的60%。因此，在确定的林业投资大范围内，要根据收益性、风险性与流动性相结合的原则选择和组合投资项目，处理好短期收益和长期收益间的关系。

林业产业投资基金投资的项目领域或产业的选择与确定，应遵循“前导、前瞻与前景性，关联效应与产业集群性、经济效率与效益性、战略性与政策性”的基本原则。在林业产业投资中，营林项目投资的流动性小、收效慢、周期长，所以在这方面的初始投资比例不宜太大，而应抓紧对林产品精深加工、高技术、高附加值项目的开发和扩展。基金以投资林权和林业产业链项目为主，兼顾境内林业领域高新技术孵化以及高成长、创新型、科技型企业。具体投资领域包括以下几方面：第一，林业产业投资基金应优先对林业产业内新技术、新科技的林业企业进行参股投资扶持。第二，直接投资林业企业的优质林业项目包括速生丰产林项目，林产品深加工与制造业项目；生物制药和优势林产品繁育及生产基地建设项目；林业生物质能源、生物质原材料种植与加工、制造项目；生物药物种植与加工、制造项目；新兴林业生产资料制造和林业服务业产业项目等。第三，在生态旅游等方面，可以考虑通过投资林业产业工业园、生态园的方式，进入这类领域。同时，对一些规模较大、可分批投资项目宜采用滚动操作方式增加利润和降低风险。通过带动林业产业局部的发展，提高林业产业的整体收益水平，再逐步向更深层次的林业进行投资。第四，投资于林业基地项目，林地收储投资。同时，为了更好地规避和分散风险，林业产业投资基金也可以在通过具体的考察和策划后，将一部分资金投资于其他有投资前景和项目的产业，以获得相应的收益。

由于林业项目具有投资周期长、投资强度高，一次性投资资金需求量巨大、资金回收期长等特征，为了保证基金投资者的利益和投资积极性，需要解决林业产业投资基金的效益性与流动性的矛盾，借鉴美国产业投资基金的做法，根据我国林业产业发展的实际情况，林业产业投资基金的投向可重点考虑一些准上市公司的股权。

（三）基金盈利模式

林业产业投资基金设立后，以40%的资金投资拟上市的林业企业，占有其一定的股权，给林业企业提供量身定做的增值服务，迅速把企业做强做大，在企业上市前获取红利收益，企业上市后获取资本利得；以30%的基金资金投资全国重点林业企业、林业产业工业园、生态园和林业产业基地项目，依据重点林业企业在行业中的龙头地位，获取较高红利，在重点林业企业资本运作完成后，获取资本利得；以20%的基金资金投资林地资源和对大宗林产品进行收储，利用林业产权交易所平台进行交易获取收益；以10%的基金资金投资高科技林业企业，获取高科技林业企业高科技产品带来的较高收益，在高科技企业资本运作完成后，再获取资本运作收益。林业产业投资基金这样的盈利模式，决定了它比一般林业企业盈利能力要强得多。

（四）基金监管机制

林业产业投资基金经营与运作管理过程面临的一个难点问题是如何规避消除、化解和降低其经营过程中可能出现的各种风险问题，包括项目风险、事务风险、利率风险、流动性风险、其他风险。防范、规避和化解、消除或降低基金经营性风险最为重要的措施，是建立规范、高效的基金经营运作管理机制，包括项目管理与资金整合机制、投资顾问机制、管理组织体系及其运作机制、基金经营运作的监控机制等。建立健全基金管理的激励与约束机制：一是借鉴证券投资基金和有限合伙产业投资基金报酬机制的设计办法，设计基金的报酬。二是建立对基金管理公司的约束机制。三是建立对被投资企业的约束机制。

（五）基金退出方式

1. 林业产业投资基金的一般退出方式

林业产业投资基金对企业进行投资的目的并不是长期持有企业股份，而是借助于企业的发展实现所持股份的增值，进而通过出让企业股份获取投资收益。因此，退出是林业产业投资基金一项投资活动的最后一个环节。退出方式的选择在某种程度上决定着投资收益的大小。

2. 林业产业投资基金的特有退出方式

产业特性的不同导致林业产业投资基金在实际运作过程中应做出适应性调整。在林业产业投资基金退出方式选择时，除了可以考虑采取上述提及的几种常规的退出方式，还可以根据林业自身特点选择林地和林木流转、林木采伐、森林资产证券化等方式进行退出，取得投资回报。

（1）林地和林木流转。林地流转是指在不改变林地所有权和林地用途的前提下，按一定程序，通过招标、拍卖、协议等方式，有偿或无偿地由一方转让给另一方的行为。林木流转是指林木所有权利主体将林木所有权、使用权、收益权、处置权转移给自然人或法人单位，并获取相应收益。林木流转包括活立木流转和原木流转。

林地林木资源是一种具备资本属性的自然资源，因此，通过市场机制的引入，对其进行优化配置能够提升其开发价值。目前，我国林地林木流转发展迅速，流转市场体系日益完善，既可以通过场内流转的方式进行流转，如中国林业产权交易所、南方林业产权交易所、江南林业产权交易所、华东林业产权交易所等林权交易市场的建立为林地林木流转提供了规范化的平台，又可以通过私下流转的方式进行；同时林地林木流转的方式众多，主要包括拍卖、招标、协议转让等，如表4－5所示。

表4－5 林地林木流转形式与方式分类

类别	流转内容	流转形式	方式
Ⅰ	无林地使用权单独长期流转，不保留流转后林地收益权	转让	拍卖、招标、协议
	林地使用权和林木所有权长期流转，不保留流转后林地林木收益权	转让	拍卖、招标、协议
Ⅱ	无林地使用权单独长期流转，保留流转后林地收益权	股份合作	协议
	林地使用权和林木所有权长期流转，保留流转后林地林木收益权	股份合作	协议
Ⅲ	林地使用权和林木所有权短期流转，保留流转后林地林木收益权	转让	拍卖、招标、协议

林业产业投资基金主要投资于营林相关的林业企业或林业项目，因此可以选择林地林木流转的方式退出投资项目。在具体方式的选择上，由于林权交易具有相对规范的交易流程和充分竞价的交易方式，并且能够提供专业的中介服务，有助于交易的公平公正、提升林权交易价格并减少可能的交易风险，虽然与其他交易方式相比，林权交易所的交易程序相对复杂，成本费用较高，但由于林业产业投资基金投资规模较大，且精力有限，所以选择林权交易所进行林地林木的流转是适合的。

通过林权交易所进行林地林木的流转主要包括如下步骤：首先，林业产业投资基金向林权交易所提出转让申请并提供相关资料，林权交易所进行初审通过后将转让信息发布在相关平台；其次，意向受让方参与竞价拍卖，并确定最终的受让方；最后，林业产业投资基金与受让方签订合同，办理相关手续。

（2）林木采伐。林业产业投资基金主要投资方向是营林相关的林业企业或林业项目，因此林木采伐收入是林业产业投资基金获取投资收益的基本来源。目前，我国林木的市场需求较大，林木采伐、销售利润空间较大，从而为林业产业投资基金的投资收益提供了条件。

以巨尾桉工业原料林为例，由表4-6可看出，虽然在初始3年营林成本较高，大大超过营林收入，投资收益为负，但是，随着林木的生长，营林收入也随之增加。与此同时，营林成本在经过较大的初始投入之后大幅下降并逐步稳定，投资收益增加，内部收益率保持在一个较高的区间。

表4-6　投资巨尾桉工业原料林的NPV和ERR

项目	林龄						
	1	2	3	4	5	6	7
蓄积量		11.30	41.20	82.90	136.80	175.10	191.30
规格材		0	0	0	0	15.76	25.83
综合材		4.52	21.69	52.56	93.98	106.81	133.50
主伐收入		1590.86	7634.88	18501.12	33080.78	43831.26	51264.58
主伐成本		826.53	3966.67	9612.17	17186.97	22415.51	25453.33
营林成本	5037.75	2743.50	240.00	240.00	240.00	240.00	240.00
税费		124.27	596.42	1445.26	2584.18	3557.31	4133.57
净现金流量	-5037.75	-2103.43	2931.80	7203.69	13069.63	17618.44	21437.68
年平均利润	-5037.75	-3570.59	-1436.73	204.39	961.68	1519.53	1813.76
净现值NPV		-6564.25	-4798.61	-1777.82	1915.87	4218.50	5718.87
内部收益率IRR(%)			-4.06	13.78	17.65	18.09	16.04

资料来源：黄和亮，等．桉树工业原料林的投资经济效益与最佳经济轮伐期［J］．林业科学，2007，43（6）：128-133.

林业产业投资基金通过林木采伐进行退出，需要根据林业资源本身特点和市场供求状况，在现有的采伐管理制度框架下制订科学的采伐计划，以实现林木经济效益的最大化。

（3）森林资产证券化。资产证券化是把当前流动性较差，但质量好、收益稳定的资产进行包装和组合，在辅以风险隔离和信用增级等手段之后，转换成流动性较强的证券的过程。作为一种新型金融工具，森林资产证券化在林业领域的应用主要体现为森林资源的资产证券化。作为林业产业投资基金的一种可能退出方式，森林资产证券化与林业产业投资基金的结合能够大大缩短林业产业投资基金的投资周期，同时可以降低资产证券化的门槛，有利于林业资源的整合。

林业产业投资基金通过森林资产证券化实现退出的基本流程是：林业产业投资基金通过与林业资源所有者（多为林农）签署长期合约获得林业资源的使用权和处置权；随后，林业产业投资基金将林业资源交由专业的森林资源管理公司进行管理，并与林业资源买方签署长期供应合同；最后，以供应合同的未来现金流为基础资产进行证券化操作，收回部分投资资金，从而实现林业产业投资基金在此项目的部分退出。整个流程如图 4 –5 所示。

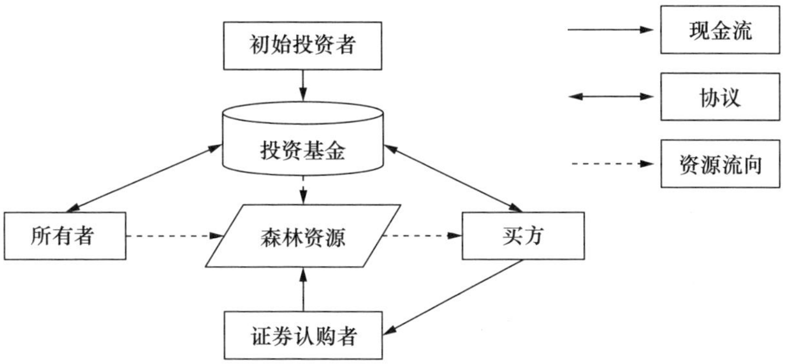

图 4 –5　林业产业投资基金证券化运作流程

3. 林业产业投资基金退出方式的选择

林业产业投资基金要想通过退出获得良好的投资收益，需要平衡好自身、被投资企业（项目）以及股权受让人三方之间的利益关系。此外，基金还需要根据对市场状况的综合判断，灵活地选择退出时机与退出方式，力争实现投资收益的最大化（叶有明，2012）。

林业产业投资基金应当根据项目运作情况选择适当方式退出。一是在投资决策上尽可能选择具有上市前景的项目或企业进行投资，并通过专家管理的方式，扶植和辅导所投资企业尽快上市，以便能通过证券交易市场进行退出，获得良好的投资收益；二是充分利用已有的市场条件和资源，发展林业产权交易市场，将所投资项目或企业的股份转让给其他战略投资者持有；三是在投资前与被投资企业或项目签订相关回购协议，约定在被投资企业或项目在满足一定收益条件下可以回购林业产业投资基金持有的股份，从而保证投资基金顺利退出，又满足企业自主经营的需要；四是不断加强与其他金融工具的合作，开发新的退出渠道。总之，林业产业投资基金进行项目投资的方式是多样的，同时，退出途径也不是单一的，具体进入和退出方式的确定还应根据投资项目的实际情况来决定。

第四节　我国林业产业投资基金设立的关键问题及推进策略

一、我国林业产业投资基金设立的关键问题

尽管组建林业产业投资基金的运营框架明晰，外部环境已呈现前述的政策、产业、战略机遇等有利因素，但具体实施可能还存在一些来自制度、产业特性和投资主体等各方面的障碍和不确定性，主要表现在如下几个方面。

（一）如何确定基金主发起人

主发起人在基金的设立过程中起着非常重要的作用，承担基金的主体责任。目前有如下集中主导发起模式：①企业主导发起模式，主要指大型林业企业牵头设立林业产业投资基金，这有利于其发挥在林业产业领域的专业及资源优势，但由于林业企业自身实力等各方面原因，由林业企业牵头设立林业产业基金可能难以吸引社会资本参与到基金的设立中来；②政府主导发起模式，主要指由政府组织设立林业产业投资基金，政府在基金的设立及后续运作过程中起相当大的作用，这能有效保障林业产业投资基金的成功设立，但是政府的过度干预可能影响基金的正常市场化投资，破坏林业产业投资基金的金融属性；③金融机构主导发起模式，由有实力的金融机构主导发起林业产业投资基金可以降低投资人的风险感知，直接拓宽林业产业投资基金的投资渠道，且能保证基金的后续专业化市场化运作，不足之处在于其在林业产业领域的专业度可能较低，导致基金的设立不能有效契合林业产业的特点，如设计的存续期较短等，制约林业产业投资基金的发展。以上几种主导发起模式各有优缺点，当务之急是尽快确定主发起人，尽快推进林业产业投资基金的设立。

（二）如何选择基金管理公司

尽管目前我国其他行业已经设立行业内的产业投资基金，在这个过程中又涌现出部分优秀的基金管理公司，但隔行如隔山，一方面，林业产业的产业特性、金融特性都与其他产业有着明显的不同；另一方面，目前我国的基金管理公司在林业产业领域的资源与投资经验都相当不足，因此管理林业产业投资基金对基金

公司的专业性有较大的要求，特别是在林业资本市场相对不完善的情况下，如何使林业产业投资基金健康稳定发展是基金管理公司必须考虑的。总之，我国林业产业投资基金如何找到一个合适的基金管理公司成了一个关键问题。

（三）如何确定项目投资标准

在项目选择上，大部分林业项目收益偏低、期限偏长、退出较为困难。虽然如此，基金成立后作为市场参与者，也应该尽量寻找相对高收益低风险的林业项目而不是对所有的项目都进行投资。除了高收益低风险外，在选择目标企业时应综合考虑项目的投资价值，例如，目标企业是否有良好的过往业绩和信誉，即对人的判断，合作伙伴的商业经营能力，可信赖程度的判断；是否有经过检验的商业模式，即对事的判断，业务模式的可持续的判断；是否有较高的资本市场投资价值，即对商业价值的判断，盈利机会和盈利空间的判断；是否有畅通的退出渠道，即对未来规划的判断，上市计划或大股东回购等帮助林业产业投资基金顺利退出的渠道判断。然而，对于当前如何筛选合适的项目并没有一个规范的投资标准，这容易引发投资决策混乱，导致效果不佳。

（四）如何构建专业管理团队

根据林业产业投资基金发起、运作的现实需要，林业产业投资基金的发展需要大量既有林业专业知识，又懂金融知识和相关法律知识的复合型人才。就目前来看，我国证券投资基金和企业行业产业投资基金的发展培育了一批熟悉基金运作管理的优秀人才，但是，这些管理人员大多缺乏林业专业的相关知识，对林业产业特性缺乏了解。一些高等院校培养的林业或相关专业的毕业生又往往缺乏必要的金融知识。一些海外留学人员回国从事林业产业投资基金的运作和管理，他们能带回国外先进的理念，但由于国内外金融市场环境的差异，他们往往面临着水土不服的问题。此外，林业产业投资基金的发展离不开各类中介机构和相关机构的广泛参与，如律师事务所、会计师事务所、资产评估事务所、林业产权交易所等。这些机构同样面临着人才短缺的问题，从而导致这些机构的发展质量参差不齐，从长远来看，这将制约林业产业投资基金的发展。人才方面的障碍是影响我国林业产业投资基金发展的瓶颈。没有足够多的相关人才做保障，林业产业投资基金的发展将会停滞不前。

二、我国林业产业投资基金的推进策略

（一）发挥政府的统筹协调作用

主发起人的确定不仅涉及各方的利益诉求，还存在着信息方面的不对称。为了确定林业产业投资基金最合适的主发起人，政府要充分发挥引导与带动作用。特别是在林业产业投资基金准备设立的前期，一是要通过政府的宣传提高机构特

别是商业性金融机构对林业产业投资基金的认知度，扩大潜在发起人的选择范围；二是要建立潜在发起人的沟通制度，各方要在公开的场合下平等地表达自己的利益诉求与自身存在的困难，达到总体效用的最大化；三是由政府尽快确定主发起人，并在基金的发起设立过程中给予合理的帮助，使林业产业投资基金能够顺利设立。

（二）多渠道确定基金管理公司

既然目前难以找到合适的基金管理公司来管理林业产业投资基金，那么在可选最佳的基金管理公司条件下，可以做到以下几点来提高基金管理公司的专业性：首先，作为基金部分发起人的林业企业可以与基金管理公司建立及时的沟通制度，或林业企业可向基金的管理团队派驻专业性的林产业人才，以提高基金在林业产业领域的专业性；其次，有必要建立投资专家委员会，投资专家委员会不参与投资决策委员会的决策管理，但可以作为投资决策顾问，提高基金在林业产领域的专业程度；再次，在基金成立之后要注重引进和培养人才，把基金管理人才也看作林业产业投资基金不可或缺的资源之一，在发展的过程中不断提高基金的管理水平；最后，建立并完善林业基金管理人考核和淘汰制度，除了正向激励以外，从逆向推动基金管理水平的提高。总之，可以通过多种渠道提高林业产业投资基金管理公司的专业性。

（三）建立并规范基金投资标准

基金在运作时，不能因外部环境的变化而频繁改变基金的投资标准。特别是目前林业项目如雨后春笋般迅猛发展起来时，不应将所有的林业项目都投资，而应该设计一套基金本身的投资标准。只有符合本基金投资标准的林业项目才进行投资，并且在投资过程中以及投资后，都应该制定规范的风险防控体制。另外，基金作为林业项目市场的重要投资方，在制度标准的投资规范后，林业项目也必然会向基金要求的投资规范进行靠拢，形成一个良性循环。在运行过程中积累大量的经验之后，林业产业投资基金也应提高自身的治理能力，使投资项目的可选范围不断扩大。这样，才能更好地发挥林业产业投资基金引导林业项目建设的作用，促进林业产业发展。

（四）加强林业领域基金人才培养

专家理财是林业产业投资基金的主要特征，管理团队的素质是林业产业投资基金运作成功的关键所在。因此，发展林业产业投资基金，需要尽快培养一批既熟悉林业产业特征又具备金融知识的复合型基金管理人才。具体可通过以下几种途径：首先，可通过引进人才的方式吸引国外优秀基金管理人参与到林业产业投资基金的运行管理；其次，可选拔国内优秀基金管理人员和林业专业人员进行培训，使他们尽快熟悉林业产业特性，掌握相关的金融知识；最后，高等院校应加强对复合型人才的培养力度，通过校企合作使学生获取实践机会，培养应用型林业基金管理人才。

第五节 林业产业投资基金案例

一、中国农业产业发展基金

（一）设立背景

为创新财政支持金融支农方式，积极发挥财政资金的引导作用，财政部根据中央“一号文件”精神和国务院批复的方案，联合中国农业发展银行、中国信达资产管理股份有限公司和中信集团股份有限公司等股东单位，在2012年12月底发起设立中国农业产业发展基金。其概况如表4－7所示。

表4－7 中国农业产业发展基金概况表

设立时间	2012年12月
设立依据	主要依据《中华人民共和国合伙企业法》及其他相关的法律、法规的有关规定发起设立并经营
基金发起人	财政部
主要出资方	中国农业发展银行，中国信达资产管理股份有限公司，中国中信集团有限公司
基金类型	封闭式、有限合伙
基金注册地	北京
基金管理人	中国信达资产管理股份有限公司
基金托管人	中国农业发展银行
基金规模	40亿元人民币

（二）基金规模

中国农业产业发展基金经国务院批准，由财政部联合中国农业发展银行、中国信达资产管理股份有限公司、中国中信集团有限公司3家国有金融机构共同发起设立。

中国农业产业发展基金首期规模为40亿元，4家发起人各出资10亿元，基金存续期为15年，后续将根据基金经营运作情况和农业产业发展的实际需要研究扩募和延期问题。基金为公司制，发起人股东约定在基金存续期内不对投资本金进行分配，基金管理人在基金运营初期重点筛选一批能够尽快出成果的项目，以扩大市场影响力，为下期农业基金募集打下基础。通过一期的发展，后期基金规模可达到200亿~500亿元。

（三）管理架构

2012年12月28日，中国农业产业发展基金签署《基金资产委托管理协议》，聘任中国信达资产管理有限股份公司担任基金管理人，负责基金资产的管理和运作。2013年1月10日，中国农业产业发展基金签署《基金资产委托托管协议》，聘任中国农业银行股份有限公司担任基金的托管人，中国农业产业发展基金形成如图4-6所示的管理架构。

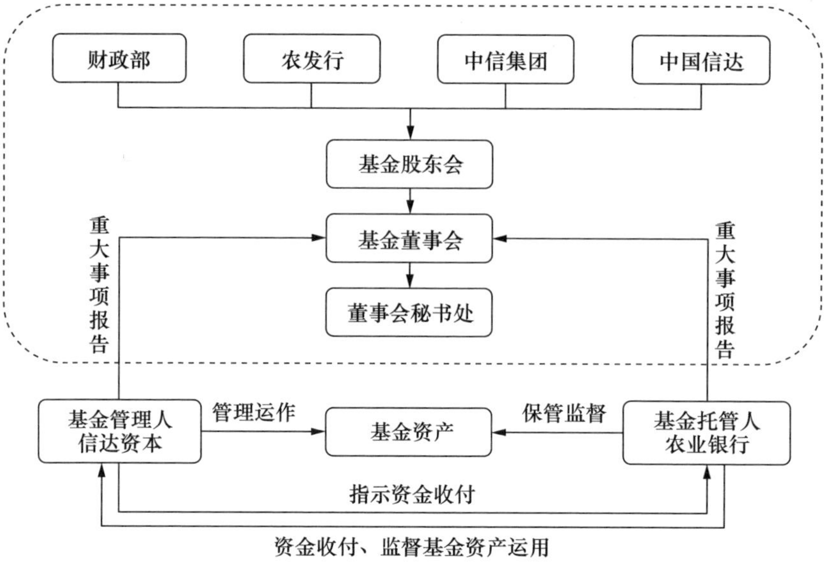

图4-6　中国农业产业发展基金管理架构

（四）投资策略及目标选择

1. 基金目标定位与经营原则

中国农业产业发展基金设立的基本目标是实现政策导向与市场经营有机结合，通过市场化经营，重点投资于成长型农业产业化企业和农村发展项目，带动和引导社会资金投向“三农”。

中国农业产业发展基金的定位强调以服务“三农”为前提，以市场化方式进行决策和经营，获得稳定的市场平均回报，这既不同于追求利润最大化的纯商业投资，也不同于传统的财政无偿投入，具体体现在以下三个层次：首先，中国农业产业发展基金将按照现代企业制度规范，独立经营，自负盈亏。其次，注重对行业成长性的挖掘和企业基本面的把握，通过向被投资企业提供资金，经营管理咨询、资本市场融资等一条龙服务，深入挖掘农业产业投资的价值，获取稳定投资回报实现自身商业可持续的同时，培育农业产业化龙头企业，通过投资推动农业产业化。最后，深入挖掘农业产业投资的价值，拓宽农业产业融资渠道，改善农村金融环境，加快传统农业向现代农业的转变。

与以上目标和定位相一致，中国农业产业发展基金的经营原则包括：一是独立经营，自负盈亏；二是注重经营效益，在风险可控的前提下追求稳定的市场平均回报，具有商业可持续的发展模式；三是通过直接投资、间接投资等多种方式支持农业产业化运作，服务于“三农”，体现国家产业政策发展方向；四是采取市场化运作方式，与被投资企业建立收益共享、风险共担的运作机制，提高资金使用效率；五是积极推动农村金融创新，带动社会资金联合投资，开拓农村投融资新渠道。

2. 投资策略及目标选择

为体现国家对农业领域的政策扶持，中国农业产业发展基金坚持安全、稳健的投资理念。以价值型投资为主，追求长期增值，主要采取多轮次的组合投资方法。以股权投资的形式投资于农业产业化龙头企业，农业流通等重点农村服务业企业、农业和农村配套服务与建设项目，以及农业保险公司、涉农担保公司等，采取二级市场退出的方式实现短期收益。此外，可进行少量非股权投资。

因此，基金目标企业应至少具备以下条件：农业产业化龙头企业、重点农村建设项目；具备相对成熟的商业模式，并在细分领域具有领先优势；具有清晰的发展思路和发展规划，现实的业务计划以及具有说服力的为实现该计划的路径；具备持续的现金流和利润增长的机会；具备长期的战略投资价值；具有技术或人才优势，具备接受和应有农业新技术的能力；具备尽责、稳定、专注，对农业行业有热情且富有经验的管理层；财务基础规范，并愿意接受现代企业制度；具备后续的 IPO 或交易出售的强大潜力。

（五）基金主要作用

中国农业产业发展基金本身就是农业投资领域公私合作的一次全新探索。公共财政以“引子”资金、“种子”资金的方式，以点带面，促进和引导社会各方面力量对农业领域的投入，实现服务“三农”的政策目标。中国农业产业发展基金运行过程中，对农业重点领域的投资彰显了国家对这一发展方向的支持，带动了国有商业银行、股份制银行增加对企业的信任，以及国际知名投资机构对企业的注资，促进农户增收的同时进一步促进了该农业领域的产业升级。总之，基金通过发挥价值发现功能，以少量的财政资金，与社会资源协同完成支持农业产业发展的公共目标。

1. 发挥引导作用，树立产业发展方向

中国农业产业发展基金为“三农”事业而设立，与其他基金比较，具有投资期限长、投资回报要求较低、风险承受能力强的天然优势，与农业投入周期较长、收益有限、风险较高的特性更加匹配，因此可以发掘和培育具备较好成长性、引领作用强的现代农业企业。基金立足于股权投资的特点，发挥在农业投资领域的专业优势，从入户调研的1000多家涉农企业中，通过项目搜集、尽职调查、项目估值等环节的遴选，决策并投资了其中的17家企业。社会资本以实际行动对基金百里挑一选出的企业投出了赞成票，如摩根士丹利跟投2.5亿元入股基金投资的内蒙古科尔沁牛业股份有限公司、基金联合6家市场化投资基金集合30多亿元投资四川福华通达农药科技有限公司等。

2. 开展国际合作，发展现代农业科技

中国农业产业发展基金支持投资的企业通过开展国际技术合作，提升我国农业科技现代化水平。中国农业产业发展基金投资的天津雷沃重工集团公司是国内领先的农业装备制造企业，企业通过在意大利、日本等地设立全球研发中心，以及实施具有战略意义的跨境并购，缩小与国外竞争者在技术和产品上的差距。中国农业产业发展基金通过投资重点支持雷沃重工进行基础研发，逐渐形成真正意义上具有全球竞争力的技术能力，从而带动了我国农机装备产业整体水平的提高。此外，中国农业产业发展基金通过支持山东金正大集团与“丝绸之路经济带”沿线国家以色列展开全方位合作，积极推动我国水肥一体化进程，开拓新型节水农业市场，使广大农民受惠，使万顷良田得益，对于治理农业面源污染、维护我国粮食安全具有积极意义。

3. 立足产业支点，促进农民增收致富

在农业领域，为提高公共资源使用效率，最有效的方法之一是以产业作为公共投资和私人投资的结合点。中国农业产业发展基金通过对农业产业化龙头企业的投资，直接提升了被投资企业的资金实力，向企业传送了现代管理理念，通过企业股权价值的提升为企业及基金本身均创造了经济效益，同时间接支持了企业所连接的农户，带动农户增收致富。中国农业产业发展基金投资的吉林省金塔实业（集团）股份有限公司是东北地区最大的辣椒龙头企业，长期签约椒农达4.25万户、15万余人，种苗辐射种植面积30万亩，涵盖内蒙古、吉林、辽宁、黑龙江等多省区。据吉林洮南市的统计数据，通过辣椒种植，全市椒农累计增收2.13亿元，人均增收1416元。基金所投资的安徽龙华竹业有限公司地处安徽省霍山县，是大别山区最大的竹制品加工企业，公司的发展带动了霍山当地及周边整个毛竹产业的发展，毛竹从无人问津到供不应求，霍山县每年1000万根10寸以上毛竹净增农民收入1.65亿元，带动全县10万竹农致富。基金通过龙头企业为支点撬动一个产业、一个行业的发展，带动一个区域、一个领域的农业经济的繁荣，真正让农民得到实惠。

二、新希望产业基金二期

（一）设立背景

相关数据显示，自2010年以来，农业领域私募股权投资出现爆发式增长，投资数量及规模均达历史最高水平，2011年，农业领域投资总额已达5.64亿美元。

2010年3月，新希望集团发起成立人民币基金新希望产业基金一期，专注于“大农牧，泛食品”领域投资。截至2011年11月，基金投资项目包括北京新发地、二商食品、宁夏伊品、深圳中央大厨房、科迪乳业等十余家企业，已投资总额超过5亿元。

2011年11月21日，由新希望集团发起的新希望产业基金二期募集完毕，展开投资。其概况如表4－8所示。

表4－8　新希望产业投资基金二期概况表

设立时间	2011年11月
设立依据	主要依据《中华人民共和国合伙企业法》及其他相关的法律、法规的有关规定发起设立并经营
基金发起人	新希望集团
主要出资方	新希望集团、淡马锡、ADM和三井物产
基金类型	封闭式、有限合伙
基金注册地	北京
基金管理人	北京厚生投资管理中心（有限合伙）
基金托管人	
基金规模	2亿美元

（二）基金规模

新希望产业基金二期为美元基金，由新希望集团发起，出资方（LP）包括新希望集团、淡马锡、ADM和三井物产。基金也广泛吸收社会资本，上述基金实业出资方出资额度大概占到资金的50%（新希望占其中的70%，其他三方各占10%），其他就是社会资本，也就是财务组织方，基金募集规模为2亿美元。

新希望集团创立于1998年，并于1998年3月11日在深圳证券交易所发行上市。公司立足农牧产业，业务涉及饲料、养殖、肉制品及金融投资等，业务遍及全国。截至2011年年底，其控股的分、子公司近500余家，总资产逾200多亿元。公司员工7万余人。2011年11月，公司农牧资产重组获中国证监会批准，农牧产业整体上市后其饲料年生产能力达2000万吨（居中国第一位），年家禽屠宰能力达10亿只（位居世界第一）。该集团在20世纪90年代就开始了海外投资之路，基金成立时在东南亚已有十几家工厂，品牌价值也得到了当地认同。同时，公司在中东和非洲的投资发展也在进行，集团在越南、菲律宾、孟加拉国、印度尼西亚、柬埔寨、斯里兰卡、新加坡、埃及等国家建成或在建20余家分子公司，并以每年5~8家工厂的速度在海外加速发展。

新希望产业基金二期的其他出资方淡马锡公司成立于1974年，是由新加坡财政部负责监管、以私人名义注册的一家控股公司，公司以控股方式管理23家国联企业（可视为其子公司），其中14家为独资公司、7家上市公司和2家有限责任公司，下属各类大小企业2000多家，职工总人数达14万人，总资产超过420亿美元，占新加坡DGP的8%左右。ADM为全球最大的农作物加工企业，而三井物产则为全球最大的综合商社之一。基金重点关注食品安全、农业进步和粮食保障领域，投资整合性和成长型企业。

（三）管理架构

新希望产业基金二期的管理方为厚生投资，厚生投资为首批发改委备案股权投资管理机构之一，曾担任新希望产业基金一期的管理者。值得注意的是，鉴于农业企业的特殊性，在基金募集时加入了风险投资方（Venture Partner）的概念，希望加强基金管理人（GP）与出资人（LP）的沟通，更好地控制投资风险。这一概念的具体实施表现为管理团队的构成。厚生投资的合伙人是王航和张天笠。王航同时是新希望集团董事、副总裁。换言之，基金在一定程度上由新希望集团方面管理。

（四）投资策略及目标选择

新希望产业基金二期的愿景是“利用产业背景及全球化资源，帮助中国农业企业成长发展”。基金股东背景雄厚，结合各合伙人的优势拥有一支在农业、投资、资本运作上有复合知识背景及经验的投资团队，可为被投企业提供专业化的资本运作增值与产业运营增值服务。

1. 投资策略及领域

新希望产业基金二期采用典型的PE投资策略，主要表现在以下方面：基金作为财务投资人参与项目投资；原则上不控股，不参与被投企业日常经营管理；通过董事席位参与重大决策；要求少数股东权益保护条款。

基金主要从事农业领域的国际并购，投资重点包括食品安全、农业进步和粮食保障等领域的整合型和成长型企业。这支基金80%的份额将投资于大农业和泛食品领域，剩余部分将投资新材料和新能源项目。起步阶段投资对象集中在国内企业海外上市的红筹项目，以及日本的一些农业科技项目，集团希望通过投资引入日本先进的农业技术。

新希望产业基金二期有着涵盖亚洲、布局非洲、探索中欧的投资规划，现正寻求欧洲和日本等发达市场的投资机会，希望通过入股的方式将其农业和食品类家族企业引入中国市场。

2. 目标企业选择

从投资企业的行业角度看，据管理层反映，募集完毕的基金中，“大农牧，泛食品”占投资方向的70%，同时关注一些战略性新兴产业，大概占投资方向的30%。

从投资企业的发展阶段看，基金的主要投向分为整合型企业和成长型企业。整合型企业是指一个单独的企业，因包括产品线、产业链和市场渠道的整合，而创造更大的价值，新希望产业基金就是投资相关领域内这一类企业以满足其整合产生的融资需求。成长型企业是指它的业务产品符合行业发展趋势，商业模式具有较高可持续性的企业，这类企业具有较好的成长空间，也是新希望的投资目标。

（五）运作模式与特点

我国产业投资基金的发展模式分为六类：①中科招商模式——投资公司转化型（一）；②联想投资模式——投资公司转化型（二）；③精瑞基金模式——境外募集，境内管理型；④中比基金模式——“官办民营”型；⑤中瑞基金模式——合资基金，合资管理型；⑥沪光基金模式——境外募集，境外管理型。先成立基金管理公司、后组建基金的中科招商模式具有管理公司和基金公司责权明晰、关系顺畅的优点，有利于基金的成功运作。新希望集团在发起新希望产业基金二期之前（2011年3月）首先在重庆注册成立两家私募基金管理机构，分别为重庆新希望股权投资中心和重庆中顶伟业股权投资中心。再设立投资基金并组建相应治理，就是属于第一种模式，即投资公司转化型。

基金投资领域与农业的现代发展趋势相契合。新希望产业基金一期投资的食品精加工、生物高新技术、整合农产品物流企业，顺应我国居民对食品安全要求提高、农产品消费结构的转变趋势，所投资项目普遍具备的全产业链优势和新型商业模式也与我国农业产业链的未来发展趋势相符，从而保证投资基金能够有一个好的发展前景。另外，新希望产业基金二期的设立由农业龙头企业牵头，基金的投资组合主要涉及农业及相关产业，体现了产业与资本合作的良好结合。

三、中农科产业发展基金

（一）设立背景

在建设“国家农业科技创新中心、国际农业科技交流合作中心、国家农业科技成果转移转化中心和农业高科技人才基地”这一“三大中心、一个基地”战略指引下，在解决农业及农村经济建设中基础性、方向性、全局性、关键性重大科技问题背景下，2011 年 7 月，渤海银行与中国农科院联手推出设立国内首只农业产业股权基金——中农科产业发展基金。其概况如表 4－9 所示。

表 4－9　中农科业产业发展基金概况表

设立依据	主要依据《中华人民共和国合伙企业法》及其他相关的法律、法规的有关规定发起设立并经营
基金发起人	中国农业科学院、渤海银行
基金名称	中农科产业发展基金
基金类型	封闭式、有限合伙
基金注册地	北京
基金管理人	中农高科（北京）科技产业投资管理有限公司
基金托管人	渤海银行
投资决策	设投资决策委员会，6 名委员，投资决策实行 5 票通过制
基金规模	15 亿元人民币
基金存续期	5 年，全体合伙人可根据基金的经营需要将基金期限延长，最多不超过 2 年

（二）基金规模

中农科产业发展基金的发起人为中国农业科学院和渤海银行，首期拟募集资金 15 亿元，预期Ⅱ期、Ⅲ期的募集资金分别为 50 亿元和 100 亿元。

（三）投资领域与投资策略

中农科产业发展基金立足于支持我国农业科技成果产业化，切实解决农业科技成果转化和企业发展所需的资金、管理等问题，促进科技与资本的融合，有效推动全国农业科技成果产业化进程，服务“三农”和现代农业发展。

该基金主要用于投资国内农业领域高新技术的孵化，以及高成长、创新型、科技型的企业，首期募集资金 15 亿元，在其投资完成后将开展更大资金规模的募集工作，从而为全国农业科技产业化提供充足的资本保障。

中农科产业发展基金的基本投资策略是将 70% 的投资方向定位于高速成长、产业化发展迅速、具备行业领先地位的新型农业企业并部分进行产业链内关联企业的投资；30% 投资受国家政策支持的农业科技项目（涵盖农业科技孵化项目），建立相关专业管理及运营团队，以工业化量产的模式对企业进行孵化，快速推动农业产业发展进程。投资对象为管理团队优秀、发展前景广阔、战略明确、股权及企业治理结构清晰、盈利模式优秀、股权价值评估合理的农业及相关行业企业。

（四）风险控制

中农科产业发展基金的风险控制手段如表 4－10 所示：

表 4－10 中农科产业发展基金风险控制简表

项目	风险控制手段
投资决策权	·投资决策委员会实行 6 人 5 票通过制 ·引入渤海银行代表及资深券商人士进入决策委员会，多维度决策，降低决策风险
利益一致	·跟投制度：跟投可避免基金管理人和基金投资人利益不一致
资金托管	·有限合伙人认缴到合伙企业的投资款由银行进行托管 ·投资款项的划拨由银行进行监管
收益及时分配	·项目即退即分：项目退出即进行收益分配 ·先还本，后分利：项目退出后，先还付所有合伙人投资本金，而后按约定分取业绩报酬

（五）运作模式与特点

基金由科研院所发起，是我国首只农业科技领域私募股权基金，其注重本身科研成果的转换，同时偏好于对高新技术企业的投资。据统计，中农科产业发展基金的投资项目主要来源于中国农业科学院下属的近百家农业企业及诸多与农科院有技术合作的民营企业。其投资一部分是把其技术转移给企业，一部分是自身成果的转换。得益于中国农业科学院研究领域几乎遍布全国 80% 以上的农业科研，中农科产业发展基金的投资面也非常广。

该基金的退出方式多样化。除了传统的 IPO、股权回购等退出方式外，中农科产业发展基金的一个特点是基金与希望集团、中粮、中国农业发展集团、北京大北农集团、正大集团、新希望等大公司具有战略合作关系，基金投资项目将作为优先并购对象进入上述企业的战略部署中。由于中农科产业发展基金与中粮、新希望等大的集团公司有良好的合作关系，在基金退出时有更多的选择，增加了投资行为的成功概率。

四、河南农业产业投资基金

（一）设立背景

2009 年的“一号文件”首次指出，“有条件的地方可成立政策性农业投资公司和农业产业发展基金"；而2010年出台的"一号文件"则明确指出，要"建立农业产业发展基金"。由河南省政府和中信集团联合打造，资金总规模为48亿元的河南农业产业投资基金于2010年1月成立。其概况如表4－11所示。

表4－11　河南农业产业投资基金概况表

设立时间	2010年1月
设立依据	主要依据《中华人民共和国合伙企业法》及其他相关的法律、法规的有关规定发起设立并经营
基金发起人	河南省农业综合开发公司、中信逸百年资本有限公司、上海博灏投资咨询有限公司与上海恒岳投资管理有限公司
基金类型	契约型、有限合伙
基金注册地	河南
基金管理人	河南农开基金管理公司
基金托管人	中信银行
基金规模	48亿元人民币

（二）基金规模

河南农业产业投资基金是由河南省政府批准设立的专用于农业产业化发展的河南省第一只产业投资基金。基金总规模为48亿元，主发起人有河南省农业综合开发公司、中信逸百年资本有限公司、上海博灏投资咨询有限公司与上海恒岳投资管理有限公司。

（三）投资领域及目标选择

河南农业产业投资基金主要通过认购增资、受让存量股权、发放贷款及附认股权的贷款等方式投资于河南省内具有高成长性的未上市的农业产业化及关联产业的优秀企业，以及通过认购目标企业非公开发行的股份、目标企业股东协议转让的股份、发放贷款等方式投资于河南省内或与河南省相关的已上市的农业产业化及关联产业的优秀产业。

河南农业产业投资基金在对目标企业进行选择时，主要考虑以下几个方面：①企业依法设立及持续经营3年以上。②企业具有诚信、专业、稳定且富有战略眼光、积极进取的核心团队。③企业所处农业细分行业符合国家及河南省农业产业的支持发展方向、行业增长稳定，企业综合排名为河南省全省细分行业前3名，为区域性龙头企业。④企业主营业务突出、具备合理清晰或创新的商业模式，企业已经发展到产业经营阶段。⑤企业具有比较明显的同行业竞争优势，其产品、生产或服务具有创新优势、规模优势或差别优势，具有一定的核心技术或进入门槛。⑥企业最近两年连续盈利，最近两年净利润累计不少于1000万元，且持续增长；或者最近一年盈利，且净利润不少于500万元，最近一年营业收入不少于5000万元，最近两年营业收入增长率均不低于行业平均水平；净利润以扣除非经营性损益前后孰低者为计算依据。⑦企业最近一期末净资产不低于2000万元人民币，且不存在未弥补亏损。⑧企业最近两年实际控制人没有重大变化；与控股股东、实际控制人及其控制的其他企业间不存在同行业竞争。⑨企业未来业务发展战略、增长计划清晰可行，未来3年的盈利增长强劲，可获得稳定的可持续发展。⑩企业最近3年内不存在损害投资者合法权益和社会公共利益的重大违法行为。

（四）运作模式与特点

河南农业产业投资基金由政府、银行与其他机构联合创立。根据河南省的实情，河南省农业产业基金采用地方政府控股的政府主导型模式，以面对机构定向募集的方式筹集资金，鼓励和支持农业企业进入产业投资市场。运作程序包括筹集资金—项目筛选评估—投资交易—投资后管理—资本增值—资金退出。具体运作时，大型公司企业可以凭借其资产规模、资金实力、技术和信息优势介入农业项目，或采用多元化经营战略，以农业为主营业务之一；原农业企业可以通过公司制改造，吸收机构投资者入股，从事农业生产、加工、流通业务；农业科研单位、高校可以与企业联手，通过科研项目和经营性资产的重组成为公司制企业。投资阶段主要针对处于成长期、扩张期或拟上市辅导期的农业企业。

该基金通过信托方式融资，这是其区别于其他基金的一个主要特点。中信信托为河南农业产业投资基金量身定做了“中信国元农业基金一号集合资金信托计划”，完全面向市场，不指定机构投资者，依靠河南省的政策优势、项目资源优势等多方面的优势来吸引投资者，最终不到1个月的时间便成功完成4亿元的发行计划。

第五章　林业信托融资

林业信托融资可以通过直接贷款、股权投资、资产证券化等方式，为林业提供融资服务。通过林业信托融资产品创新，探索信托借款、林产收益权信托融资等适宜模式，以更规范的方式吸引更多社会资金投向林业，可以有效拓展林业融资渠道。我国集体林权制度改革和林业要素市场的发展，为林业信托融资创新发展提供了有利条件。林业信托融资将成为我国林业的新兴融资热点，并成为与银行并驾齐驱的主流模式。在这样的背景下，通过营林信托计划的发行，加大我国的林业信托产品创新，可以实现资本市场和林业市场的有机结合。

本章通过分析林业信托融资的功能优势和主要运作模式，探讨林业信托融资的可行性和主要实现方式，并针对我国林业信托融资项目的典型案例，分析我国林业信托融资运行过程中面临的关键问题，提出林业信托融资业务创新方向和解决方案。

第一节　林业信托融资概述

一、林业信托融资的基本内涵

根据《中华人民共和国信托法》的规定，信托是指委托人基于对受托人的信任，将其财产权委托给受托人，由受托人按委托人意愿，以自己的名义为受益人的利益或者特定目的进行管理或者处分的行为，受托人采取信托机构形式从事信托活动。

信托是建立在信任基础上的一种财产管理制度，它是社会经济发展到一定阶段的产物，信托作为一种投融资工具，有其独特的功能与优势：一是具有财产隔离的功能。如果有 1 亿元资金委托给信托投资公司管理，这 1 亿元资金既不是信托公司的资产，也不是信托公司的负债，这1亿元资金实际是隔离的独立账户，受信托法保护。二是具有组合投资和优化整合资源的功能，并可提供全程金融服务。信托作为能够综合利用货币市场、资本市场、产业市场的金融百货公司，可以连通产业项目与金融市场。三是灵活发放，可根据情况适时调整利率（收益率）。

信托投资公司是唯一联动货币市场、资本市场、产业市场的金融百货机构。在货币市场，可以与金融机构进行金融往来、同业拆借；在资本市场，可以发起设立基金管理公司、证券公司，可以做投资银行业务；除了能够进行金融运作，信托公司还可以直接投资于产业市场，如果信托公司看好某个林业项目，可以用自有资金进行投资。信托公司正是因为这些优势，便于其进行资源整合，能发挥其他金融机构所不能发挥的重要作用。改革开放以来，信托投资公司适应市场需要，在引进外资，支持能源、交通等基础设施建设，促进企业技术改造和产业升级方面发挥了巨大的作用，积累了丰富的经验，成为金融体系的重要组成部分。

林业信托是以信任为基础，林业资产所有人将其合法拥有的林业资产交付给受托人，受托人依据信托契约，以自己的名义管理处分林业信托财产并将收益交付予受益人。林业信托融资是以林木资产的未来收益权作为基础，根据拟发展的林业项目资金需要状况，设立信托计划，向社会公开发行、募集信托资金。信托资金通过适当的债权、股权、物权等方式投向林业项目，解决林业项目融资问题。

二、林业信托融资的特征及优势

随着信托产品流动性问题的逐步解决以及资产证券化的发展，为多类型、多层次投资者提供多元化的林业信托产品将成为现实。这些都可以由信托投资公司进行制度安排、创新设计并实施，从而能够比较灵活充分地适应和处理林业的多种经济和法律关系，解决其他渠道难以解决的问题。

首先，林业财产管理的安全性。信托产生类似于有限责任的法律特征，因而依法设立的林业信托财产可以免于委托人、受托人的债务纠纷。其次，林业财产管理的灵活性。信托涉及三方利益相关人及信托财产具有双重所有权，因而可以根据多变的需要，在不同关系人之间设定、限制或分割利益，具有极大的灵活性和便利性。尤其是基于环境保护与社会稳定的角度考虑，林业相关权力的转移需受公权力的严格限制，立法的滞后致使许多限制已经不适应目前的林业经营环境和社会环境的现实要求，借助信托的脱法性，实现可以摆脱那些不合理的限制、促进林业资产的流通、增加物的效用的效果。最后，林业财产运用的广泛性。与银行、证券、保险只能运用某一或少数市场不同，信托可以存在于货币市场、资本市场和产权市场，是资金运用范围最广的一种金融工具。因而，林业信托在引导各类合法的资金投资林业产业，促进林业与整个社会的融合方面具有无可比拟的独特优势。

随着我国林业产权制度改革的推进，我国各个途径的资金都在不同的程度涉及林业产业领域。与其他融资途径相比，林业信托融资有其自身的特点和优势，具体表现如下：

第一，与银行贷款相比，由于林业生产周期长、风险大，银行贷款对于林业融资限制过多。虽然随着林权证抵押贷款的拓展，林业贷款短缺困境得到部分缓解，但总体上讲，银行贷款还是不能满足林业信贷需求。相对银行贷款而言，林业信托融资不但可以降低林业整体运营成本、节约财务费用，还有利于林业资金的持续运用和公司的发展。另外，信托资金供给比较灵活，集合信托资金计划可以针对林业开发项目本身特点和对资金需求进行个性化设计。

第二，与债券融资相比，由于对债券发行主体的要求严格，规模相对较小、信用等级相对较低的林业企业往往难以符合要求。同时，我国企业债券市场的总体规模相对较中，发行和持有的风险均较大。长期债券同时面临较大的利率风险，而且，企业债券的利率也较银行贷款利率高。

第三，与股权融资相比，由于对股票发行企业资质要求较为严格，上市过程长，手续复杂，成本较高，大多数林业企业无法直接进入资本市场融资。通过基于林产未来收益权的集合资金信托计划进行组合融资，是一种有益的林业金融创新探索，而且可以通过“资金信托＋银行贷款”组合工具进一步深化林业金融产品创新，即先利用资金信托完成项目前期建设，使项目符合银行贷款条件，然后再利用银行贷款方式进行融资。

第四，以“信托＋金融”组合工具构建林业融资模式，融资数额需由以信托为核心的金融组合工具完成，实现信托前端融资，银行后端资金支持。林业信托在串接多种金融工具方面优势独具：一是可以引入海外基金；二是可以充当国内的产业投资基金；三是可以固定回报的方式以股权投资方式进入项目公司；四是可以在适当的时候将项目公司包装上市；五是可以完成项目前期建设，使项目符合银行贷款条件，巧妙利用信托串接各种林业融资工具成为组合融资一揽子解决方案。

三、林业信托融资的可行性

大型林业项目具备初期资金投入量大、周期长等特征，适合采用信托、投资基金、债券等为主的长周期的融资方式。但我国目前林业金融工具十分欠缺，企业债券等受到严格限制，林业产业投资基金尚未设立，唯独信托独具制度优势，创新空间宽广，并具有巨大的灵活性。信托可以针对林业企业自身运营需求和具体项目设计个性化的资金信托产品，通过直接贷款、股权投资、资产证券化等，在不同层次、不同品位上为林业项目提供融资服务。随着集体林权制度改革的深化、林权和林产品流通市场的发育和完善、森林保险和林权抵押贷款的发展、林业产业集群的发展和林业企业的成长，林业信托计划发行将越来越具有吸引力，林业信托融资将成为林业金融极具潜力的创新点。林业资金集合信托计划通过信托公司这种专业性机构的介入和有效的管理，可以降低林业直接投资的信息不对称性，通过多种形式、多层次的投融资创新，控制林业经营、市场风险。

（一）信托融资作为中介平台，为社会资本进入林业搭建桥梁

随着市场经济的发展，资金和信息将成为经济管理和企业经营决策的关键因素，因而产业的发展都特别需要信托公司之类的金融服务机构，作为其经济活动的中介和联系纽带。信托公司由于渠道广阔、经营灵活，以及自身的经营特点，能够满足企业经营及发展的各种特殊需要。在某些领域如在投资与招商的组织和产权股份投资等方面，信托公司的中介能力是得天独厚的。信托的特点是“受人之托，代人理财”，这正好可以解决现实中的难题：一方面，社会上有来自各方面的闲散资金，汇聚起来会形成很大的资金规模；另一方面，很多人不了解林业产业这个行业，不敢把资金投向林业产业。信托正好为这两个难题的解决找到契合点；我国通过开辟林业信托融资渠道绝不是可有可无的，它必将成为推动林业经济迅速发展的关键一环。

从我国林业系统的现状看，国家对林业的投资多采取计划的形式，资金的使用和管理都比较粗放，这就造成许多矛盾与困境：国家投资资金的不足与资金不能融通形成对立性矛盾，计划式投资使企业过分依赖国家，责任心弱化，不利于彻底转换企业经营机制，计划式投资难以适应市场经济的变化反应不够灵敏，容易出现滞后或按习惯办事的现象；计划式投资缺乏检验投资效果的有效机制，存在着不计经济效益和不按市场经济规律办事的倾向，这是与市场经济原则相悖的。通过集合资金信托计划，将以经济效益为目标，从事全方位的金融服务，成为适应市场经济发展的一种有效组织形式，它将起到推动林业改革和经济发展的重要作用。

市场经济体制建设的一个重要任务就是要培育全国性的多层次的统一大市场体系，不受条块约束，使资源与要素在全市场范围内自由流动。但要形成这种市场和实现这样的流动，必须首先建立发达的全国性的金融和产业服务系统，由这些系统提供必要的资金、信息和技术等各方面的服务，以利于引进资本、设备和技术，开拓国内国际市场，扩大开放、交流与合作，从而更好地深化经济体制改革和促进经济增长。信托是企业走向市场经济、金融经济的一个新桥梁，信托投

资公司是金融信托系统的一个必然组成部分。信托投资公司成为目前唯一全面涉及货币市场、资本市场、产业市场的金融机构，这使商品林借助于林业信托融资可以获得更大范围的资金来源，得到专业化的支持。

（二）林业产业投资价值显现，为信托投资项目奠定产业基础

就林业产业来看，其本身有很多具有稳定收益和广阔发展前景的项目，如速生丰产林工业、造纸工业、人造板工业等，都可以带来稳定可观的收益。根据国家林业局的预测，未来10年我国木材面临巨大缺口，为缓解国内木材市场的供需矛盾，国家提出了建设速生丰产林工程，这是我国历史上规模最大、范围最广、时间最长的一项林业建设工程。速生丰产林项目的市场前景广阔，经济效益十分可观。未来10年内林业产业中速生丰产林建设项目的年投资收益率将保持在15%以上，这为开展信托投资奠定了产业基础。

在高投资回报率和巨大市场需求的驱动下，以民营企业和外资企业为首的林业产业投资迅速汇集到林业领域，并不断创造出崭新的经营方式和资金运作方式。在国家正式出台林业产业鼓励政策和相关立法后，外资和民营资本开始向林业产业链的上游——营林汇集。营林需要大规模的资金做支撑，专业的营林公司提供技术保证和建立市场渠道，巨量的多元资本和专业管理的有效结合是把握营林市场机遇的核心，资本+优势产业的运作模式也正在成为资本市场的主流模式。

（三）多项林业信托融资案例为信托融资产品创新提供参考

从我国林业信托融资实践经验来看，信托可以通过直接贷款、股权投资、资产证券化等方式为林业提供融资服务。通过林业信托融资产品创新，探索信托借款、林产收益权信托融资适宜模式，可以拓展林业融资渠道。发展和创新森林财产信托业务，创建由信托公司等部门发起并管理，由林业企业和投资者参与的林业产业投资基金，是林业信托融资创新的重要内容。

2004年10月，重庆国际信托投资有限公司推出信托周期为2年、资金规模为3亿元的菲菲森旺经济用材林资金信托计划，这是信托资金首次进入林业市场推出的产品。与此同时，上海世华科技投资有限责任公司与中泰信托投资有限责任公司联合推出速生杨林木财产信托投资计划。从林业信托协议收益率和后续的追踪研究中可以看到，以上两例林业信托融资项目都取得了较好的收益，并和担保公司签订了最低收益担保协议，从而在收益方面对林业信托融资项目进行保证。另外值得注意的是，就在菲菲森旺经济用材林资金信托计划中，项目相关方对于森林大火等会威胁到信托财产的风险进行了转移——与保险公司签订了火险及相关附加险保单。以上围绕林业信托协议为中心的相关协议使在各个相关方参与下的林业信托融资项目得到成功实施。我国的林业信托实践证明，开展林业信

托融资既可以促进林业企业和林农增收，也可以取得相对可观和稳定的收益。

通过以上分析，发展规范的林业信托融资计划，既可以有效地引导社会资本进入林业，拓展林业发展的融资渠道，创新林业融资模式，同时也可以解决近年来托管合作造林①所引发的风险问题。托管合作造林公司在集资和招商行为中，往往片面夸大投资造林的收益率，回避限额采伐制度的限制，同时，林木生产周期长，投资造林收益受树木生长量、市场行情、社会环境、自然灾害等因素影响，托管造林存在自然风险、市场风险等多重风险，如果没有森林保险的发展、市场风险规避手段的发展，直接投资林业必然面临较大风险。

第二节 美国林业信托发展及经验借鉴

一、发展概况

20 世纪 80 年代后期以来，全球范围的林地投资约合 500 亿美元，且有 200 亿美元的资金正在寻找合适的林业投资机会。就美国而言，一方面，美国传统的市场投资的回报在递减；另一方面，投资者对新型投资机会感兴趣，部分高风险投资的内部收益率可能达到 15% ~25%，有关资料数据显示，美国自 1950 年以来，15 年一个投资周期，平均每年回报率在 7% 以上。很多投资者通过林地投资管理组织（TIMOs）和不动产投资信托公司（REITs）进入林业投资领域。以下重点介绍美国的不动产信托投资。

REIT 是 Real Estate Investment Trust（不动产投资信托）的缩写，是一种以发行收益凭证的方式汇集特定多数投资者的资金，由专门投资机构进行房地产投资经营管理，并将投资综合收益的绝大部分（通常为 90% 以上）按比例分配给投资者的产品。投资 REITs，就可以间接投资物业，分享租金收入和资产增值带来的收益权。不动产投资信托公司发源于美国，1960 年，美国国会批准成立不动产投资信托公司，其目的是让中小投资者也能够投资大规模的收益性不动产。20 世纪 80 年代税制改革后，由于在税制方面所受的优待以及在合股方面不受限制，

① 托管合作造林是指投资林业的法人或自然人，依法按照森林、林地和林木使用权合理流转形式购买一定单位的林木，享有该林木的产权，再以合同方式委托专业公司进行管护，并就双方责权利签订正式的《林地林木委托管护合同》，公司对服务结果做出明确承诺的林业经营模式。托管合作造林中，托管造林公司向公众集资，社会投资者直接投资于林业，异地造林由于“两头不见面”，面临较严重的信息不对称问题，因而具有较大的风险。

不动产投资信托公司在美国吸引了很多投资者的目光。

20世纪80年代至90年代，由于美国林务局禁伐，国有林木材产量下降，导致美国许多林业公司因原料匮乏而倒闭，许多拥有大片林地的造纸企业与木材企业开始出售它们的森林，此时，另外一批买家进入了林业投资领域，如林地投资管理组织（TIMOs）和不动产投资信托公司，它们与传统的林业上市公司相比在税收方面具有优势：林业上市公司面临双重课税——公司需要支付联邦所得税，股东需要支付个人收入所得税；而林业REITs、TIMOs等公司不需要支付公司所得税，因此得到许多投资者的青睐。

REITs的投资结构是新的森林所有者不经营森林与林产品，它们将资金投给REITs购买林地和营造森林。10~20年后，REITs开始采伐，将原木卖给木材加工企业。一般而言，林产品生产环节可以分为以下3个环节——森林经营、采伐与销售→木材加工→精细增值深加工，传统的林业公司涉及林产品生产的各个环节，TIMOs通常只涉及木材生产的前期，10~15年后出售林地；REITs除了买、卖森林，经营森林和采伐木材之外，还可能涉及初级木材生产和后期加工过程。美国林业信托的运行模式如图5-1所示。

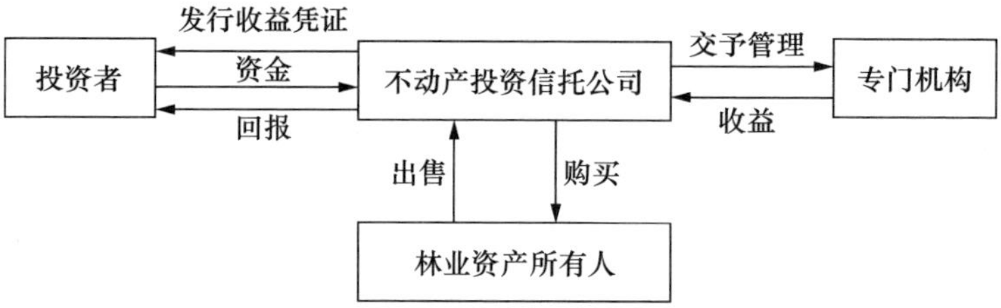

图5-1 美国林业信托运行模式

林业REITs能够给投资者带来一系列优势。首先，与一般林业公司相比，林业REITs为投资者带来更大的流动性，从而可以规避进入和退出战略对投资者的限制；其次，林业REITs通过标准化的发售可以给中小投资者带来平等的投资机会，这一点在林业投资市场中是前所未有的；最后，与一般REITs相比，林业REITs可以为投资者减轻税收压力，林业REITs的收益可以作为资本利得，而一般REITs所获得的房租等收入的税率明显要高于资本利得。

二、经验借鉴

（一）完善现代林业产权制度

发展林业信托的关键在于委托人拥有信托林业资产的所有权凭证。在国外，私有资产是受宪法保护的，而我国林业产权制度比一般的财产权复杂，一部分原因是林地为国家或集体所有，如果所有权与经营权相分离，经营者的权能是不完整的，如何行使不完整的权能，必须通过一系列政策来规定。为了解放和发展林业生产力，2008 年 6 月，中共中央、国务院决定全面推进集体林权制度改革，具体环节包括明晰产权、勘界发证、放活经营权、落实处置权、保障收益权，要真正将林地的所有权与使用权、经营权和收益权分开，林地的所有权仍然归集体，但对承包（或其他形式，比如拍卖等）给个人的林地要切实保障其使用权、经营权及收益权。

（二）出台鼓励林业信托政策

由于林业生产周期长、见效慢，在市场竞争中明显处于弱势，考虑成本、效益、风险控制等方面的原因和经济社会的可持续发展，要求政府在财政、税收等政策面加以扶持。为了扩大林业信托这一具有巨大优势的新型林业融资渠道，政府应对林业信托给予优惠政策。建议适当放开对信托合约规模和林业建设项目担保的限制，允许信托公司对林业集合信托计划做非特指性的广告和宣传，并针对林业信托产品给予相应的税收优惠，具体如何进行税收优惠可以参考国外政府的做法，国外政府对于林业发展的鼓励政策也是相当多的。比如，美国于 1976 年实行的森林激励计划是通过政府提供成本补贴，鼓励私人（特别是非工业私有林）发展、保护及经营用材林和其他森林资源。自 1980 年起，美国政府实行另一项造林税收激励计划，规定私人造林（或迹地更新）的投资费用可以抵消收入税；税收减免不必等到出售木材有收入时再实行，可以从造林费用发生年份开始，分 8 年逐年抵消当期应交税款，但每年税款减免不能超过一定额度。

第三节　我国林业信托融资主要模式与操作流程

一、主要运作模式

《信托公司集合资金信托计划管理办法》和《信托公司管理办法》关于信托财产管理运用的相关规定中指出，信托融资主要分为以下 5 种模式。

（一）信托贷款融资模式

信托贷款融资模式主要是信托公司以发行债权型收益权证的方式接受投资者信托，汇集受托资金分账管理、集合运用，通过项目融资贷款的方式，对林业项目提供融资支持，以收取利息的方式实现信托收益。

在项目融资中，项目主办人专门为项目融资和经营成立一家项目公司。项目公司作为独立的法人单位，以项目公司的名义向外申请贷款。在具体运作中，项目公司可以项目的经营权质押和机器设备等实物抵押。在项目融资贷款信托中，信托公司以信托人的身份，着眼于该项目的收益向项目公司贷款，项目公司依赖项目投产后所取得的收益及项目资产作为还款来源。对于项目的主办人来说，大额项目融资贷款不增加投资人的负债，不在其资产负债表中反映；对于贷款机构来讲，项目融资贷款担保合同的设计需要较高的技巧，而我国利率市场化的趋势也给贷款机构以较大的激励。原本由项目主办人承担的还债义务，部分在贷款银行、政府和项目主办人之间分散，各主体间的相互约束和制衡，提高了项目的融资效率。

在这种模式下，信托投资公司作为受托人，接受市场中不特定（委托人）投资者的委托，以信托合同的形式将其资金集合起来，然后通过信托贷款的方式贷给林业企业，林业企业定期支付利息并于信托计划期限届满时偿还本金给信托投资公司；信托投资公司定期向投资者支付信托收益并于信托计划期限届满之时支付最后一期信托收益和偿还本金给投资者。在具体运作中，林业企业可以用其资产进行抵押，或用其股权抵押，或运用第三方担保对该项目的收益进行信用增级。

信托贷款融资模式操作流程如图 5 -2 所示。

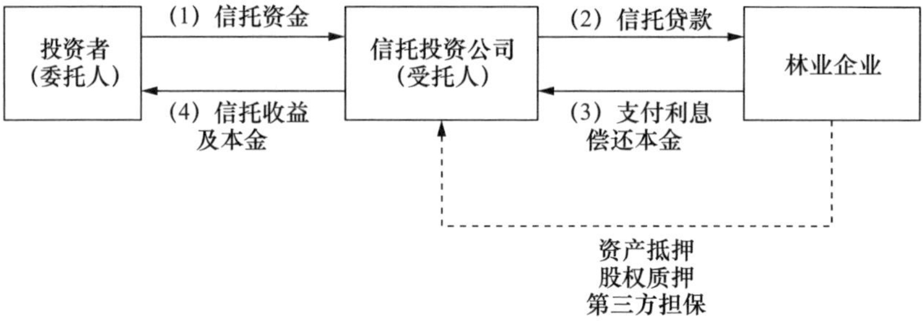

图 5 -2　信托贷款融资模式操作流程

（二）股权融资模式

股权融资模式主要是信托公司通过发起林业产业信托投资基金，为林业项目或林业企业提供股权融资支持，并从事资本经营与监督，通过股权交易获得较高的投资收益。基金按照国家有关产业投资基金法律、法规和国际通行的公司型封闭式基金的经营管理惯例，结合中国现行的投融资体制，通过制定一整套管理制度和一系列协议、合同、章程等法律文件，建立一个职责分明、相互监督、安全有效的基金运作机制，实行基金公司、基金管理人与基金托管人三权分离、相互制衡的基金管理制度，以保证基金股东投资的安全与回报。

在这种模式下，信托投资公司以发行信托产品的方式从资金持有人手中募集资金，之后以股权投资的方式（收购股权或增资扩股）向林业公司注入资金，同时项目公司或关联的第三方承诺在一定的期限（如两年）后溢价回购信托投资公司持有的股权。此类投资的股权性质类似于优先股，对公司的日常经营、人事安排等没有决定权（有建议权、知情权、监督权等）。

股权融资模式操作流程如图5－3所示。

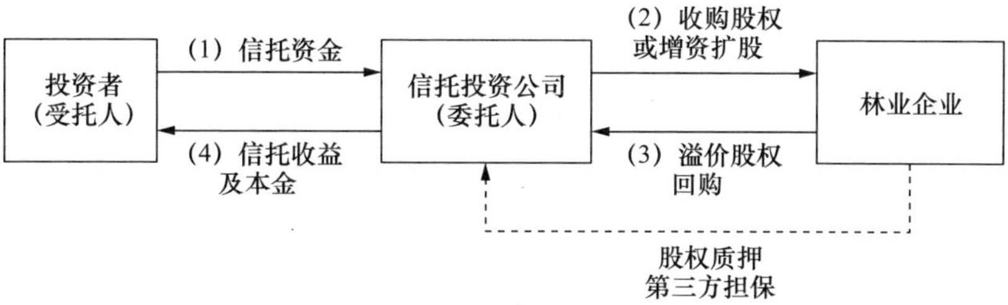

图5－3　股权融资运行模式操作流程

（三）财产受益型信托融资模式

利用信托的财产所有权与受益权相分离的特点，林业企业将其持有的林业资产信托给信托公司，形成优先受益权和劣后受益权①，并委托信托投资公司代为转让其持有的优先受益权。信托公司发行信托计划募集资金购买优先受益权，信托到期后如投资者的优先受益权未得到足额清偿，则信托公司有权处置该林业资产补足优先受益权的利益，林业资产所持有的劣后受益权则滞后受偿。

财产受益型信托融资模式操作流程如图5－4所示。

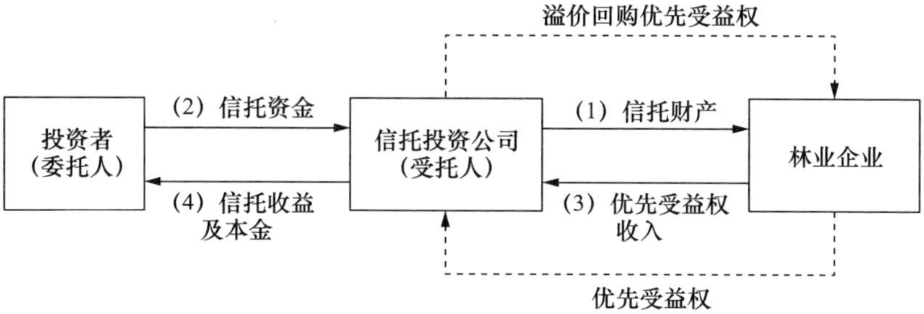

图5－4　财产受益型信托融资模式操作流程

① 信托受益权可以被划分为优先受益权和劣后受益权。所谓优先受益权，是指优先获得信托利益的权利，只有优先受益人获得利益后，劣后受益人才能获得剩余信托利益；劣后受益权是相对于优先受益权而言的，拥有劣后受益权的投资者只有在优先受益人优先在信托利益中受偿后才能得到偿付。

（四）混合型信托融资模式（夹层融资型）

债权和股权相结合的混合型信托投融资模式（夹层融资型）具备贷款类和股权类信托融资的基本特点，同时也有自身方案设计灵活、交易结构复杂的特色，通过股权和债权的组合满足开发商对项目资金的需求。

夹层融资从根本上说是由于债务人在自有资产担保不足的情况下，通过创设债权保障制度（除债务人以自有资产作为担保措施外）来提高债务信用级别，或通过附有权益认购权等措施来补偿债权失败风险的融资方式。信托制度具有独特的风险隔离功能和权利重构功能，通过创造性的结构设计，转为风险和收益各异的产品，以高度的灵活性和弹性满足市场主体多样化的需求。因此，信托的制度特征和夹层融资的交易结构具有良好的对接性。根据信托方式采用股权和贷款的分类标准，可将信托夹层融资大致分为股权型模式和贷款型模式：

1. 股权型模式

信托公司通过设立信托计划将募集到的信托资金以股权方式进入具有良好破产隔离的特设目的公司（SPV），特设目的公司负责项目运作，并最终获取投资收益。

（1）资金进入方式：与融资方共同设立 SPV；对已经设立的 SPV 进行增资扩股；以信托受益权置换融资方所持 SPV 股权并增资扩股。

（2）退出渠道：第三方溢价收购信托计划所持特设目的公司股权（第三方包括特设目的公司的母公司、关联公司等）；第三方溢价收购夹层投资者所持信托受益权；以“类优先股”方式分配投资收益。

（3）风险分析：项目运作的失败风险；融资人的道德风险：可能发生承诺事项不能如期如约。

（4）风险控制措施：

1）担保措施：由于债务人抵押不足，因此可请求第三方提供物的担保或连带责任保证。第三方可以是债务人的控股公司、关联公司或担保公司。

2）信托机制：在信托受益权上设置优先劣后的结构性安排，由融资方或愿意承担更高风险的第三方购买劣后受益权，优先保障优先受益权投资人的本金及收益。

3）治理机制：主要从公司日常管理，资金使用及项目管理等方面保障投资人的利益，避免融资方的道德风险。具体措施包括：股东会的一票否决权；董事会、财务总监等公司核心管理人员的委任权；资金使用审批权；资金账户、使用方向的监督权等。

2. 贷款型模式

信托公司通过设立信托计划将募集到的信托资金以债权方式发放给具有良好

破产隔离的特设目的公司（SPV），特设目的公司负责项目运作，并最终获取投资收益，到期依照借贷合同还本付息。

（1）资金进入方式：以债权方式发放给SPV。

（2）退出渠道：债务人依照借贷合同还本付息；第三方溢价收购夹层投资者所持信托受益权。

（3）风险分析：项目运作的失败风险；中小企业融资人的道德风险：可能发生承诺事项不能如期如约。

（4）风险控制措施：

1）担保措施：由于债务人抵押不足，因此可请求第三方提供物的担保或连带责任保证。第三方可以是债务人的控股公司、关联公司或担保公司。

2）信托机制：在信托受益权上设置优先劣后的结构性安排，由中小企业融资方或愿意承担更高风险的第三方购买劣后受益权，优先保障优先受益权投资人的本金及收益。

3）治理机制：主要从公司日常管理，资金使用及项目管理等方面保障投资人的利益，避免中小企业融资方的道德风险。具体措施包括：股东会的一票否决权；董事会、财务总监等公司核心管理人员的委任权；资金使用审批权；资金账户、使用方向的监督权等。

（五）融资租赁信托融资模式

林业项目投资中，机器设备的购置可以大量运用融资租赁手段。《信托投资公司管理办法》规定，信托投资公司所有者权益项下依照规定可以运用的自有资金，可以存放于银行或者用于同业拆放、融资租赁和投资。信托公司可以用自有资金开展此类业务，而不需要像租赁公司一样向银行贷款。由于减少了中间环节，无论是融资贷款的成本还是降低租赁贷款的风险方面，都具有明显优势。

融资租赁通常的做法是林业企业首先确定需要的机器设备的类别和型号及其设备供应商，并向信托公司申请融资。信托公司在对林业企业自身的发展状况及融资租赁过程中的风险进行评定之后，设计具体的融资租赁合同。在双方签订合同后，由信托公司发行信托计划募集资金，并购买林业企业指定的设备而后交付其使用。林业企业通过其营业收入分期偿还设备款。在这个过程中，信托公司设计除了设备担保抵押之外的担保机制，如通过林业企业的其他资产或信托公司认证的担保公司的担保。信托公司通过企业的还款支付投资人的本金及收益。

融资租赁信托融资模式操作流程如图5-5所示。

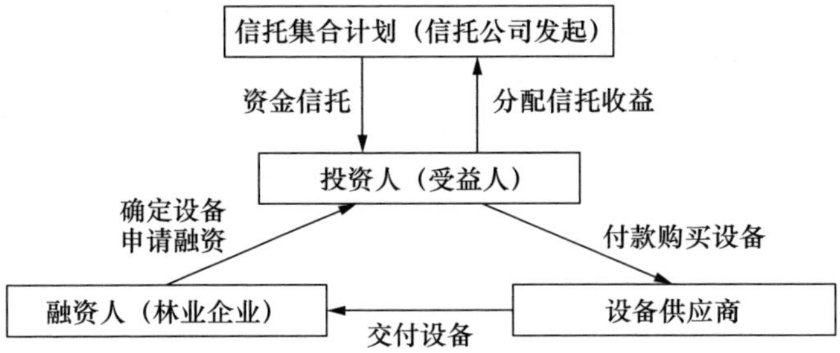

图 5－5　融资租赁信托融资模式操作流程

二、林业信托融资主要模式比较

我国林业信托融资主要模式对比如表 5－1 所示。

表 5－1　林业信托融资主要模式对比

主要特点	信托贷款模式	股权融资模式	财产受益型信托模式
对公司（项目）要求	企业拥有良好的林业项目，企业经营良好	公司股权结构相对简单清晰、项目盈利能力强	（1）林业资产产权清晰，证件齐全；（2）能产生稳定的现金流
融资金额	视林业企业（项目）实力、资金需求及双方的谈判结果，从几千万到几亿	视项目的资金需求及双方的谈判结果	视信托财产的评估价值，一般在其评估价值的 50%左右
融资期限	以 1～2 年居多，也可在同一信托计划中设立不同的期限	一般设立期限为 1～3 年，也可以根据需要设立更长期限的信托计划	以 1～2 年为主
融资成本	一般高于同期银行法定贷款利率，为 6%～10%	一般高于同期银行法定贷款利率，为 6%～10%	一般高于同期银行法定贷款利率，为 6%～10%
风险控制机制	资产抵押（土地、房产等不动产，抵押率一般在 50%左右）、股权质押、第三方担保、设置独立账户	向（项目）公司委派股东和财务经理、股权质押、第三方担保	（1）通常设置一般受益权和优先受益权，分别由林业企业和投资者（信托计划）持有；（2）回购承诺及第三方担保
退出方式	偿还贷款本金	溢价股权回购	林业企业溢价受益权回购

续表

主要特点	信托贷款模式	股权融资模式	财产受益型信托模式
主要优势	融资期限比较灵活	（1）增加企业资本金，起到过桥融资的作用使林业企业达到银行融资的条件；（2）其股权类似优先股性质，并不参与项目经营管理和林业企业分享最终利润	在不丧失财产所有权的前提下实现融资

三、实现方式与操作流程

林业信托是以林业资产为信托，以实现林业资产增值为目的的信托制度。林业信托关系围绕林业财产的委托转移、管理处分以及受益形成财产上权利义务关系。在林业信托中，主要涉及三类参与者，即委托人、受托人和受益人。其中，委托人可以是国有林地和集体林地的管理者或承包经营者，以及其他林业财产的合法拥有人；受托人多为专业的林业经营机构或者信托投资公司，以及其他对林地进行专业化、集约化管理或利用林业财产进行融资的组织，是实际承担管理处分林业信托财产职责的人；受益人是按照约定获得林业信托收益的自然人或组织，可以与委托人同一，也可以是分散的多个主体。

林业信托的信托财产一般包括林地经营权、林木、依附于森林、林木、林地上生存的植物和微生物等。林业信托当事人依法享有各自的林业信托权。其中，委托人享有委任或解任受托人、知悉信托事项、请求变更林业管理方式、请求撤销信托行为并要求受托人承担信托责任等权利；受托人享有基于信托的林业财产实际所有权而对林业财产进行管理处分的权利，同时受托人还享有取得报酬权、补偿请求权等；受益人依约定享有信托管理的收益权以及其他与委托人相关的权利等。

（一）林业信托集合管理模式

林业信托集合管理是数个林业资产所有人将其合法拥有的可转让的林业财产交付给其共同信赖的受托人托管，受托人聘请专业的林业经营顾问对上述林业集合财产进行专业化管理，受托人将收益交付给委托人的信托行为。林业信托集合管理模式操作流程如图 5 - 6 所示。

首先，信托投资公司（受托人）制订林业投资集合资金信托计划，并面向公众投资者（委托人）发售，投资者与信托投资公司签订信托合同并交付投资金（汇集的信托资金为信托财产，投资者为信托财产的受益人），信托计划的发行规模、期限、收益率等一般由信托投资公司与林业项目融资人共同研究商定。

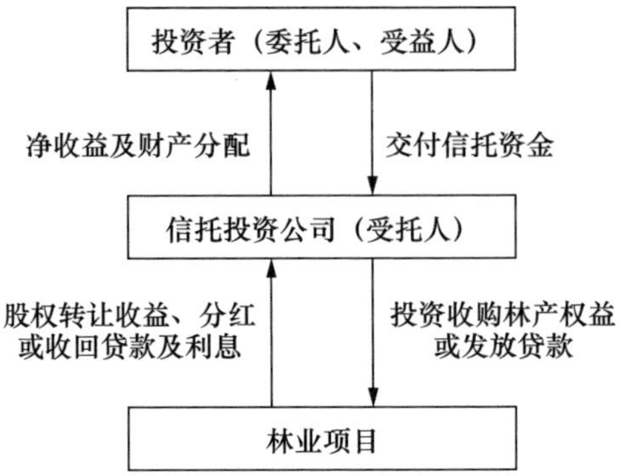

图5－6　林业信托集合管理模式操作流程

其次，信托投资公司作为受托人，按照信托文件的约定，将信托资金投到信托计划描述的林业项目中，信托财产从现金形态转化为股权（如采取合作造林方式的股权投资）或债权（如向林业项目发放贷款）形态。

再次，信托投资公司按照信托文件的约定，进行项目后期跟踪管理、相应信息披露，并按时收取投资收益（投资收益来源于林产出售或林权租金、林业企业的分红、支付的利息）。

最后，信托投资公司按照信托文件的约定，扣除必要的管理费用和其他税费后，向投资者支付投资收益并分配信托财产，如果信托期满，信托投资公司支付信托收益、分配信托财产后，信托计划结束。

（二）林业信托集合融资模式

2007 年 3 月 1 日起实施的《信托公司集合资金信托计划管理办法》中指出，所谓集合资金信托计划，是由信托公司担任受托人，按照委托人的意愿，为受益人的利益，将两个以上（含两个）委托人交付的资金进行集中管理、运用或处分的资金信托业务活动。

林业信托集合融资是数个投资人基于对受托人的信任，将财产（主要是现金）委托给受托人，由受托人将这部分财产投资于林业经营，并将收益交付给委托人的行为。林业信托集合融资的优点在于：①借助信托公司广泛的业务渠道和良好的业缘关系，林业经营获得低成本资金，同时也为社会参与林业经营提供机会；②林业信托集合融资可以满足融资者多样性的需求，即不仅可以实现债权债务性融资，也可以通过信托平台，完成股权类融资，融资者还可以根据其结构性需求来安排融资；③当前我国有关林业经济的法律法规基本上是以公、私法混合的方式调整有关的权利义务，其复杂关系非一般金融机构能够厘清，而专家理财是信托服务专业的一大特点，通过信托公司的专业化管理，可以有效地规避政策性风险，降低融资成本。

林业信托集合融资模式操作流程如图 5 -7 所示。

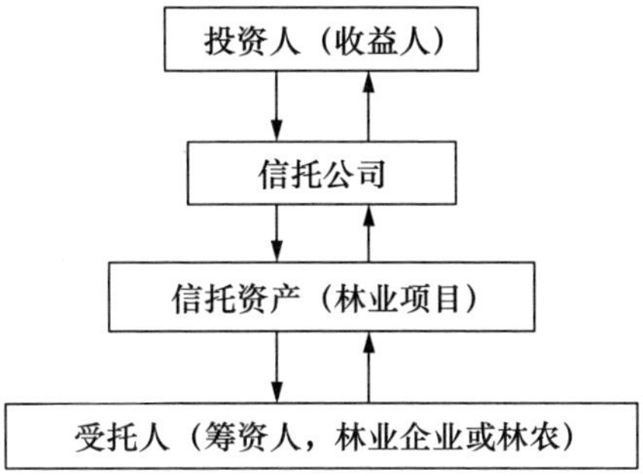

图 5 -7　林业信托集合融资模式操作流程

（三）林业信托担保模式

林业信托担保是为了担保债权的实现，将林业资产设立为信托财产，以信托权作为担保物的制度。林业信托担保模式操作流程如图 5 -8 所示。

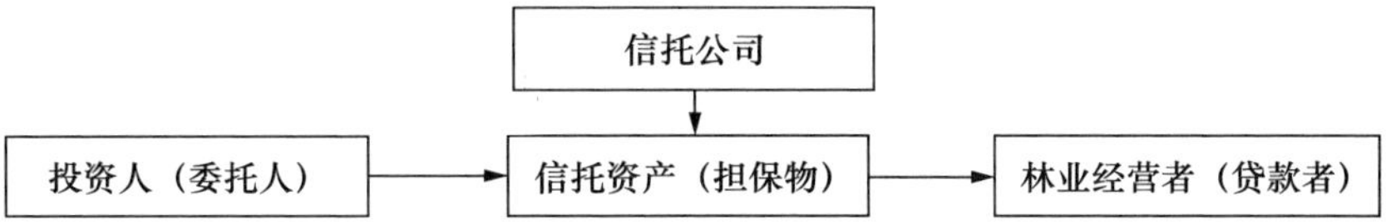

图 5 -8　林业信托担保模式操作流程

相对于传统的担保，信托担保具有如下优势：

1. 林业信托担保可以扩充林业融资担保抵押物的范围

传统担保制度下，林业经营者可以提供并能够被贷款人接受的担保资产非常有限，林业信托担保可以借助信托多样性的特点，根据要求灵活的组合和分配权利。林权是林业经营者拥有的林业资源中最具有价值的财产，如果林权可以成为担保物，那么就可以大大提升林业经营者的融资能力。

2. 林业信托担保可以提升林业财产的有效利用空间

林业信托担保是现代物权法理论关注物的使用价值这一发展趋势的集中体现。传统担保考虑到抵押物在使用中的损耗或者发生不可预测的风险，抵押权人会对作为抵押物的林业资产的使用做出种种严格限制，降低了这部分林业资产的使用价值。首先，在林业信托担保制度下，受托人负有管理林业信托财产的权利与义务，在不违背信托契约的前提下，受托人可以充分发挥其主动性、积极性、创造性，实现物的效用的最大化。其次，林业信托担保在提高资产利用效率方面还表现在因信托财产的管理而新增的资产或原资产的增值可以不受限制地用于新的债权的担保，并且可以在信托财产上设立其他担保物权，这对提升那些拥有良好经营资源但缺乏可交易不动产的林业经营者的融资能力具有非常重要的意义。最后，由于林业信托担保可以采用总括担保，以林业经营者的综合财产甚至包括其信誉来设定抵押。其使用价值和交换价值必大于单个物或权利所具有的使用价值和交换价值，由此产生经济学上的规模效应。

3. 林业信托担保可以提升林业担保的社会综合效益

当债权人的债权不能正常实现时，传统担保一般通过对抵押物的拍卖、变卖来清灭债权债务。在许多情况下，这种权利的实现还有赖于司法的强制力，引发一部分利益冲突的激化；林业经营公益性特征使得上述权利的实现更加复杂，如对以林地承包经营的抵押权强制执行还不得不考虑其社会保障的功能，由此权利实现的直接成本变得异常高，并且无论对债权人还是公共社会，都会产生极其沉重的间接负担。此外，由于所设抵押的林业财产一般价值较大，传统担保权的实现具有滞后的特点，一旦以前述方式实行权利的追索，对于作为债务人的林业经营者的生产经营往往会产生严重的影响，最终难免会损害社会公共利益，甚至导致系统性灾难的产生。林业信托担保具有转化性与自助性，一旦债务人出现违约或者出现事先设定的偿付能力不足的迹象，债权人就可根据信托担保契约及时处置财产，将抵押权实现所产生的不良影响控制在最小的程度内，甚至可以接管信托财产，以减少对社会公共利益的冲击。

（四）林业信托资产证券化模式

资产证券化的实质是将缺乏流动性但能够产生可预见的稳定的现金流量的资产，通过一定的结构安排对资产中风险与收益进行分离组合，进而转换成可以出售和流通的证券的过程。在资产证券化设计中，实现真实出售与风险隔离是技术上的难点，美国等一般采用设立离岸 SPV 公司。考虑到外汇管制、设立成本和跨国监管所带来的不便，我国则确立信托充当特殊载体的原则，特殊目的信托机构（SPT）模式的运作必须遵循《信托法》的有关规定，以信托为载体的资产证券化。就资产证券化对基础资产的要求来看，林业资产价值的稳定性与未来现金流的可测性完全符合资产证券化对基础资产的要求。林业资产证券化具有拓宽融资渠道、盘活存量资产、提高资金的运用效率的优势。

（五）林业信托项目融资模式

一般认为，项目融资是“为一个特定经济实体所安排的融资，其贷款人在最初考察安排贷款时，满足于该经济实体的现金流量和收益作为偿还贷款的资金来源，并满足于使用该经济实体的资产作为贷款的安全保障”。林业经营是典型的资金密集型项目，资金需求量大，投资回报期长，现金流量稳定，非常适合采用项目融资的方式。根据项目融资组织形式的差异，传统的项目融资多采用设立项目公司融资的方式，因其具有产权清晰、责任明确、便于专业化管理的优势，信托因财产独立的特征而与有限责任公司有异曲同工的效果，并且在设立、分割、专业化管理等方面更显优势。因而，设立以信托为载体的林业信托项目融资是完全可行的。

林业信托项目融资的参与者包括林业资产所有者、受托人（主要是信托机构）、专业的管理公司、林木需求人（如木材经营者、家具生产销售公司）、政府、保证人、金融机构、设备供应者、按差额支付协议的付款人、保险公司等。在项目运作中，项目各参与主体主要行使以下职能：①政府特许设立项目；②由数家分散经营的林业资产所有人将林业资产或者相关权力委托给专业的信托机构；③受托人聘请专业的林业管理公司对信托财产进行管理；④金融机构对林业经营项目进行前期贷款；⑤保险公司参与担保；⑥林木需求人与受托人签署无论获得货物与否均需付款协议；⑦保证人对项目做出按照差额支付的承诺等保证。

林业信托项目融资模式操作流程如图 5 - 9 所示。

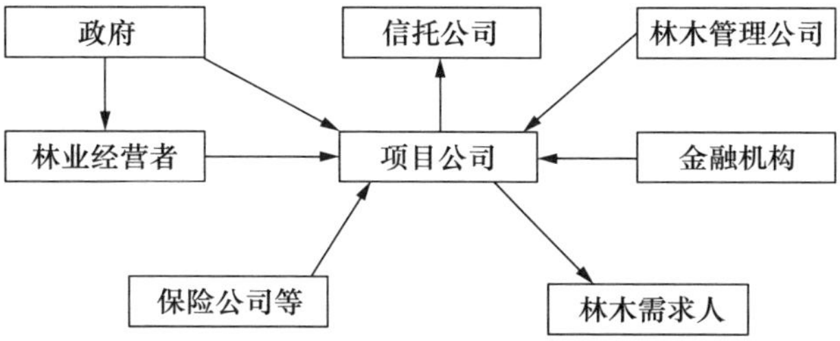

图 5 - 9　林业信托项目融资模式操作流程

第四节　林业信托融资的关键问题与发展策略

一、林业信托融资的关键问题

随着我国林业信托融资模式不断创新，林业信托融资产品不断丰富，但在林业项目采取信托融资方式过程中需要特别重视以下问题。

1. 融资模式

我国林业信托产品主要集中在贷款信托这一种信托产品中。对于股权融资和融资租赁的信托方式上，还没有企业涉足。贷款信托是信托公司以发行债权型收益权证的方式接受投资者信托，汇集受托资金，分账管理、集合运用，通过项目融资贷款的方式，对林业项目提供融资支持，以收取利息的方式实现信托收益。从融资模式上看，现有的林业信托主要采用信托集合管理模式。这一模式是信托公司和林业公司共同制订林业投资集合资金信托计划，并面向公众投资者发售。

2. 融资期限

从信托期限看，信托产品主要是2～3年，其中湖南信托推出的两个林业信托产品都是一个信托计划中两个收益期限的产品，从而满足了不同的资金流动性和风险偏好的投资者。林业信托融资计划的期限相比房地产行业融资期限相对较短，尚不能完全满足林业项目长周期的经营特性。

3. 投资方向

信托投资公司投资管理信托资金，对选择投资领域应比较慎重。一般在林业项目投资中，商品林投资的流动性小、收效慢，所以在这方面的投资比例不宜太大，应注重对林产品加工、高技术、高附加值项目的开发。主要的投资方向为：①对技术含量高的林业产业和项目投资；②对快速发展、管理科学的优秀现代林业企业投资。

4. 权益保障

一方面，可以委托具有履约担保资格的实力雄厚的信用担保公司提供履约担保，使委托人的权益得到最大限度的保障；另一方面，可以与保险公司合作，为经济林的种植提供火灾保险、自然灾害保险、偷盗砍伐等第三者责任险，以降低受益人的投资风险。

5. 信托政策

由于林业生产周期长、见效慢，在市场竞争中明显处于弱势，就经济和社会的可持续发展而言，林业应受到政府的特殊关注和扶持，并对林业信托给予优惠政策。建议适当放开对信托合约规模和林业建设项目担保的限制，允许信托公司对林业集合信托计划做非特指性的广告和宣传，并针对林业信托产品给予相应的税收优惠。

6. 权益退出

林业产业信托投资基金的退出或者信托产品的退出可以采取以下几种方式：①股权转让；②继续持股参与股份分红；③相同行业或相关行业的上市公司转让所持基金或信托份额；④通过“买壳”将投资项目作为优质资产注入上市公司，达到上市目的，实现资本增值；⑤在投资前与所投资项目或企业达成回购协议等。

二、我国林业信托融资发展路径

经营分散化和经营资金的不足是制约我国林业经济发展的瓶颈，借助信托平台促进林业财产管理的集约化，以及以林业信托财产为基础，建立多渠道的信托抵押融资机制不失为解决上述问题的有效途径。林业信托的发展依靠的是培育合法、合理的利益分配体制，只有建立良好的信托融资和林业经营环境，以利益导向调控促进林业信托市场发展，才能促进林业信托功能的正常发挥，保障林业信托事业的健康发展。本部分针对我国开展林业信托融资过程中出现的一些问题，提出以下促进我国林业信托发展的具体建议。

1. 推进融资计划信息公开

在我国已经进行清算的林业信托计划中，许多信托计划均是在计划到期进行收益分配或信托清算时才进行简单的公告，对于信托公司关于信托资金的管理和财产管理公告很少。在各信托公司公布的信托计划说明书中，也未对信托财产的管理方式和收益的分配方式等做任何说明，更未对投资者监督信托公司和林业资产委托人对信托资产的管理方式做说明，导致投资者会提高对信托计划的风险预期水平，从而提高预期收益率。这可能导致信托计划发行者——林业公司不能成功发行信托产品进行融资，也会加重林业公司的财务负担。

2. 加大信托政策支持力度

由于林业经济具有显著的公共性、收益长期性和风险的不确定性较高的特征，难以吸引商业性资本进入林业经济领域，一方面，可以通过出台税收和财政政策对林业企业和投资者进行支持，可以引导更多的社会资本进入林业，从而有利于盘活我国林业资产，为林业企业的经营发展进行资金融通；另一方面，可以由政府牵头成立专门的林业信托组织，专门开展林业信托活动，为林业企业的经营活动融资以及林业产业的发展提供技术和人才支持。

3. 丰富林业信托融资模式

目前，我国实施林业信托融资计划基本上采用的是信托贷款模式，对于其他融资操作模式，现在信托公司还未涉足。这主要是因为在现实情况下，林业信托的发起主要是林业公司和信托公司，它们出于对风险的考虑，采用这三种模式中操作最简单的一种。但是我国林业信托市场的发展壮大，需要各种模式的均衡发展。因而我国政府可以在深化林权改革的前提下，通过建立林权交易市场和林业信托交易平台，消除林业信托设立和交易过程中的信息不对等，打消投资者的顾虑，从而促使林业信托融资的其他模式也得到发展。甚至在未来，可以考虑林业信托融资项目的资产证券化。

4. 搭建金融中介服务平台

我国已经成功实施的林业信托案例中，除了林业资产所有者和信托公司的参与外，还有担保公司、保险公司的参与，林业保险和林业担保对林业信托资产的安全性和收益性提供了保证。这些金融中介的参与对于保护林业资产所有者和林业信托投资者的权益起到非常重要的作用。另外，在我国万向信托公益林收益权信托计划中应搭建林业产权交易平台，通过平台可以完成公益林收益权证的转让和流通，是我国搭建金融中介服务平台一次良好的尝试。

5. 完善林业金融服务体系

我国林业信托的健康发展和壮大需要一个完善的林业金融体系的支撑。积极培育林业相关的专业金融机构是林业金融体系建设的一项重要的举措，建议建立专业化的林业信贷公司、林业信托公司、森林保险公司、林业金融租赁公司、林业资产评估和其他林业专业金融中介，专注于开拓林业金融市场，盘活林业资产，引导多元化社会资金参与林业经营。

第五节　林业信托融资项目典型案例

一、上海中泰信托：工业森林财产优先信托权益投资计划

2004 年 2 月，上海世华科技投资有限责任公司（简称世华科技）与上海中泰信托投资有限责任公司（简称上海中泰）合作发行的速生杨林木财产信托优先信托权益投资计划是我国林业首次通过信托方式进行融资的尝试。其计划说明书如表 5－2 所示。

表 5－2　速生杨林木财产信托优先信托权益投资计划说明书

产品名称	速生杨林木财产信托优先信托权益投资计划			推出时间	2004 年 2 月
发行机构	上海中泰信托投资有限责任公司			成立时间	2004 年 2 月
发行规模	1.7 亿元	成立规模	1.7 亿元	信托期限	3 年
预期年收益率	5%	实际收益率		结束日期	2007 年 1 月
信托方式	贷款	投资领域	农林牧渔	发行地	上海
资金运用方式	世华科技的工业森林财产信托优先信托权益				
相关信息	华闻控股中泰信托后，后者连续推出 3 个财产信托收益权转让类的信托产品，融资规模巨大，所用资源也仅是一般流动性较差的资产、租赁权、股权等，值得我们借鉴和学习，其运作也抢在监管层紧缩政策之前				

信托计划中，专业投资林木的世华科技作为委托人，将其合法拥有的评估现值为4.25亿元的速生杨林木财产信托给上海中泰，信托中优先信托权益价值为人民币1.7亿元，占信托林木资产全额的40%，信托期限为3年。上海中泰按照信托合同约定对外转让，在市场上向特定投资者出售，投资者在信托期间享有该资产的优先收益权。由在新加坡上市的上海光兆植物速生技术有限公司对优先信托权益的信托利益进行担保，确保优先信托利益达到预期水平。世华科技向投资者承诺在信托计划到期后回购这笔资产，并且信托计划优先信托权益的受益人可在每个信托年度结束前3个月要求世华科技回购其权益。

本信托中优先信托权益的信托权益以现金方式100%向受益人进行分配，每年分配一次，年回报率5%，第1年和第2年可预期分配的优先信托权益的信托利益为优先信托权益价值的5%。本信托计划优先信托权益的受益人可在每个信托年度结束前3个月要求世华科技回购其权益。在本信托3年期满结束时，该期支付第3年优先信托权益项下的信托利益为优先信托权益价值的105%。

在风险控制方面，合作各方从以下几个方面进行控制：

首先，信托中的林木由世华科技管理，具体管理事项由林木所在地政府实施。地方政府已承诺对管理不当造成的损失进行赔偿。林木的销售和保险理赔等收入均为本信托的收益。在优先信托权益未满足时，作为委托人的世华科技无法获得在本信托计划中的2.55亿元剩余信托权益。

其次，该信托专项投资的工业森林是生物组培技术生产的快速生长新树种，信托中的林木已与多家造纸公司签订保底销售协议，其中与我国著名上市公司晨鸣纸业签订的包销收购协议保底价即达到2亿元，且该包销协议已经公证机关公证。信托中的林木资产已由世华科技投保火灾险及相关附加险，最高赔付金额为3亿元。本项目由将在新加坡上市的上海光兆植物速生技术有限公司对优先信托权益的信托收益进行担保，确保优先信托收益达到预期水平。

最后，该信托中林权证已过户至中泰信托。同时委托人在本计划中所得价款除去各种费用后，由委托人信托给中泰信托，由中泰信托以自己名义按委托要求进行投资，并以此资金信托的收益权质押给中泰信托，以进一步控制项目风险。

中泰信托与世华科技合作推出的集合资金信托计划是信托融资方式在林业项目的初次尝试，并取得了不错的销售业绩，并且提前收回投入资金，盘活了世华科技的固定资产，提高了流动性，分散了经营风险，证明这种新型金融工具是可以在林业产业中运用的。

但该信托计划也存在一些不足：一是发行人承诺最终回购资产，承担了过多的风险；二是发行人承诺随时回购受益凭证使发行人面临资金流动性风险；三是在内部信用增级中仅把受益权划分为优先受益权和剩余受益权，使较大的风险集中在发行人处；四是缺乏对投资者利益的保护，受托银行仅仅负责对投资者受益凭证进行偿还和利息支付，没有向投资者公布资产的运行和管理情况，信托机构缺乏有效的外部监督机制；五是信托受益权不能像证券一样在二级市场自由流通转让。

二、湖南信托：科农林业项目集合资金信托计划

2006 年 11 月 29 日，湖南省信托投资有限责任公司推出了湖南信托——林业类项目信托产品系列之“科农林业项目集合资金信托计划”，该融资计划于 2006 年 12 月 4 日正式成立。其计划说明书如表 5－3 所示。该信托计划融资规模：2000 万元人民币（不超过 2000 万元）。信托期限：信托计划项下设两个期限，分别为 2 年和 3 年，自信托成立之日起计算。其中：2 年期 1000 万元整，签订信托合同 67 份；3 年期 1000 万元整，签订信托合同 65 份。如果借款人提前偿还全部贷款本息，则信托计划提前终止，湖南信托按该计划实际持续天数分配信托利益。预计年收益率：2 年期 5.2%，3 年期 5.5%。信托资金运用方式：向湖南省科农林业科技开发有限公司提供贷款，用于科农大酒店装修、配套设施、水产养殖及芦苇项目。信托推介期限：2006 年 11 月 29 日至 2006 年 12 月 29 日。

表 5－3　科农林业项目集合资金信托计划说明书

产品名称	科农林业项目集合资金信托计划			推出时间	2006 年 11 月
发行机构	湖南省信托投资有限责任公司			成立时间	2006 年 12 月
发行规模	2000 万元	成立规模	2000 万元	信托期限	2 年/3 年
预期年收益率	5.2%/5.5%	实际收益率		结束日期	
信托方式	贷款	投资领域	农林牧渔	发行地	长沙
资金运用方式	向湖南省科农林业科技开发有限公司提供贷款，用于科农大酒店装修、配套设施、水产养殖及芦苇项目				
相关信息	本次项目共募集资金 2000 万元整，其中：2 年期 1000 万元整，签订信托合同 67 份；3 年期 1000 万元整，签订信托合同 65 份				

湖南信托于 2007 年 12 月发布《科农林业项目兑付信托收益公告》，告知投资者 2007 年 12 月 12 日开始兑付科农林业集合资金项目第一年的信托收益。该信托计划有以下两点创新：首先，该信托计划设置了两个不同的信托到期时间，这为不同期限风险偏好的投资者提供了不同的选择，并设计了不同的预期年收益率。其次，对于信托贷款的资金的运用方向上，信托计划说明书中明确了委托人（湖南科农林业科技开发有限公司）用于科农大酒店装修、水产养殖及芦苇项目，从而让投资者可以对资金用途进行监督。

但是，该信托计划仍有明显的缺陷：首先，信托计划只说明资金的用处，但是对于信托资产却只字未提，这也导致投资者收益来源不明。对于信托计划而言，其最大的特点是信托资产的独立性，但是在本信托计划中，并没有对信托财产作任何说明。这同时让投资者承担较高风险。其次，预期收益率的设计不合理。该信托计划 2 年预期收益率为 5.2%，其年化复合受益率为 2.5%；3 年的预期受益率为 5.5%，其年化复合收益率仅为 1.8%，如果仅从投资收益的角度选择，投资会优先选择前者。

三、湖南信托：华林林业项目集合资金信托计划

湖南省信托投资有限责任公司于 2007 年 11 月 12 日推出了“华林林业项目集合资金信托计划”，该计划信托期限分别为 26 个月和 38 个月。规模：2000 万元人民币（不超过 2000 万元），其中 26 个月的信托规模不超过 1000 万元，38 个月的信托规模不超过 1000 万元。信托预计年收益率分别为 2 年期同期定期存款利率加 3%（预计总收益率可高达 16.25%）、3 年期同期定期存款利率加 4%（预计总收益率可高达 29.2%），益阳市华林实业发展有限公司以其林业资产作抵押。信托推介期限：2007 年 11 月 12 日至 2007 年 12 月 12 日。其计划说明书如表 5－4 所示。

表 5－4　华林林业项目集合资金信托计划说明书

产品名称	华林林业项目集合资金信托计划			推出时间	2007 年 11 月
发行机构	湖南省信托投资有限责任公司			成立时间	
发行规模	2000 万元	成立规模	2000 万元	信托期限	2.17 年/3.17 年
预期年收益率	7.0%/8.0%	实际收益率		结束日期	2011 年 1 月 28 日
信托方式	贷款	投资领域	农林牧渔	发行地	长沙市
资金运用方式	信托资金用于向优质企业提供贷款				
相关信息	规模：2000 万元（不超过 2000 万元），其中 26 个月的信托规模不超过 1000 万元，38 个月的信托规模不超过 1000 万元。信托预计年收益率分别为 2 年期同期定期存款利率加 3%（预计总收益率可高达 16.25%）、3 年期同期定期存款利率加 4%（预计总收益率可高达 29.2%），益阳市华林实业发展有限公司以其林业资产作抵押				

湖南信托发行的湖南信托——林业类信托产品系列之华林林业项目集合资金信托计划于 2007 年 11 月 28 日成立，共募集信托资金 2000 万元，其中 26 个月信托资金 1000 万元，签订信托合同 6 份；38 个月信托资金 1000 万元，签订信托合同 22 份。其中 26 个月期限的已于 2009 年 11 月 28 日进行投资收益分配，信托资产共获得收益 581000 元，年收益率为 5.81%。38 个月的信托资金于 2011 年 1 月

28 日期满，并进行了清算；该部分信托资金共获得收益 133666.63 元，年收益率为 8.02%。从本信托的到期收益率看，两期都超过了发行前预期收益率，给投资者带来了超额的收益。

该信托是湖南信托投资有限公司推出的第二个关于林业项目的信托计划。相对于第一个计划，该信托计划有了许多完善。首先，对信托计划的收益有了资产担保——以华林实业发展有限公司的林业资产作抵押。其次，从收益率的设置上更加灵活，信托计划中 2 年期预期收益率为同期定期存款利率加 3%，3 年期为同期存款利率加 4%。但是湖南信托在该信托计划中仍没有对信托资产进行任何说明，对投资者来说，风险较大。

四、陕西信托：泰宁南方林业信托贷款集合资金信托计划

2012 年 6 月 25 日，陕西国际信托股份有限公司和福建泰宁南方林业发展有限公司共同推出“陕国投·福建泰宁南方林业信托贷款集合资金信托计划”。信托计划从 2012 年 6 月 29 日成立，存续期为 2 年，募集资金 2 亿元，投资门槛 300 万元以上。其计划说明书如表 5－5 所示。

表 5－5　陕国投·福建泰宁南方林业信托贷款集合资金信托计划说明书

产品名称	陕国投·福建泰宁南方林业信托贷款集合资金信托计划		
信托公司	陕西国际信托		
信托类型	贷款信托		
起点金额	300 万元	信托规模	20000 万元
推出时间	2012－06－25		
成立日期	2012－06－29	终止日期	2012－06－28
预期年收益率%	300 万元以下 10.5%，300 万～1000 万元 11.5%，1000 万元以上 12%		
投资方向	信托资金向福建泰宁南方林业发展有限公司贷款，其中 1 亿元用于并购江西泰联林业发展有限公司、弋阳县顺弋实业有限公司、重庆鹏辉林业投资有限公司 3 家公司股权，1 亿元用于补充企业流动资金		
收益分配	1000 万元以下每年分配 1 次，1000 万元以上每半年分配 1 次		

注：福建泰宁南方林业发展有限公司：注册资本 20458 万元，由新加坡华瑞林业投资（香港）有限公司与中国泰宁县四方林场有限公司共同设立，实际控制人为港资中国林业控股有限公司；2012 年 3 月净资产 4.79 亿元，资产负债率 37.22%。

在还款来源上，信托的参与者明确了以下四种还款来源：一是南方林业林地经营收入。在规模不变的情况，年预期净利润约为 8700 万元。二是南方林业林权挂牌转让。如将泰宁县境内林木资产整体转让，预测约为 6700 万元。三是南方林业

的控股股东中国林业拟引入新一轮私募股权投资基金。公司已经于2011年引入建银城投股权投资基金，计划2012年引进新的战略投资者，募集资金2亿元。四是中国林业港交所上市。中国林业的上市资质条件已经满足。预计最早2012年下半年、最迟2013年上半年，根据市场情况择机上市，拟融资5亿~8亿港币。

产品说明：抵押物：①位于建宁县的枫源国有林业采育场，116580亩，估值52980万元，合4545万元/亩，抵押率37.75%。②三家公司：江西泰联林业发展有限公司收购价格5005万元，其产权所属26996亩森林资源资产，现值4273万元；弋阳县顺弋实业有限公司收购价格3770万元，其产权所属16325亩竹林资源资产，现值2779万元；重庆鹏辉林业投资有限公司100%股权收购价格13000万元，其产权所属47507亩森林资源资产，现值17105万元。

风险控制：①华阳林业（三明）开发有限公司以6个林产116580亩山场林木资产及林地66年使用权提供抵押担保；②福建泰宁南方林业发展有限公司董事长兼总经理周道芳及其配偶提供连带责任担保。

本信托产品相对于已有的林业信托融资计划，该信托计划从以下几个方面有了重大的突破和创新。

首先，融资金额有所突破，本次林业信托计划共募集资金2亿元，在已有的林业信托计划募集金额中达到新高。

其次，投资方向比较明确，在2亿元融资的投资方向上，该林业信托计划中1亿元用于并购3家企业的公司的股权，另外1亿元用于补充企业的流动资金，这相对于以前的林业信托计划中的投资方面更为明确，而且是用于企业本身的主营业务的扩展和运营中。

再次，该林业信托计划的预期年收益率达到新高，首次达到10%以上。从其公布的数据可以看到，该信托计划对收益率进行了按投资额的不同而设置不同的收益率：300万元以下10.5%，300万~1000万元11.5%，1000万元以上12%。另外，从林业信托计划的参与方可以看到，已有的林业信托计划主要是本身的信托公司与本身的林业企业合作，而本信托计划参与方之一是陕西国际信托股份有限公司，另一方是福建泰宁南方林业发展有限公司，突破了省份的限制，这对我国林业信托市场机制的建立是一个积极的信号。

最后，在风险控制方面，已有的林业信托计划主要是运用融资企业的林业资产作抵押的方式，而该林业信托计划运用第三方——华阳林业开发有限公司的116580亩山场林木资产及林地66年使用权提供抵押担保，和融资公司董事长兼总经理周道芳及其配偶提供连带无限责任担保，其中后者——周道芳及其配偶拥有华瑞林业投资（香港）有限公司、香港华阳投资发展有限公司等多家公司的股权。这种方式的风险控制有利于融资方——林业企业更好地运营资产，同时将企业主要管理者的利益与该信托计划的信用挂钩，可以起到激励管理者更好地运用信托资金提升公司业绩的作用。

五、四川信托：升达林业股票收益权投资单一指定用途信托计划

四川升达林产工业集团有限公司设立至今，经历了都江木业开发公司（简称都江木业）、都江木业有限责任公司（简称都江有限）和升达集团三个阶段。都江木业于1992年11月7日设立，企业性质为集体所有制。2003年1月27日，都江木业经批准改制为都江有限，取得了5101812800682号《企业法人营业执照》，法定代表人为江昌政，注册资本为4500万元，企业类型为有限责任公司，经营范围为生产销售木工机械、竹木地板、竹木制品等。根据2003年5月至9月签署的一系列股权转让协议、出资协议、委托协议，以及股东会决议及工会决议，都江有限决定增资2500万元（公积转增资本700万元，现金增资1800万元）、进行相关股权转让，都江有限变更成升达集团，注册资本变更为7000万元。2003年10月20日，升达集团取得了换发的5101002010484号《企业法人营业执照》。

目前，集团公司的企业类型为有限责任公司，经营范围为：生产、销售竹制人造板；集成材、木材竹质装饰板、线；木竹制构件、家具、橱柜、门窗；软木制品、木塑制品、木橡制品；化工产品（不含化学品）、建辅建材、五金交电；竹木机械技术服务。截至2010年12月31日，集团公司总资产19.76亿元。2010年，实现营业收入6.9亿元，净利润0.32亿元。

交易标的股票介绍：升达林业是从事林业产业一体化经营的企业，主营业务为强化地板、实木地板、实木复合地板等木地板的研发、生产与销售以及林木种植业务，产量、销量和品质均排名国内同行业前茅，主导产品为升达牌地板。大股东升达集团名列四川省工业企业最大规模、最大市场占有份额、最大纳税500强，最佳效益200强，成都市工业企业50强之一。公司在同行业中具有很强的竞争优势，强化木地板连续多年全国市场销量排名第二、2006年竹地板市场销量排名第一。

升达林业于2008年7月16日在深交所公开发行上市。控股股东为升达林业集团有限公司，持有上市公司41.88%的股份。自上市以来，升达林业股价一直处于不高的水平，但是走势基本保持稳定，只在2008年股市低迷期达到1.19元/股，最高时达到6.08元/股。

升达集团转让股票收益权所获价款将用于收购和扩大林业基地。升达集团以其整体经营收入作为支付投资收益的主要来源，并按照合同约定向信托公司支付回购价款。为确保升达集团按约履行支付升达林业股票收益权回购价款的义务，升达集团以其持有升达林业（002259）13034万流通股股票提供质押担保。其计划说明书如表5－6所示。

表 5-6 升达林业股票收益权投资单一指定用途信托计划说明书

信托计划名称	升达林业股票收益权投资单一指定用途信托
信托计划规模	不超过 2 亿元
信托计划期限	24 个月
信托资金运用	用于收购和扩大林业基地
收益主要来源	升达集团整体经营收入
信托预期收益	9.5%
信托利益分配	信托计划成立每满 1 年分配 1 次，信托终止清算分配

在升达林业股票收益权投资单一指定用途信托计划中，为了降低信托计划风险，保障投资人的权益，该信托计划采取了以下风险防范措施。

（1）升达集团以其持有的上市公司升达林业（002259）13034 万股股票提供质押，截至 2012 年 4 月 24 日，升达林业前 20 个交易日均价为 3.41 元/股，对应本次融资 20000 万元，本金质押率为 45%。

（2）对标的股票在中国证券登记结算有限责任公司办理质押登记手续。同时，对相关合同办理强制执行公证，如融资人出现违约情形，可依据公证，迅速完成变现，确保信托资产不受损失。

（3）《资金信托合同》里明确“信托期限届满时，信托财产为非现金形式的，信托期限自动延长，直至信托财产变现后方予以清算”这一条款，或“信托期限届满时，信托财产为非现金形式的，以信托财产原状分配”。

（4）融资人升达集团将在《股票收益权转让及回购合同》等法律文件中承诺溢价回购本结构化融资产品项下的永生控股股票收益权，如发生违约，有权要求升达集团或通过司法程序变现升达林业股票，用于保证信托受益人的本金和收益。

（5）在信托存续期间，按照质押股票全部市值设置平仓线与预警线。在信托存续期间，如质押股票当日收盘价下跌至预警线 2.46 元/股（警戒线设置为股票转让价格的 160%，即为 1.5345 元/股 × 160%），升达集团应做出追加保证金的充分准备；如质押股票任一日收盘价下跌至平仓线 2.15 元/股（平仓线设置为股票转让价格的 140%，即为 1.5345 元/股 × 140%），升达集团追加保证金，使质押股票市值和追加的保证金之和大于或等于 2.8 亿元（即为贷款金额的 140%）。如不追加，有权无条件连续变现质押物，变现方式包括但不限于二级市场抛售、大宗交易转让或法院直接强制拍卖等。

升达林业股票收益权投资单一指定用途信托计划虽然采取了以上 5 个风险防范措施，但其所有风险防范措施都基于升达林业股价基础之上，缺乏其他担保措施分散风险，因此不能完全保证投资人的权益。另外，由于股价的波动性较大且不可预测，该计划设置了追加保证金及强制变现条款，使得该信托计划的发行人升达林业面临资金流动性风险。

六、西藏信托：景谷林业信托贷款集合资金信托计划

2012年3月，西藏信托有限公司和景谷林业股份有限公司共同推出了景谷林业信托贷款集合资金信托计划，说明书如表5-7所示。

表5-7 景谷林业信托贷款集合资金信托计划说明书

产品名称	景谷林业信托贷款集合资金信托计划			推出时间	2012年3月
发行机构	西藏信托有限公司			成立时间	2012-02-09
发行规模	7500万~15000万元	成立规模	15000万元	信托期限	12个月
预期年收益率	8%~10.5%	实际收益率		结束日期	2013-02-08
信托方式	贷款信托	投资领域	农林牧渔	发行地	北京
资金运用方式	信托资金用于补充云南景谷林业股份有限公司的流动资金				
相关信息	信托放款前，景谷林业提供价值3.087亿元的林地使用权作为抵押，抵押率不超过50%；信托放款后，10个工作日内云南景谷林业股份有限公司另外追加价值不低于6000万元的林地使用权作为抵押，抵押率降低为40%；上市公司景谷林业的董事长兼法定代表人杨松宇先生为借款方，在《贷款合同》项下债务提供连带责任保证担保				

在本林业信托融计划中，值得关注的是以下三点：

首先，对于信托计划公示的“信托资金用于补充云南景谷林业股份有限公司的流动资金”，流动资金是一个较为笼统的概念，表明景谷林业还未对这笔信托资金的用途想清楚，这就违反了筹资的原则：只有在企业出现资金短缺时才筹资。何况筹资要承担高昂的成本。

其次，对于这笔信托资金的还款来源不明。在信托计划中没有对景谷林业如何还款做任何文字表述。另外，景谷林业的主业已经亏损很多年，2012年扭亏的希望也很渺茫，但是15%的融资成本已成定局，经营收益不可能覆盖融资成本。在该信托计划期内，即2012~2013年，景谷林业还有2亿多元的银行贷款需要偿还。这让还款几乎成为不可能。

最后，虽然在风险控制方面，该信托计划设计了运用融资方资产进行抵押担保和董事长的连带责任，但是从抵押标的物看，信托贷款抵押物已经是景谷林业最后可供抵押的林产。其他资产已经于之前抵押给中国农业银行和中国建设银行。这势必让企业资产正常运营产生重要的影响，从而影响企业盈利能力。

该信托计划的推出无论是从融资方需求的必要性，还是在正常的公司资产运营角度，都存在较大的漏洞和疑问。对于信托计划的投资者而言，融资方的巨大信用风险会让它们望而却步。

七、浙江信托：万向信托公益林收益权信托计划

2014 年 7 月 22 日，龙泉市住龙镇人民政府代表所辖水塔村与万向信托签下公益林收益权信托计划合同——万向信托·绿色摇篮 1 号。这标志着全国首单以公益林地为标的的信托项目正式运营。素有“浙南林海”之称的龙泉为浙江省最大林区县（市），森林蓄积量达 1745 万立方米，其中生态公益林面积 162 万亩。由于限制开发经营，生态公益林林农每年每亩只能获取 21 元的生态补偿金。林业信托通过归集林地的未来现金流，为林农提供融资的便利性和可操作性，实现了收益多样化。

万向信托公益林收益权信托计划项目涉及林地规模为 3. 8 万亩生态公益林。由当地政府作为委托人，以当地公益林收益权作为信托财产，以当地村民作为受益人，在不改变公益林所有权、承包权、使用权及管护权的前提下设立信托计划。此次试点项目涉及林地规模为 3. 8 万亩，龙泉市水塔村 112 户村民参与了这次信托项目。万向信托相当于担保人，与其他金融机构协作，向村民发放信托受益权凭证，排他性地收取补偿基金的支付收入。在财政向信托计划支付补偿基金后，万向信托将扣除 1‰管理费后的补偿基金作为信托收益在 5 个工作日内分配给村民。

万向信托公益林收益权信托计划对当地林农以及林业产业的发展的帮助主要体现在以下几个方面。

1. 盘活了林地资产

林农之前每年领取的固定金额的公益林补偿金变成了受益权凭证，合作社做担保，凭证可以作为抵押物，极大地增强了生态公益林补偿金的流动性。林农以生态公益林受益权凭证做抵押能够更容易地申请到银行贷款，并且有了担保之后林农能够获得更低利率的贷款，利用贷款从事林业产业，有利于林业资金的融通以及当地林业产业的发展。该公益林受益权证可以通过林业产权交易平台进行转让和流通，林农可以较方便地转让手中的收益权凭证换取资金，这也极大地盘活了林地资产，增强了林业资金的流动性。

2. 增加了林农收益

根据各方测算，农民凭借凭证每年每亩直接增加收益 2 元，如果计算上激活林地资产后的其他金融价值，信托期内每 5 年平均每户可新增 2. 96 万元的信托凭证资产。农户可以以其获得的信托凭证对应的信托财产价值按照一定折扣率进行抵押。若按 80% 的抵押率，则信托期内每 5 年平均每户可获得 2. 37 万元的贷款。

3. 创新了林业信托形式

万向信托公益林收益权信托计划是我国首次以公益林为标的的信托计划，由于公益林不同于商品林的特殊属性，难以吸引商业资金进入该领域，然而本次信托计划破解了公益林不能抵押流转等难题，是深化林权制度改革的一项制度创

新，是对公益林活树变活钱、也是金融支持林改惠农的又一次尝试，并进一步丰富了丽水市农村金融改革试点的内容。

八、主要启示

从以上林业信托融资实践来看，只要通过积极地寻找优质信托资产、巧妙地设计信托计划规避风险和后期规范地管理，林业信托融资就可以获得良好的收益。因而，我国林业信托融资具有充足的发展条件和空间，同时在满足我国林业企业融资需求方面有着重要的作用。从7个案例可以得出以下启示。

首先，在林业信托计划中优质的林业资产是关键。林业资产是林业信托的核心，它保证了投资者的收益来源稳定性和安全性。因而寻找优质的林业项目是我国林业信托发展的重点。其次，对于林业项目的风险控制成为一个成功信托计划的重要标志。虽然信托计划保证了信托资产的独立性，但是对于投资者而言，在信托资产的管理中仍有诸多风险。其中最主要的风险在于投资者对于投资资产的把握和控制较弱。因而我们可以看到以上林业信托计划中都设计了委托人或第三方的资产担保，进行信用增级，从而保证投资者收益。再次，明确资金投资用途非常重要，可以增强对投资者的信心。信息的透明和公开不仅有利于吸引更多的商业资金进入林业信托领域，而且便于投资者随时了解林业信托动向，从而可以更好地保障投资者的收益。最后，目前我国林业信托正处于发展阶段，很多方面还不够成熟，应该对林业信托模式、融资期限、信托资产、信托担保等形式进行大胆创新和探索，并注重结合林业产业生态性、社会性效益，发展更具创造力的信托产品。

森林资源的资产证券化可以选择一家公司作为试点，应选择财务情况较好的公司进行。既有一定的承受能力、又有良好的资产和林权证的林业企业可以作为森林资源资产证券化的发起人，选择其下具备速生及进入砍伐期能产生稳定现金流的林业项目。然后按照流程相继进行评估、出售、评级、销售和交易等，逐步实现资产证券化流程。本部分以福建省永安林业（集团）股份有限公司在福建省内所辖的一片16万亩进入砍伐期的成熟桉树速木林为例设计一个方案，该专项资产管理计划尚属于设计阶段，数据取材于上市公司永安林业的年度报告。

附：永安林业专项集合资产管理计划

永安林业桉树速生丰产林收益权专项集合资产管理计划是由福建省永安林业发起的意向专项集合资产管理计划，该计划综合运用林业信托、林业资产证券化等多种融资渠道为林业产业的发展筹集资金，本部分从集合资产管理计划基本情况、业务框架以及案例难点与启示三个角度介绍本项专项集合资产管理计划。

一、基本情况

永安林业桉树速生丰产林收益权专项集合资产管理计划，由永安林业及其子公司设立，自专项计划成立之次日起5年内特定期间的永安林业16万亩进入砍伐期的桉树速生丰产林收益权凭证作为该计划的基础资产，由长城证券设立专项计划并以专项计划管理人的身份向投资者发行资产支持受益凭证，合计募集资金5000万元。募集资金将专款专用，用于“百万亩速生丰产林基地第二期（30万亩）项目”运营流动资金。长城证券有限责任公司（为本次计划管理人）设立专项资产管理计划，将专项计划资金用于向原始权益人福建省永安林业（集团）股份有限公司购买基础资产，即自专项计划成立之次日起5年内特定期间的永安林业16万亩进入砍伐期的桉树速生丰产林收益权凭证。

永安林业速丰林本次专项计划的预期收益支付和本金偿还方式采用优先级/次级支付机制，其中优先级受益凭证分为永安林业3及永安林业5共计2档，期限分别为3年和5年，募集资金5000万元，由具备资格的机构投资者认购；次级受益凭证规模为500万元，由原始权益人之一的永安林业全额认购。按照本金比例计算，优先级受益凭证可获得由次级受益凭证提供的5%的信用支持。

该计划类型属于专项资产管理计划；产品类型属于资产支持受益凭证；主要适用的法律法规为《证券公司客户资产管理业务试行办法》；法律结构为资产管理计划（委托关系）；合格投资者不限定条件；交易平台在深圳证券交易所综合协议平台。

通过产品设计实现信用增级，优先级受益凭证为A信用水平，产品给予投资者充分的试点溢价和流动性溢价，目前，尚处于试点阶段，因此，不能参与回购交易，只能在交易所的综合协议平台交易。

本产品实行固定利率，永安林业3的利率为年化收益5.1%，永安林业5的利率为年化收益为5.5%。到期还本，年度付息。永安林业有权在专项计划成立满5年，在永安林业5的回售量达到其发行量的50%时，选择按面值赎回全部永安林业5。

二、业务框架

整个项目运行架构如图5-10所示，本部分将从基础资产、参与主体、交易结构及基础资产划转流程、专用计划账户及现金流分配顺序、信用增级措施5个方面详细介绍该计划。

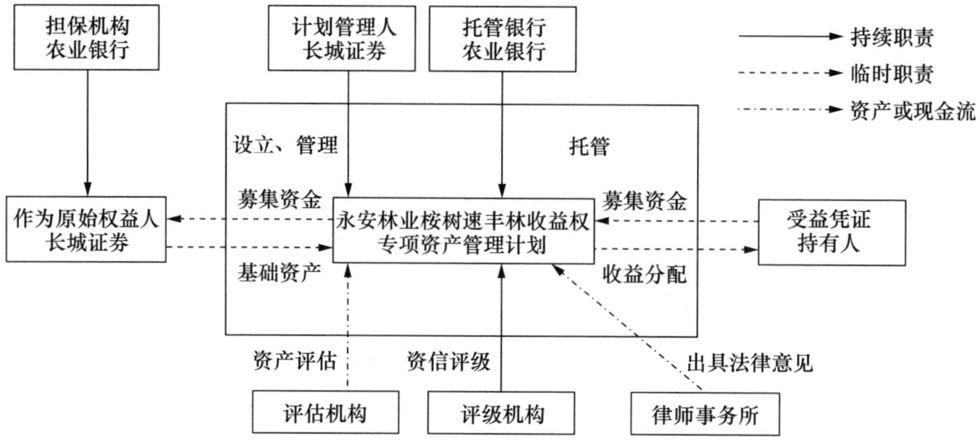

图5－10　永安林业桉树速木林的林权收益权专项资产管理集合理财计划设计架构

1. 基础资产

以福建省永安林业（集团）股份有限公司（简称永安林业或项目公司）持有的未来5年的桉树速木林的林权收益权，即针对永安林业位于福建省的16万亩速木林所享有的取得5年的收益权利为基础资产。

永安林业拥有大于95.72万亩的林权（林权证已抵押），182万亩可控林，182万亩规划林。从2003开始，已建20万亩速木林，全为桉树，将进入砍伐期（可以按四五年轮伐，因为桉树最佳收获期是7年左右）。按5年轮伐，桉树每亩出材4立方米，平均每年可伐4万亩，合16万立方米（加上天然林、马尾松杉树林的砍伐指标，一年能伐30万～40万立方米）。16万亩速木林价值20743.24万元。

通过以下方式计算桉树种植产生的经济效益。

首先，计算种植的前期成本：①打穴种植费用。如果按照每个树穴1.5元且每亩能打90个树穴计算，所需费用为1.5元/穴×90穴/亩＝135元/亩。②种苗的份额费用。0.5元/株×92株/亩＝46元/亩。③肥料费情况。3.5元/株×90株/亩＝315元/亩。④施肥抚育费。35元/亩次×4次＝140元/亩。⑤开辟路费。25元/亩，加上山租费用40元及林地的管理费用30元。种植桉树前期成本合计费用为每亩需要731元。

其次，计算林木的产值：550元/立方米×7立方米/亩＝3850元/亩（以5年生桉树每亩出材7立方米计算）。

再次，计算桉树种植后期的成本：采运输费每亩350元（50元/立方米×7

立方米/亩 =350 元/亩），税费约为每亩 462 元。

最后，根据种植的前期成本、林木产值以及后期种植成本计算出净收益 3850 元/亩 -（731 +350 +462 =1543）元/亩 =2307 元/亩（5 年）。

按照平均每亩每年净收益约为 460 元进行估算（仅供参考估算），那么，对于永安林业 16 万亩速木林而言，每年的净收益为：16 万亩 ×460 元 =7360 万元。每年桉树每亩出材 4 立方米，平均每年可伐 4 万亩，即约能产生现金流 1840 万元。2007 ~2012 年永安林业公司主营业务收入如表 5 -8 所示。

表 5 -8　2007 ~2012 年永安林业公司主营业务收入

年度	行业	产品	主营业务收入（万元）	主营业务成本（万元）	主营业务收入利润率（万元）	主营业务利润比上年增减（%）
2009	林业	木材	9696. 48	5199. 86	46. 37	-31. 96
2010	林业	木材	8909. 11	4962. 87	44. 29	-12. 24
2011	林业	木材	8997. 62	6365. 47	40. 37	-33. 30
2012	林业	木材	9325. 89	5333. 68	42. 80	51. 67

注：根据福建省永安林业（集团）股份有限公司 2007 ~2012 年度报告编制。

从 2007 ~2013 年公司主营业务收入表中可以看出，林业木材主营业务收入每年利润超过 2500 万元，估算桉树速木林的收益现金流有 1840 万元。因此，可以将永安林业持有的未来 5 年的桉树速木林的林权收益权作为专项资产管理集合理财计划的基础资产。

2. 参与主体

（1）原始权益人（发起人）：福建省永安林业（集团）股份有限公司，永安林业为上市公司，符合进行资产化的企业的各项标准，可以作为选择开展资产证券化的企业。

（2）计划管理人/推广机构：长城证券有限责任公司。

（3）担保人：永安林业/晨鸣纸业。

（4）托管人：中国农业银行。

（5）监管银行：中国银行/中国农业银行。

（6）信用评级：联合信用评级有限公司。

（7）资产评估：辽宁铭威森林资源资产评估有限公司。

（8）律师事务所：实力律师事务所。

（9）登记托管机构/支付代理机构：中国证券登记结算有限公司深圳分公司（“中证登深圳公司”）。

3. 交易结构

永安林业桉树速生丰产林收益权凭证专向资产管理计划的交易结构及基础资产现金划转流程如图5－11和图5－12所示。

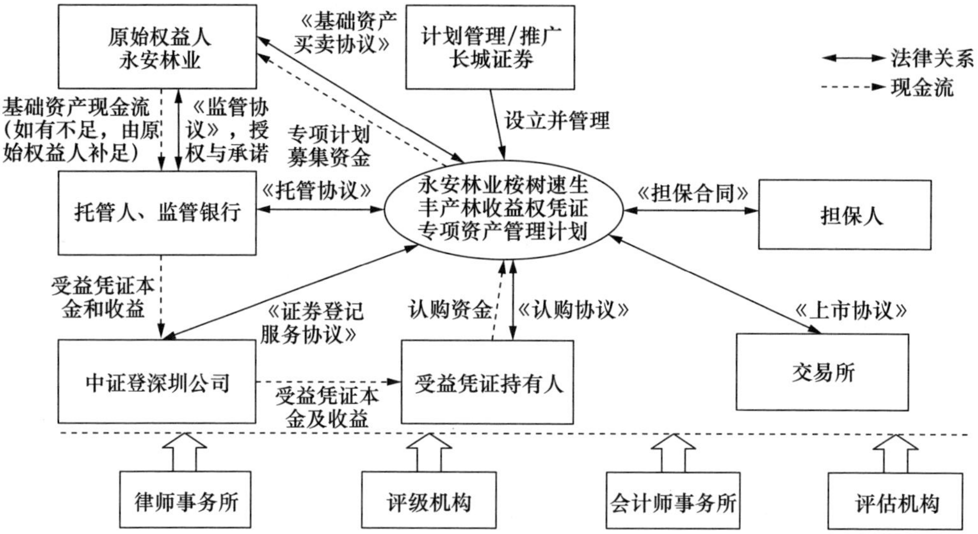

图5－11　永安林业桉树速生丰产林收益权专项集合资产管理计划的基本结构

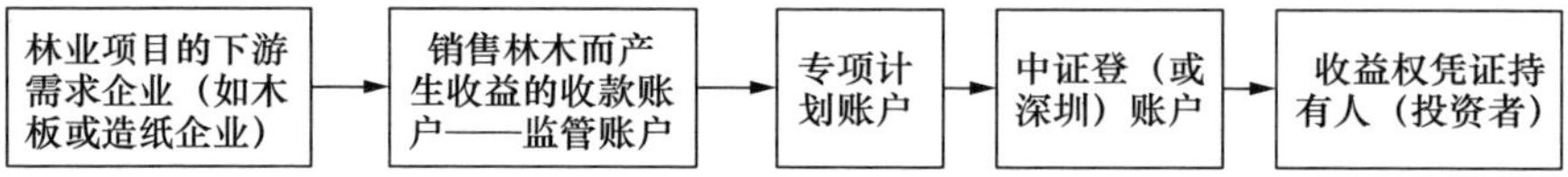

图5－12　产品中的基础资产现金流划转流程

4. 信用增级

（1）优先/次级分层：本专项计划对受益凭证进行了优先/次级分层，次级受益凭证能够为优先级受益凭证提供5%的信用支持。次级受益凭证将全部由永安林业认购，这一措施可以有效防范原始权益人的道德风险。计划的具体优先/次级分层情况如表5－9所示。

（2）桉树速木林收益权凭证收入超额覆盖预期支出，2009～2012年的销售现金流分别为9696万元、8909万元、8997万元和9325万元，需求和发展势头非常迅猛。据评级机构预测，2013～2017年特定期间内（5～10月），基础资产对应的部分的收益权凭证销售现金流分别可达到9000万元的水平，正常情况下对优先级收益凭证本金和预期收益的最低覆盖倍数较高。

表 5-9　永安林业桉树速生丰产林收益权专项集合资产管理计划设计

证券分层	优先级		次级
	永安林业 3	永安林业 5	次级
规模（万元）	2250	2500	250
规模占比（%）	45	50	5
信用等级	A	A	NR
预期到期日	【】	【】	【】
预计期限（年）	3	5	—
投资者回售选择权	—	投资者有权在专项计划成立满 3 年和 4 年后按面值回售给永安林业	—

（3）原始权益人补足承诺：在任意一个初始核算日，若在前一个特定期间内，基础资产销售均价低于约定的最低销售均价和/或销售数量低于约定的最低销售数量，则原始权益人承诺分别进行补足。

（4）永安林业集团担保：为原始权益人如期足额向专项计划账户划转预期金额的桉树速木林收益凭证收入提供不可撤销连带责任担保。

（5）晨鸣纸业担保：可以与供应链下方的晨鸣纸业签订购销合同，保证实现林业树木的销售。

5. 现金流分配

设立专用计划账户会计科目如图 5-13 所示，专项计划账户下开设收入科目、本金科目以及保证金科目。专项计划资产收益由以下几部分构成：基础资产产生的现金收入、原始权益人的补足款、永安林业集团的补足款、基础资产收入在专项计划账户中的再投资收益及计划管理人对专项计划资产进行投资所产生的收益。

另外，专项资产管理计划过程中产生的现金流应按照以下顺序进行分配：①专项计划涉及的应纳税负（如有）；②计划管理人的管理费、托管银行的托管费、监管银行的监管费、评级机构的跟踪评级费；③杂项费等专项计划费用；④当期应分配的优先级受益凭证预期收益；⑤当期应分配的优先级受益凭证本金；⑥当期剩余资金全部分配给次级受益凭证持有人。

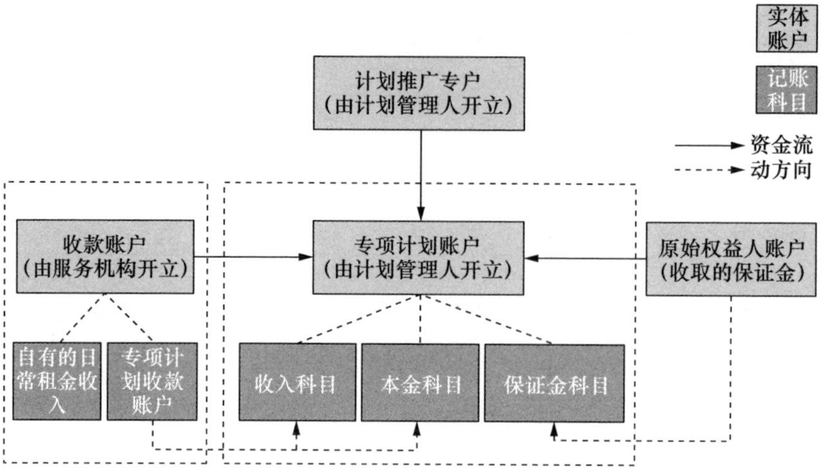

图 5－13 设立专用计划账户会计科目情况

三、存在的问题

1. 林业收益权未融入资产池

一方面，桉树速生商品林资产证券化的基础资产为桉树速木林的收益权凭证，这就需要有林权凭证，目前永安林业是拥有林权凭证相对多的拥有林地的公司之一，在这个问题上确实克服了林地无林权证的问题。

另一方面，作为基础资产的桉树速木林的收益权，目前尚未完全纳入《证券公司资产证券化业务管理规定》的应收账款或债权（包括：BT 合同的回购款、贷款合同的项下的债权、租赁合同的租金收益、其他类型的应收款和未来收益权包括的供水收入；污水处理的排污费收入、发电站的电费收入；路、桥的过路、过桥费收入；航空、铁路、地铁的客货运费收入；港口、机场的泊位收入；物业的租金收入；景区的门票收入），但符合有稳定现金流以及凭证的综合要求，随着政策的不断创新，将更多符合条件的资产融入资产池中是发展的大趋势。

2. 信用评级机构制度不规范

我国的信用评级制度并不完善，信用评级机构的组织形式不符合中立、规范的要求。主要存在的问题是评级方法及评级指标不科学、评级的规定杂乱，无必要的法律保障、评级市场被国外评级机构垄断等。只有更多公信力强的有资质的机构竞争，或者符合出台的相应标准要求的机构方可进行信用评级，才能让企业能够获得公平、公正的定价。

信用评级行业是金融体系中的特殊的中介服务，它引导金融资本投资和经济决策。它关系着金融产品的定价权，影响一国信贷市场利率和汇率形成。国外的信用评级机构一度压低我国企业的信用评级，影响了我国政府和企业的国际形象，增大了融资成本。在林业资产证券化过程中，要大力发展国内的评级机构，并不断将评级标准化、成熟化，对于评级建立起完善的标准，做到客观、准确、动态地呈现评级结果。

3. 计划实施中面临诸多风险

首先，速木林未来现金流不稳定的风险。林木资产的价格是根据以前年度的数据经过一定的统计方法得出的，而林木的生长少则 5 年、多则 10 年，因此，本次选取的基础资产是处于采伐期的成品桉树速木林，一方面速木林的生长周期相对较短，一般 5 年左右；另一方面，处于采伐期间变现能力相对较快，但依然面临较长的时间，使得林木的市场价格存在着一定的波动性，进而有影响林木资产的现金流的风险。桉树速木林的采伐期由于受到政府的限伐要求，每年可以砍伐变现的情况会取决于政府限伐政策决定面积大小，从而也会影响现金流的测定。从需求情况来看，目前我国林业经济市场还属于供小于求的卖方市场，但价格可能会在短时间内发生较大的波动，进而影响它的现金流。综上所述，商品林项目由于现金流的不稳定会产生一定的风险。

其次，在林木生长的过程中面临着自然风险。林木的生长与自然环境息息相关，加之林业的生产周期比较长，生长周期至少在 5 年以上，它所面临的自然风险是比较大的。自然风险包括森林火灾、干旱、霜冻、冰雹、雪灾、洪涝、虫害等自然灾害，其中以森林火灾对林木成长的危害最大，其次虫害造成的森林损失也比较大。森林轮伐期越长，成本回收、利润获得的不确定性越大，火灾等不可预测性事件、技术革新等事件发生的可能性也越大。这些不确定性很难预测，较长的投资回收期意味着投入的资本会面临很大的自然风险。

针对森林资源面对的自然风险，可以通过对目标主营业务收入的林木提供火灾保险、自然灾害保险、偷盗砍伐等第三者责任险等各种保障性的保险，弥补林木遭遇自然风险后带来的损失。但我国林业贷款缺乏风险分散和补偿机制，这给林业贷款造成一定的安全隐患。目前，保险公司仅开办一些火灾保险业务，对于其他森林资源可能遭遇到的自然灾害缺乏相应的保险产品，且投保面极低，加上农村保险长期缺位，因此，林业保险业务亟须拓宽。

再次，在专项集合资产管理计划的过程中发起人或者其他参与主体面临着经营风险。经营风险又称营业风险，是指在企业的生产经营过程中，产、供、销各个环节不确定性因素的影响所导致企业资金运动的迟滞，产生企业价值的变动，如果经营不善而发生破产等严重情况的风险。

针对企业经营风险，可以实施“破产隔离”，目前，暂时只能求助于保险公司和政府回购。保险公司的林业保险业务极为单一，巨大的林业保险业务市场需求与经营者投保率低下、林业保险相关法律法规滞后相矛盾，都表明保险被用于林业资产证券化“破产隔离”的保障力度还极为不足。我国应大力发展保险制度，完善相关林业保险法律法规，提高在森林资源资产证券化过程中防御企业经营风险的能力。

最后，林地可能面临产权风险。我国林地产权包括对林地的所有权、使用权、收益权和处置权，而目前我国高效、专业的林权转让市场并不完善。虽然已成立林业要素市场，为林农和金融机构提供确权、评估、登记、监管等服务，但林权转让的市场有待进一步完善。林农对林地的产权是完整的，不拥有林地的所有权，这也会影响林地和林木的流转问题。现有的土地管理法和森林法对林地管理的权限界定不清，使得林地使用权变更的法律程序和法律凭证缺乏统一的规定，应当尽快建立林地使用权合理流转的市场及相关法规。

对于产权方面的风险，采伐计划单列政策的出台，将增强企业林木资产管理的自主权，使经营者拥有长期、稳定、安全的林地使用权，可以增强商品林经营资金的吸引力，这对预防林业项目融资中的产权风险有很大作用。

第六章　森林资源资产证券化融资模式

资产证券化最早起源于20世纪60年代末70年代初美国的住房抵押贷款的证券化，80年代以后开始在国际资本市场上流行，其应用范围从最初的住房抵押贷款，扩大到企业的应收账款、信用卡应收款、汽车贷款等领域。目前，发达国家的证券化资产已扩展到几乎所有经过组合后有稳定现金流的金融资产，包括抵押贷款、担保贷款、信用贷款、转账款、贸易应收账款、房地产贷款、汽车以及工商企业的各种长期贷款，以资产证券化为主的结构性融资占所有融资的比重达40%以上。正因为如此，在全球性的金融业领域中，资产证券化成为国际资本市场上最重要、最具活力的金融工具之一。这种信用体制逐渐在全球范围内的全面铺开，正在改变全球的金融结构和信用配置格局。资产证券化作为一种在国外较为成熟的金融工具，其理论和实践经验对我国当前资本市场的发展具有相当的借鉴意义。

森林资源资产证券化在为林业建设融资、盘活流动性差的林业资产等问题上具有重要的作用，对我国林业产业的发展意义重大，有极其良好的发展前景。随着资产证券化在其他领域的实施和推广，尤其是在基础设施领域的推广，将为森林资源资产证券化积累更成熟的经验。随着林业改革的不断深入，林业投融资体制改革的不断发展，森林资源资产证券化将成为我国林业产业重要的投融资渠道，为国民经济的发展起到重要的作用。

第一节　资产证券化运行模式与操作流程

一、资产证券化基本概念

资产证券化（Asset－Backed Securitization，ABS）是将缺乏流动性、但具有

预期未来稳定现金收入的资产汇集起来，形成一个资产池，将其出售给证券特别载体即SPV，然后由SPV以购买的组合资产为担保发行资产支撑证券，由证券承销商出售给投资者的行为。证券化的过程实质上就是将原资产中的风险与收益通过结构性分离与重组，转换为可以在金融市场上出售和流通的证券，并据以融资的过程。证券化是融资者将被证券化资产的未来现金收益权转让给投资者，并使其定价和重新配置更为有效，从而使参与融资的各方均有所受益。

ABS的目的在于通过其特有的提高信用等级的方式使原来信用等级较低的项目照样可以进入国际高档证券市场，利用该市场信用等级、债券安全性和流动性高、债券利率低的特点大幅度降低发行债券、筹集资金的成本。ABS运作的独到之处就在于通过信用增级计划，使没有获得信用等级或信用等级较低的机构照样可以进入高档投资级证券市场，通过资产的证券化来募集资金。

资产证券化大致可分为两大类：一类是资产收益证券化；另一类是资产支持证券化。资产收益证券化是以某项资产可以带来的预期收益为保证，通过一套提高信用等级计划在资本市场发行债券来募集资金的融资方式。资产支持证券化是以项目所拥有的资产为基础，以项目资产可以带来的预期收益为保证，通过在资本市场发行债券募集资金的融资方式。两者的共同点是以某项资产的未来收益作保证发行证券募集资金。两者的区别在于，前者所说的资产一般不是实物资产而是金融资产如房地产抵押贷款、基础设施建设贷款等长期贷款的票据；后者所说的资产一般是实物资产。

资产证券化的关键技术包括以下三方面：

1. 破产隔离

资产证券化首先要对资产支撑证券与原债权人之间的信用风险进行有效的隔离。设立SPV，原债权人把其资产转卖给SPV，再由SPV（而不是原债权人）把其转化为资产支撑证券，其目的就是为了有效隔离原债权破产时的风险，这样就能设计出比原债权人信用等级更高的资产支撑证券。进行风险隔离有几点需要强调：一是原债权人出售给SPV的资产必须是真实出售；二是原资产所带来的现金流量能否完整无缺地流到证券化商品上来；三是SPV与原债权人不存在资本纽带关系。这样即使原始权益人破产清算，证券化资产及其现金流也会免受不利影响，从而达到破产隔离的目的。

2. 信用评级与信用增级

资产证券化信用评级主要围绕票据投资人应收权益进行评级，资产证券化中的评级结果取决于证券化资产和交易结构等可变因素，灵活性相当大。信用质量和证券化资产的现金流特点通常与投资者的目标有差异，信用增级是消除这一差异的有效手段。信用增级可以保障投资者免受资产质量风险损失，同时还可以保证避免各种证券化结构风险。

金融保险是应用最多的信用增级手段。金融保险是由信用级别在高投资评级的专业金融担保公司向投资者提供保证按期支付资产支撑证券本息的义务。划分票据优先级是提高资产支撑证券交易质量和安全性的另一重要手段。根据各类投资者不同风险和回报需求划分不同评级的投资交易，有利于提高证券发行质量，是行之有效的信用增级手段。

3. 表外业务处理

在资产证券化过程中，资产是以真实出售的方式过户给 SPV 的，原始权益人已经放弃对这些资产的控制权。因此，会计处理上允许原始权益人将证券化的资产从资产负债表上剔除并确认收益和损失。

二、资产证券化运行机制

资产证券化是一种结构化融资方式，通过严谨、有效的交易结构来保证融资的成功。资产证券化的基本交易结构由原始权益人、特设信托机构和投资者三类主体构成。原始权益人将自己拥有的特定资产以真实出售的方式过户给特定信托机构，特定信托机构获得了该资产的所有权，发行以该资产的预期现金收入流为基础的资产支撑证券，并凭借对该资产的所有权确保未来的现金收入流首先用于对证券投资者还本付息。资产证券化运作机制如图 6－1 所示。

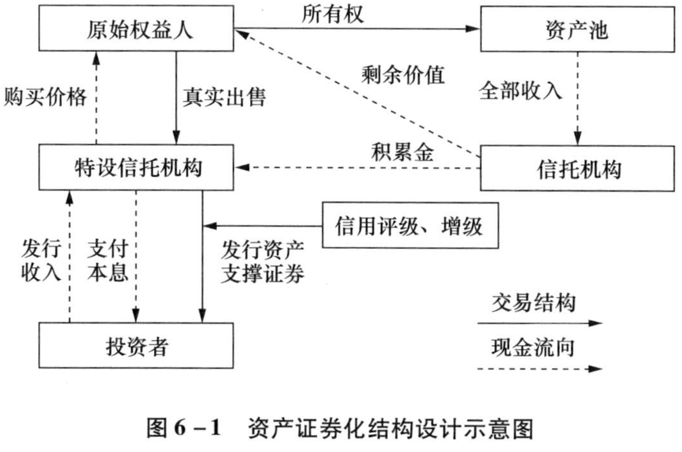

图 6－1　资产证券化结构设计示意图

三、资产证券化运作流程

从国际与国内的实践来看，资产证券化运作流程如图 6－2 所示。

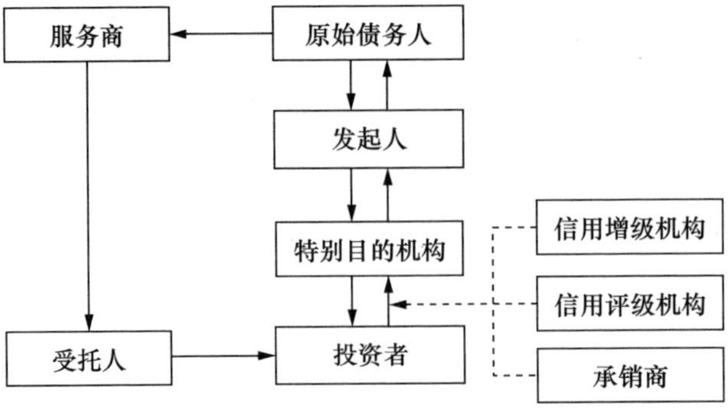

图 6－2　资产证券化运作流程结构图

1. 确定融资目标并组建基础资产池

交易发起人作为原始权益人，根据自身融资需求确定融资目标，选择适于证券化且符合融资目标的基础资产组成资产池，基础资产的选择主要有三个标准，即风险分散度高、风险可测性强、风险控制性好。由于设立证券化结构过程费用较高，基础资产池应该达到一定的规模以摊薄费用，实现规模经济。

2. 设立特设信托机构（SPV）

SPV 是资产证券化的关键性主体，它是一个专为隔离风险而设立的特殊实体，其主要职能涵盖整个运作流程，包括：从发起人处购买基础资产；运用优次分级、超额担保、备付金账户等多种方式进行信用增级；聘请评级机构对信用增级后的资产进行评级，对现金流进行重组；发行资产支持证券；选择服务商、受托人、承销商等。设立目的在于实现发起人需要证券化的资产与其他资产之间的风险隔离。在 SPV 成立后，发起人将资产池中的资产出售给 SPV，将风险锁定在 SPV 名下的证券化资产范围内。

3. 资产的真实销售

资产的真实销售即证券化资产完成从发起人到 SPV 的转移。在法律上，实质意义上的资产证券化中的资产转移应当是一种真实的权属让渡，在会计处理上则称为真实销售。其目的是保证证券化资产的独立性，发起人的债权人不得追索该资产，SPV 的债权人也不得追索发起人的其他资产。

4. 进行信用增级

资产证券化的信用增级与其破产隔离特征紧密联系在一起，具有鲜明的个性特征，在资产证券化过程中发挥一系列重要作用，成为资产证券化的核心技术之一。SPV 取得证券化资产后，为吸引投资者并降低融资成本，SPV 必须提高拟发行资产支持证券的信用等级，使投资者的利益能得到有效保护和实现。信用增级技术成为资产证券化成功与否的关键之一。资产证券化信用增级是指在资产证券化过程中，通过内部的资产支持证券结构设计或外部的信用担保等形式，提升公开发行资产支持证券信用等级的金融技术处理。在国际资本市场上，如果希望通过发行债券融资，其债券必须获得一定水平以上的信用级别，即通常所说的投资级别，才被允许在国际资本市场上发行。

5. 资产证券化的信用评级

资产证券化的信用评级即由信用评级机构对未来资产能够产生的现金流进行评级以及对经过信用增级后的拟发行证券进行评级。资产支持证券的评级为投资者提供证券选择的依据，从而构成资产证券化的又一重要环节。

6. 发售证券

在经过信用评级后，SPV 作为发行人，通过各类金融机构如银行或证券承销商等，向投资者销售资产支持证券。

7. 向发起人支付资产购买价款

向发起人支付资产购买价款即 SPV 将证券发行收入按照事先约定的价格向发起人支付购买证券化资产的价款。

8. 管理资产池

资产支持证券发行完毕后到金融市场上申请挂牌上市，但 SPV 还需要对资产池进行管理和处置，对资产所产生的现金流进行回收。管理人可以是资产的原始权益人即发起人，也可以是专门聘请的有经验的资产管理机构。例如，在信贷资产证券化运作中，管理人主要负责收取债务人按期偿还的本息并对其履行债务实施监督，在房地产证券化运作中，管理人主要负责通过出租或出售房地产等方式获取收益。

9. 清偿证券

按照证券发行时的约定，待资产支持证券到期后，由资产池产生的收入在还本付息、支付各项服务费之后，若有剩余，按协议规定在发起人和 SPV 之间进行分配，整个资产证券化过程即告结束。

对资产证券化的基本运作程序了解之后，我们可以看到，整个资产证券化的运作都是围绕 SPV 这个核心展开的，SPV 是整个资产证券化发行与交易结构中的中心。

四、资产证券化融资特征

资产证券化给企业融资模式带来的改变是，只要融资者拥有可证券化的资产，就可通过证券化的方式进行证券发行实现资金筹集。证券化方式融资一般不改变企业负债和所有者权益的量，只有形式和结构上的变化，从根本上改变传统融资模式的风险结构和收益结构。传统融资模式的解决办法不外乎两种：一种是企业用自身的信用能力或者自身的资产为抵押，或利用外部担保从银行借入资金；另一种是企业在资本市场发行股票、公司债券等筹集资金。传统融资模式的特点是企业在获得资金的同时，在资产负债表上会相应地增加负债和所有者权益。资产证券化与传统的股权融资和债权融资（包括银行贷款）方式存在本质区别，具体表现在以下几个方面。

1. 对应于资产负债表的位置及项目不同

资产证券化融资对应于资产负债表左方的资产项，如应收账款反映资产负债表左侧的资产融资方式，证券化的基础资产未来产生的现金流，其融资活动并不反映在资产负债表中，是一种表外融资方式，在不改变企业资本的情况下可以降低资产存量，改善企业的财务结构。

2. 信用体制不同

资产证券化作为一种信用体制创新，是间接融资直接化，把市场信用的资产组合功能与中介信用的投资者组合功能有机地结合起来，集两种传统信用制度的优势为一体，打通间接融资与直接融资的通道，构建金融体系中银行信用与市场信用之间的转化机制，形成体制下的杂交优势，降低信用交易成本。

3. 信用基础与风险不同

资产证券化融资通过破产隔离和真实出售等技术使基础资产从企业整体资产中剥离出来，证券化资产的信用也从企业的资信能力中分解出来，信用保证具体落实到信用因素中最客观的部分，可以实现从整体信用基础向特定资产信用基础的转化，就如在企业与投资者之间构筑一道坚实的防火墙。企业对已出售资产没有追索权，可以实现资产的出售与投资者偿付现金流路径的分离，其风险不会“传染”给证券投资者，资产的信用风险是相对静态的，与企业的经营风险无关，而只与证券化资产的现金流相关。

4. 融资成本不同

与企业直接向证券市场发行债券或股票的融资方式相比，企业资产证券化融资则具有一定的融资成本优势，并且有利于改善发起人的资产结构。资产证券化将具有流动性的资产从企业整体风险中隔离出来，并进行信用增级，证券化资产的信用要求低于发行股票与企业债券，支付给投资者的利息也低于债券融资：而且资产证券化融资虽然涉及的中介机构较多，但支付的中介机构费用较低，信用增级的担保费用也较低，因此可以减少酬金、差价等中间费用，加上资产支持证券具有的分级结构而降低利息支出，因此，企业资产证券化的融资成本较低。

5. 融资风险不同

资产证券化融资过程中，由于存在真实出售和破产隔离技术等特有技术，可以减少发起人与投资者之间的信号噪声，降低一般证券发行市场上的市场折扣，使证券化资产与发起人的整体风险相隔离，可避免企业融资过程中的整体信用风险暴露，降低系统风险。同时，资产证券化还存在股东财富增加效应，可以增加发起人的自由现金流，SPV 可通过实施积极的资产管理实现资产增值，发起人也可通过结构设计获得剩余索取权。这样，资产证券化就可以为发起人设立风险的上限和下限，可以大大降低融资失败风险。

6. 融资效率不同

资产证券化在把不易流动的资产转换为市场化的证券过程中，通过实施许多精巧的现金流的分割与重组技术，原始资产的风险和收益亦相应地得以分割和重组，从而可将风险分散给那些最能深刻理解也最适于吸收这些风险的市场参与者，而收益则分配给出价最高的市场参与者，金融市场的融资效率由此得以大大提高。同时，信用增级技术的使用一方面使筹资者能够提高自身的信用级别而获得高信用级别的融资渠道，节省融资成本，降低投资风险；另一方面，投资者也可从投资低风险的证券化资产中获得好处。投资者的风险取决于可预测现金收入而不是企业自身的资产状况和评级的高低，由于高等级担保公司的介入又使投资的安全性人为提高，资产证券化融资可实现筹资者与投资者的双赢，提高融资效率。

7. 对企业的约束和控制权不同

企业资产证券化的融资中，ABS 投资者只对 SPV 的经营活动存在限制，对原始权益人不构成投资关系，对企业没有直接的约束权力，并不会导致发起人企业的股权分散和股东收益摊薄，由担保机构实施对企业的约束。

8. 投资者收益来源不同

资产证券化通过把兑付来源从原始权益人中隔离出来，改变证券持有人对企业兑付的依赖性。证券投资者的偿付请求并不直接针对发起人企业，而是来源于证券化资产的未来现金流及信用增级机构。

9. 应用条件不同

资产证券化融资通常是将多个发起人所需融资的资产集中成一个资产集合进行证券化，证券化资产的范围可以包括将许多不同地域、不同企业以及不同期限的具有预期稳定现金流量的资产，应用范围广，而且未来现金流越多，可支持的融资规模也越大。这样就使那些本来没有资格进入资本市场融资的企业可以获得资本市场融资渠道。由于获得高评级的证券发生违约破产的比例很低，证券化融资可以使投资者放心，从而拓展投资主体。

10. 资产证券化融资方式具有筹资成本优势

决定一种筹资方式是否有效以及能否被采纳的关键因素之一就是它的筹资成

本，即在融通等量资金的前提下，成本越低，筹资方式的吸引力则越大。在完善的资本市场上，一切投资活动都遵循这样一条规则：投资者的收益与投资者所承担的风险呈正相关关系，即风险越高，投资者所要求的报酬越高，此即所谓的风险报酬观念。资产证券化下，证券投资者之所以愿意以较低的收益水平投资，根本原因在于资产证券化的结构化设计可以大大降低其潜在的风险水平，一定程度上可以消除投资者对风险的顾虑，甚至还可以吸引到更多保守型的投资者。对于筹资者来说，风险的降低则允许其以较低的利率发行证券，筹集资金。双方在交易中均获得一定的经济效益，从而可以造就资产证券化融资的低成本优势。

第二节　森林资源资产证券化融资机理

随着我国林业产权改革的深化，金融领域的不断创新，证券市场的日益完善，各项法律、监管体系的进一步加强，我国森林资源资产证券化已经具备实施的条件，虽然大规模推行森林资源资产证券化还面临市场与技术、体制与法规等诸多方面的制约，但有选择性地开展森林资源资产证券化是可行的。

一、森林资源资产证券化的必要性

林业产业的显著特征之一就是生产周期长，从林木的种植到成材需要几年、十几年甚至几十年。由于林业经营周期长，对自然条件的依赖较大、资金需求量大、见效慢，林业投资的风险较高，决定了林业企业资产的信用级别不高，使它们在资本市场上融资效果不佳，难以吸引社会资金的投入，传统的间接融资由于受制于林业的投资回收期较长和流动性不足而难以介入。

（一）森林资源金融特征角度视角

就森林资源的金融特征看，在林木生长周期中，需要不断地投入，包括造林的投入和林木管护、采伐运输成本的投入。对于造林的企业和个人来说，现金流入包括两个部分，一是由于林业的外部正效益产生的社会补偿收入（我国目前还没有实行用材林的外部补偿制度，且对用材林补偿的方式多种多样，但无论采取什么方式，在存在外部正效应的情境下，补偿都是必须的，否则私人投资就达不到社会对林业投资的最佳水平）。二是林木成材后的采伐收入。林业产业前期的不断投入形成林木资产且难以流动，到林木成材后采伐获得一次性收入构成我国林业的典型金融特征。正是由于林业产业的特征决定这种林业的金融特征，形成了社会资源难以流入林业的巨大障碍，主要表现为：其一，短期资金难以流入林业。这是由林业生产的主要经营对象——森林的生物学特性所决定的。培育森林包括选林、育林，这是一个需要较长时期投资的土地生产事业，造林、营林投入的资金在生产领域运行数十年后才能实现资金形态的转化，从而获得森林资源再生产所需资金。林业生产的长周期性也造成生产资金占用多、资金周转时间长、投资收效慢的结果。为此，要保证林业建设有充足的生产资金，就必须拓宽融资渠道，广泛吸纳各方面的资金。同时，政府有必要制定林业投资政策倾斜措施，加强政策鼓励与扶持力度，强化林业产业的竞争能力。其二，森林资源资产的难以分割性使小的投资者望而却步。其三，由于森林资源资产生产周期长，极易引发生产者的流动性问题，使投资难以为继。对自然条件的依赖决定了林业生产面临的自然风险较大，同时长生产周期决定了林业生产面临的市场风险较大，行业外投资者不敢贸然进入。其四，由于森林资源资产生产周期长，林业生产的社会性很大，使投资者在短时间内难以实现其预期的收益，从而降低了投资者的积极性。

（二）林业发展资金需求角度视角

就林业发展资金需求角度看，我国林业建设项目多，有大量的资金需求，而资产证券化可以为优质的投资项目提供广泛的应用空间。中国属于经济发展高速增长的国家，而投资作为拉动经济发展的三驾马车之一对我国经济的发展起着重要的作用。从林业自身的发展条件看，森林是一个巨大的绿色宝库，蕴藏的资源种类最多、储量最大，很多资源可以挖掘出大产业，如沙棘、银杏、红豆杉、竹制品等。我国通过木材高效加工利用研究孕育出许多新产品、新工艺，目前人造板、家具、松香类产品产量已上升到世界第一位，在速生材加工技术、速生材新材料制造技术、非木质植物材料利用技术等方面取得显著发展。然而，随着林业的迅速发展，林业建设的投资需求越来越明显，现有金融机构的贷款及利用外资进行合资合作建设等融资渠道已很难满足实现远景目标规划的资金需求量，国家对林业的投入虽有较大幅度的增加，但与客观实际需要相比，仍有较大缺口。另外，由于我国企业大多在 BBB 级以下的信用等级，无法进入市场容量极高的国际高档证券市场进行融资，而资产证券化的融资方式却能利用 SPV 使信用等级增加，从而使我国企业、项目进入国际高档证券市场成为可能。伴随经济的快速增长，林业以其优良的特性、收入相对稳定和回报率高的特征逐步进入这个市场的视野。

二、森林资源资产证券化的可行性

林业欲获得持续增长的社会资源投入，需要清除社会资源流入林业产业的巨大障碍，森林资源资产证券化正是清除社会资源流入林业产业巨大障碍的有效工具。通过森林资源资产证券化可以：其一，通过森林资源资产证券的发行和流通市场的构建，使短期的社会资源可以流入林业而变成长期投资。其二，通过将森林资源资产分割成标准化的资产证券，将吸引更多的投资者参与其中。其三，通过森林资源资产证券化，可以解决森林资源资产的流动性问题。可以说，林业产业的金融特征呼唤着资产证券化。推行森林资源资产证券化的方式融资，将打通林业发展中的资金瓶颈，用证券化方式取得的资金能有效盘活林业企业资产，促进森林资源资产的合理流动，把社会资金吸引到林业建设中，促进林业发展走向良性循环。从供求两方面来看，在我国实施森林资源资产证券化对增加林业建设资金投入具有内在逻辑性和经济合理性。

（一）需求角度

森林资源资产证券化中的各类参与主体（发起人、特设信托机构及投资者）都能从证券化中受益。首先，从发起人方面看，由于大型林业项目周期长、占用资金规模巨大，出于资金流动性的考虑，无论是社会资金、财政资金还是银行资金都会急于寻求退出渠道，而通过资产证券化回收部分资金正是他们求之不得的。资产证券化能较好地建立一种比较稳定的资金供应机制，可以降低财务风险，分散由于供应渠道单一而造成的流动性风险，同时由林木资产作担保为项目建设可以提供大量低成本的资金。其次，从 SPV 方面看，大型林业项目具有可预测的、稳定的现金流，经济效益较好，与一般债券之间会有一个较大的利差，给 SPV 足够的可操作空间。另外，由于森林资源资产证券化在收支上的特殊性，SPV 还可以通过对积累资金经营增值获得部分额外收益，因此会得到 SPV 的青睐。最后，从投资者方面看，由于林业建设在国民经济发展中的重要地位，在森林资源资产证券化中不可避免地会有政府定价及政府担保成分，因此较之普通债券更为可靠。实行森林资源资产证券化为中小投资者提供大规模资产活动的可能，分享低风险、高收益的投资项目带来的丰厚回报。投资者所拥有的抵押证券的流动既可以分散风险、加速变现能力，又可以吸引更多投资者，形成林业建设资金良性循环模式。

同时，森林资源资产证券化又可以在很多方面弥补其他融资方式的不足。比如，资产证券化可避免直接发债融资时对原始权益人资产的限制，可以通过自身信用增级或第三方担保等方式实现债券的信用提高等。综观以上各方面，我国森林资源资产证券化应该会有一个较好的市场前景。森林资源资产证券化理应成为我国目前林业投资建设有效可行的融资工具。

森林资源是外部经济性很强的资产，长期以来我国强调林业的公共物品特性，决定我国林业项目形成的庞大投资几乎全部是政府财政资金，同时伴随政府行政计划式投资、经营、管理林业项目的模式，出现了严重的工程低质量、投资低收益、管理低效率、寻租高频率、投资高沉淀等消耗政府财政资金存量的问题。如今，在市场经济改革的创新环境中，林业项目也可以根据其收益性质、外部经济性内部化程度来设计出绝大多数林业项目的盈利机制，从而实现政府与微观经营实体相分离，林业项目经营管理市场化、企业化、资本化运作路径，既可以提高经营效率，又可以完善政府职能，更能够创新环境投融资模式。林业项目证券化能够实现林业项目供给、经营、管理的多赢目标。目前，在我国使用 ABS 方式进行林业项目融资具有显著的优势。

一是改善企业财务状况。资产证券化的表外融资功能有利于增强林业企业的信用等级和运作实力。采用资产证券化方法，融入资金通过实现资产形式和结构上的改变而独立于林业企业的资产负债表之外，可以增强该类企业的财务质量。另外，ABS 证券的发行依据不是企业全部的法定财产，而是以被证券化的资产为限，资产证券的购买者与持有人在证券到期时获得本金和利息的偿付，证券偿付资金来源于担保资产所创造的现金流量。如果担保资产违约拒付，资产证券的清偿也仅限于被证券化的资产本身，资产的发起人或购买人无超过该资产限额的清偿义务，从而可以降低林业企业的运营风险。

二是筹资前景广阔。森林资源资产证券化的直接融资机制有利于吸收民间、外资等社会资本的参与，有助于化解政府财政投资包袱。资产证券化的直接融资机制以 SPV 为操作中心，以资本市场为中介平台，信用级别较高，有助于吸收民间、外资及有投资政策限制的机构投资者如社会养老基金、保险基金、互助基金等的参与，满足林业项目巨额投资规模特别是我国目前林业投资严重不足情况下对环境项目建设资金的迫切需求，同时可以促进项目管理运作的制度化和资本化经营。

三是降低融资成本。ABS 方式的运作只涉及原始投资人、SPV、投资者、证券承销商等几个主体，无须政府的许可、授权及外汇担保，是一种按市场经济规则运作的融资方式。林业项目融资中运用 ABS，可以最大限度地减少酬金、差价等中间费用，降低融资成本。另外，ABS 证券采用真实出售、破产隔离、信用增加等一系列技术，可以提高资产的资信等级，使一些资产流动性差的林业项目有机会进入证券市场以较低成本进行融资。

四是强大的政府信用担保机制。基于林业项目的公益性特征，政府会通过合适优惠的税务结构以及政府信用等政府支持机制，来确保林业项目经济强度的实现和低风险甚至是零风险，以此为基础有适度收益的林业项目证券化品种必然会受到社会机构与个人投资者的青睐。日本与韩国的经验证明，有政府信用支持的资产证券化品种备受投资人欢迎。

（二）供给角度

森林资源本身可以为资产证券化提供前提条件。森林资源之所以能够作为证券化的资产，主要是因为森林资源具备资产证券化融资的基本条件：一是森林资源资产价值巨大，未来收入比较稳定。森林资源包括森林、林木、林地以及依托于森林、林木、林地生存的野生动物、植物和微生物。森林资源是国民经济和社会发展的物质基础，不仅是重要的生态环境资源，也是重要的经济资源。森林资源资产因其自然增长一般每年都会有一定的增加值。固定资产一般情况下会不断折旧，不会自然增值（重新评估除外），而森林资源资产每年会自然生长，每年都有一定的增加值，与固定资产相比，森林资源资产的价值更有保证。二是有政府支持，因而森林资源资产经过一定的整合能达到相应的信用等级。同时，森林资产变现损失小或基本上无损失，具有补偿率高的特点，还款期限与条件有一定的保障。森林资源资产的主要产品是木材，木材用来交换或出售非常容易，林业企业会计账面的林木资产价值往往低于现行市场价，且处置期间木材生长会自然增值，因此，变现损失小或没有损失，资产清算价值高。三是森林资源资产具有外部溢出价值。由于林业具有外部的正效益，为了使林业的供给达到社会所需要的水平，应将外部效应内部化，社会应该为森林资源提供一定的补偿。

综上所述，森林资源是一种适合证券化的资产，林木资产的不可移动性、流动性差、价值量大、未来具有稳定的易于把握的现金流、林地资源的绝对稀缺性等特征，都为森林资源资产证券化提供了条件。我国林业建设中有很多待建的资源开发项目和基础设施的突出特点就是规模大、周期长、收效慢但有长远稳定的经济效益，这些项目均可以采用资产证券化方式进行融资。

（三）现实基础

1. 宏观上，我国已经初步具备资产证券化的条件

我国于20世纪90年代开始资产证券化的尝试。1992年，三亚丹州小区以土地为发行标的物，以地产销售和存款利息为收入来源，发行2亿元的地产投资券，这是我国资产证券化的雏形。1996年，珠海高速公路有限公司发行2亿美元证券。2000年9月，中国建设银行和中国工商银行获准开展住房抵押贷款的证券化试点。2002年1月，中国工商银行和中国远洋总公司启动6亿美元的资产证券化融资项目，由工商银行为中远集团安排外汇融资，用于置换其美国商业票据和北美地区资产证券化项目，在此基础上发行资产担保证券。2003年6月，中国华融资产管理公司（简称华融）与中信信托投资有限责任公司，将132.5亿元债权资产组成一个资产包，作为信托资产，中信信托公司作为受托人，设立财产信托，信托期限3年，华融取得全部信托受益权，其中优先级受益权可转让给投资者。

我国已成功实施多项资产证券化操作，虽然基础资产、应用行业各有不同，

但以上资产证券化案例的成功实施说明我国已具备实施森林资源资产证券化的宏观环境。

2. 微观上，林业领域资产证券化已有成功的尝试

从微观上看，随着林业市场化改革的不断深入，林业企业也逐步建立起现代企业制度，逐步成为独立自主、自负盈亏的经济实体，林业企业也逐步提高了对风险、融资以及市场竞争的认识，这为资产证券化的推行打下了良好的微观基础。

林业领域资产证券化已有成功的尝试，2004 年 1 月，世华科技与上海中泰合作发行以速生杨林木财产为标的的优先信托权益投资计划。这也是林业通过信托方式进行融资的首次尝试。世华科技为该计划的委托人，将公司合法拥有的评估现值为 4. 25 亿元的速生杨林木财产作为基础资产来设计信托计划，上海中泰为项目的受托人，并向特定投资者出售。投资者在信托期间享有该资产的优先受益权。上海光兆公司对优先信托权益的收益进行担保，进而使优先信托利益达到预期水平。委托人向投资者承诺在信托计划到期后回购其资产，且受益人可以在每个信托年度结束的前一季度要求世华科技回购权益。

此次世华科技与信托机构虽非真正意义上的资产证券化，而应该是集合资产信托计划，但引入了信托机构和相关机制，也实现了资产的破产隔离。同时，也使用了收益权分级的方式，并将优先信托收益权转让给投资者，实现了内部信用增级。上海光兆公司对优先信托权益部分进行的利益担保实现了外部增级。因此算是林业项目在资产证券化融资方面的初次尝试，并取得了良好的销售业绩，也证明资产证券化这种新型金融工具是可以在林业产业运用的。

第三节　国外森林资源资产证券化应用模式

一、森林资源资产证券化发展状况

自 20 世纪 90 年代末林业 REITs 在美国逐步兴起至今，不但美国的林业资源资产证券化取得了成功，而且以芬兰、瑞士为代表的欧洲发达国家和以智利、巴西为代表的发展中国家的林业资源资产证券化也得到了初步发展。这段时期森林资源资产证券化的典型案例如表 6 – 1 所示。

表 6-1 1990~2010 年森林资源资产证券化典型案例

发行人	资产类型	国家	时间	证券化类型
Weyerhaeuser	林业业务收益	美国	2010 年	全业务
TimberStar	林业业务收益	美国	2006 年	全业务
Lignum fund	森林资源资产	智利	2006 年 6 月	未来现金流
Arcel Finance	木浆出口收益	巴西	2004 年 5 月	未来现金流
TornatorFinance Plc	林业业务收益	芬兰	2003 年 4 月	全业务
FARMS Securitisation Limited	农业/林业贷款	瑞士	2001 年 11 月	CLO
SIF Sociedad InversoraForesta	林业业务收益	智利	1999 年 2 月	未来现金流
UBS Brinson Forestal	林业业务收益	阿根廷	1992 年 2 月	全业务
Scotia Pacific Co.	林业业务收益	美国	1998 年 10 月	全业务

（一）美国

1. 背景

20 世纪 80 年代，森林资源资产投资在美国逐步兴起。一方面，许多美国投资者出于投资多样化的目的，开始将森林资源资产列入投资范围；另一方面，恰逢美国林业加工企业纷纷通过森林资源资产出售来为企业的扩张融资，掀起了森林资源资产剥离的浪潮。由此，森林资源资产交易的买方力量和卖方力量逐步形成。但现实中森林资源资产估值困难，同时市场信息的传递效率低下，这些问题为森林资源资产交易制造了障碍。因此，市场上期待一种新的资源交易模式出现。

2. 评价

美国森林资源资产证券化的探索经历了过渡、发展和创新三个阶段。从 20 世纪 80 年代中期探索阶段的林业 MLPs 和私募股票发展到 90 年代的林业 REITs 再到进入 21 世纪之后创造性地提出美国社区林业债券（CFB），美国森林资源资产证券化取得了长足的发展，虽然林业 MLPs 和私募股票这两种证券化模式自身都存在设计缺陷，只能作为过渡交易模式存在。但林业 REITs 是一种成功的证券化模式，直到 2010 年，仍有一家林业企业 Weyerhaeuser 经过一系列买卖交易，由公司制企业改组成为一家林业 REITs。2009 年，美国通过《社区森林保护法案》，授权通过发行 CFF 来保护各地的商品林。CFF 采取“政府 + 企业 + 社区”的合作模式，将有效缓解林业投资各方的利益冲突。

（二）芬兰

1. 背景

芬兰的林业产业具有悠久的历史，是芬兰的支柱产业之一，发达的林业产业造就了发达的林业企业。2003 年，为了解决企业的融资困难，Stora Enso Oyj 成功进行芬兰首次森林资源资产证券化操作。芬兰首次森林资源资产证券化采取的是全业务证券化的形式。此次证券化操作并非完全在芬兰国内完成，而是一项国际化运作，交易中的 SPV 与证券认购者均来自国外，因此该交易可被界定为境外证券化交易。

2. 评价

芬兰采取的森林资源全业务资产证券化与传统的证券化操作不同，全业务证券化操作并非以某一单项资产的未来现金流为基础进行，而是将整个公司业务的未来现金流作为证券还本付息的保证。芬兰采取全业务证券化的模式有以下两点优势：一是可以让发起人保有继续经营的权力；二是可以为发起人保留品牌、知识产权等附属在资产上的无形资产的价值。

（三）智利

1. 背景

智利森林资源丰富，也是世界上吸引国际林业投资较早的国家之一，相比其他发展中国家，智利拥有良好的林业投资环境。2003 年，智利成立拉丁美洲第一家林业基金——Lignum 基金。Lignum 基金在全球范围内首次进行了林业基金的证券化操作。

2. 评价

智利国内推行的林业基金资产证券化主要是通过基金持有一部分林权，并与林业企业签订管理、购销合同，基金并不直接经营林地，而是由专门的林企对林地进行管理、经营和销售。基金以这些销售协议的未来现金流为基础资产，进行证券化发行。通过证券化操作，基金投资者就可以收回本金与红利，部分投资者也可以继续持有证券。

（四）菲律宾

1. 背景

在发展中国家中，菲律宾是研究林业资源资产证券化较早的国家。1998 年，菲律宾环境与自然资源部（DENR）就发布了发展林业资源资产证券化战略的部门命令。但时至今日，菲律宾并未进行过森林资源资产证券化的实际操作。唯一的一个可见案例是德国林业公司 Roseburg 的菲律宾分公司于 2011 年所进行的一次林业资源资产证券化。总体而言，菲律宾所推行的林业资源资产证券化战略并不成功。

2. 评价

通过对菲律宾 DENR 的林业资源资产证券化发展战略进行分析可以发现，该战略最大的不足在于没能发掘本国推行森林资产证券化所存在的障碍，因而也就没能依据障碍建立切实可行的证券化模式，阻碍了证券化战略执行力。就菲律宾而言，林业资源资产证券化的主要障碍在于，国内金融市场的不发达、本国资本市场的规模较小与国内林企的森林经营水平不高。如果无法解决这些问题，也就无法真正通过森林资源资产证券化构建起国内资本市场与林业部门的联系。菲律宾的发展困境为中国未来森林资源资产证券化的发展留下了很好的经验教训。

二、森林资源资产证券化操作模式

（一）森林资源贸易收益资产证券化

1. 模式简介

森林资源资产贸易收益资产证券化是贸易收益证券化和森林资源资产的简单结合，凡是能产生稳定现金流的森林资源资产贸易合同都能作为森林资源资产贸易收益证券化的基础资产。

2. 典型案例

Aracruz 木浆出口收益证券化。

（1）背景。Aracruz 是巴西主要的木浆和纸张制造商，也是世界领先的漂白桉木浆供应商，总部坐落于圣保罗。Aracruz 拥有两家木浆工厂，一家位于圣埃斯皮里图州的 Aracruz 市，另一家位于南里奥格兰德州的 Guaiba 市。同时，Aracruz 在巴西的 4 个州拥有森林资源资产。Aracruz 先后在圣保罗、纽约和马里兰三地的证券交易所上市，Aracruz 的主要股东包括 Vorotantim 公司、BNDEs 公司和巴西国家经济和社会发展银行等。

20 世纪 90 年代初，Aracruz 依靠公司信誉很容易在国际资本市场上融得资金，Aracruz 也是第一家在美国发行预存债券的巴西公司。1994 年 12 月，墨西哥比索危机爆发，拉丁美洲公司的传统手段融资受到了很大的限制，Aracruz 同样遭到了波及，于是 Aracruz 开始考虑通过资产证券化方式融资。

（2）运作流程。2004 年 5 月，Aracruz 公司通过资产证券化的方式筹集 8.25 亿美元的资金，该资产证券化交易主体以及交易结构分别如表 6－2 和图 6－3 所示。

表 6－2　Aracruz 木浆出口收益证券化交易主体

交易主体	机构名称	主要职责
发起人	Aracruz	通过设立特殊目的载体（SPV）来转让林业资产； 协助发行人发行债券
SPV	Arcel Finance Limited	负责资产管理与证券发行
投资者	美国机构投资者	提供资金并持有证券
承销人	摩根士丹利	负责本期债券承销
信用评级机构	惠誉和标准普尔	负责对债券进行持续评级

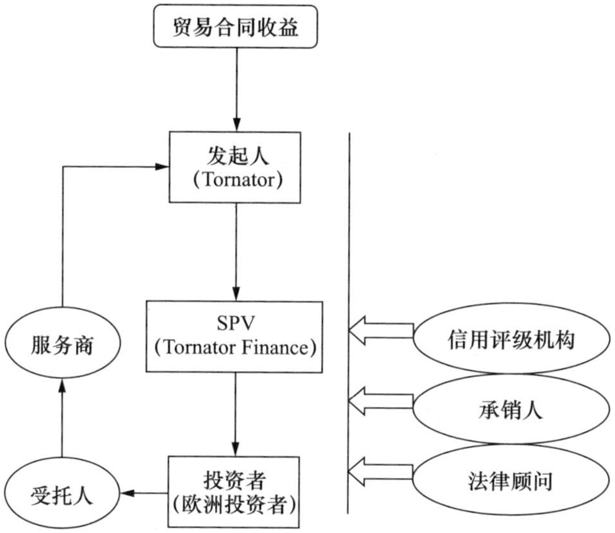

图 6－3 Aracruz 木浆出口收益证券化交易流程

Aracruz 木浆出口收益证券化整个交易流程有以下几点关键步骤：

第一，资产池选择。Aracruz 以公司现有的出口收益和未来的出口收益所产生的现金流为基础资产。

第二，SPV 组建。Aracruz 选择在开曼群岛成立免税公司 Arcel Finance Limited 作为证券化的独立 SPV。

第三，信用增级。Aracruz 选择外部增级和内部增级相结合的信用增级方式。外部增级方面，保险公司 XL insurer 为证券提供了信用保证，使得 Aracruz 所发行证券的信用等级由 BBB 上升为 AAA；内部增级方面，Aracruz 采用资产限制、负债限制和现金流限制的方式进行，比如要求 Aracruz 的资产总额必须超过 15 亿美元，负债率不得超过 60%，贸易收益必须超过证券偿付额的 2.5 倍。

（3）评价与启示。Aracruz 木浆出口收益证券化不仅成功实施，而且成功到期，为 Aracruz 的发展提供了廉价资金保障。通过本次森林资源资产证券化的成功实施，我们可以得到以下两点启示：一是 Aracruz 的公司信用评级为 BBB－，高于巴西的国家信用评级，同时在市场处于强势地位，这些条件是 Aracruz 木浆出口收益证券化成功实施的关键条件，也表明森林资源资产贸易收益证券化同样对发起人的规模、信用等级和市场地位有较高要求。二是 Aracruz 的产品主要针对美国和欧洲市场，市场环境稳定，Aracruz 也长期与美国、欧洲的几家大型造纸公司保持合作关系，贸易合同有保障，这些条件是 Aracruz 木浆出口收益证券化成功实施的又一关键条件，表明森林资源资产贸易收益证券化同样对市场条件与贸易合同的稳定性有较高要求。

（二）森林资源全业务资产证券化

1. 模式简介

森林资源全业务资产证券化是全业务资产证券化在森林资源资产领域的应用。相比于传统资产证券化，全业务资产证券化并非以某一单项资产的未来现金流为基础进行，而是将整个公司业务的未来现金流作为证券还本付息的保证，这种模式有两大优势：一是全业务资产证券化可以让发起人保有继续经营的权力；二是全业务证券化可以为发起人保留品牌、知识产权等附属在资产上的无形资产的价值。

森林资源资产全业务证券化对于作为发起人的林业企业来说意义重大。由于森林资源资产需要专业的经营与管理来实现资产价值的最大化，而不像信贷资产那样简单地完成收本讨息即可，所以森林资源资产证券化需要发起人继续保有对森林资源资产管理经营的权力，森林资源资产全业务证券化刚好可以满足这项需求。

2. 典型案例：

（1）林地 REITs。

1）背景。20 世纪 90 年代初，期房地产投资信托（REITs）在资本市场上巨大的成功引起了林业企业的关注，经过一定时间的论证，90 年代末，美国林业企业开始寻求通过林业 REITs 方式对森林资源资产进行证券化。1999 年，美国林业企业 Plum Creek 由有限合伙制企业改组成为一家林业 REITs，成为第一家获得成功的林业 REITs，随后又有多家林业 REITs 在美国成立。

2）运作流程。美国的林地 REITs 也是森林资源资产全业务证券化的一种形式。林地 REITs 是地产投资信托基金（REITs）的衍生品种，采用 REITs 的一般构建与交易模式，但林业 REITs 所管理资产仅包括森林资源。按照 REITs 的定义，林业 REITs 是一种特殊的信托或基金，在运作过程中，林业 REITs 向投资者发放收益凭证，将所募集到的资金投资于森林资源的开发与管理，并最终把经营森林资源所产生的现金流向投资者还本付息。林地 REITs 与传统资产证券化中的 SPV 相比，最大的不同在于林业 REITs 对森林资源保有主动经营管理的权力，而传统证券化中的 SPV 对森林资源只有隔离保管的权力。

林业 REITs 的成立必须满足一定的组织要件和收益分配的要求，并通过收入测试和资产测试。其中，林业 REITs 成立的组织要件如表 6－3 所示。

3）评价与启示。林业 REITs 能够给投资者带来一系列优势。首先，与一般林业公司相比，林业 REITs 为投资者带来了更大的流动性，从而规避了进入和退出战略对投资者的限制；其次，林业 REITs 通过标准化的发售给中小投资者带来了平等投资机会，这一点在林业投资市场中是前所未有的；最后，与一般 REITs 相比，林业 REITs 为投资者减轻了税收压力，林业 REITs 的收益可以作为资本利得，而一般 REITs 所获得的房租等收入的税率明显要高于资本利得。

表 6－3　REITs 组织要件表

REITs 成立组织要件
1. 由一个或多个受托人管理
2. 全额股份均可交易
3. 为非公司型组织
4. 非金融机构或保险公司
5. 至少有 100 位股东
6. 每个缴税年的下半年，不得由低于 5 人的个人投资者控制超过 50% 的股份

资料来源：Internal Revenue Code。

（2）Stora Enso Oyj 全业务森林资源资产证券化。

1）背景。Stora Enso Oyj 成立于 1998 年，由瑞典矿产与林业加工企业 Stora 和芬兰林业加工企业 Enso－Gutzeit Oy 合资建立，总部位于芬兰赫尔辛基。Stora 和 Enso－Gutzeit Oy 两家企业都拥有悠久的历史，起源可以追溯到 19 世纪末期。目前 Stora Enso Oyj 拥有约 3 万名员工，在 35 个国家设有公司或办事处，公司的最大股东是芬兰国家基金 Solidium Oy。Stora Enso Oyj 的主营业务是造纸、生物质能源、木材加工和包装。2002 年，Stora Enso Oyj 的营业额在全球造纸业中排名第五；2005 年，产能在全球造纸业中排名第一。

2002 年，Stora Enso Oyj 开始推行资产重组计划，该资产重组计划的核心是进行林业资源剥离。Stora Enso Oyj 在芬兰共拥有超过 600 万公顷的森林。林业资源剥离后带给 Stora Enso Oyj 的益处体现在两个方面：一方面，让公司聚焦于更加核心的加工业务，把林业资源的维护与管理交给更加专业的公司去做；另一方面，通过林业资源剥离来释放资本，为公司的进一步扩张做资金准备。

Stora Enso Oyj 选择了林业资源资产证券化作为林业资源剥离的主要形式，完整的剥离过程较为复杂，但大体上可以分为两步：第一，Stora Enso Oyj 将林业资产转移给新建立的子公司 Tornator Oy，并以该子公司为核心成立新的集团——Tornator；第二，以 Tornator 集团为发起人进行全业务林业资源资产证券化操作。

2）运作流程。2002 年 12 月 13 日，Stora Enso Oyj 公司在爱尔兰证券交易所发行点值为 3.7 亿欧元的资产证券化产品，Stora Enso Oyj 全业务林业资产证券化的主要交易主体及交易流程分别如表6 –4及图 6 –4 所示。

表 6 –4　Stora Enso Oyj 全业务林业资产证券化交易主体

交易主体	机构名称	主要职责
发起人	Tornator 集团	通过设立特殊目的载体（SPV）来转让林业资产；协助发行人发行债券
SPV	Tornator Finace plc	负责资产管理与证券发行
投资者	45 家欧洲机构投资者	提供资金并持有证券
承销人	摩根士丹利	负责本期债券承销
信用评级机构	穆迪和标准普尔	负责对债券进行持续评级
法律顾问	White & Case LLP	就交易结构出具法律意见

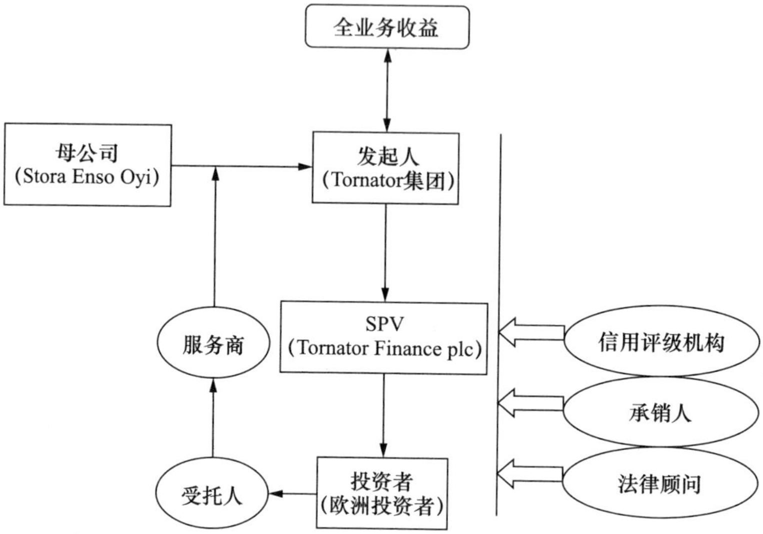

图 6 –4　Stora Enso Oyj 全业务林业资产证券化交易流程

在此需要特别指出的是，Stora Enso Oyj 全业务林业资产证券化中的发起人与服务商均为 Tornator 集团。Stora Enso Oyj 全业务森林资源资产证券化整个交易流程有以下几点关键步骤：

第一，资产池选择。Stora Enso Oyj 将公司林业资源转移给下辖的 Tornator 集团，并且将 Tornator 集团作为资产证券化的发起人，Tornator 集团的全部业务收入组成本次资产证券化的资产池。按照业务类型分类，Tornator 集团的业务收入由三部分组成：一是林木及林木采伐权的销售收入；二是森林管理服务收入；三是林地销售收入。

第二，SPV 组建。在 SPV 的选择方面，Stora Enso Oyj 在爱尔兰注册了一家新的财务公司 Tornator Finace PLC 作为证券化操作的 SPV，Tornator Finace PLC 是一家公司形式的 SPV，所以也可被简称作 SPE（特殊目的公司）。之所以将公司注册在爱尔兰，是因为爱尔兰有关破产隔离的法律法规更为宽松，适合全业务资产证券化操作。而 Tornator Finace plc 隶属于 Tornator 集团。

Stora Enso Oyj 首先将 600 万公顷森林转移给 Tornator 集团，Tornator 集团再将这些林业资源转移给 Tornator Finace plc（SPE），Tornator Finace plc 获取林业资源后与母公司 Tornator 签署管理协议，由 Tornator 对这些林业资源进行管理。Tornator Finace plc 以这些林业资源所产生的收益现金流为基础资产进行证券化操作，并将证券发行所获得的资金以贷款形式提供给母公司 Tornator，最终以母公司 Tornator 的业务收入为基础向投资者偿付证券的本息。

第三，信用增级。Stora Enso Oyj 全业务林业资产证券化的信用增级主要采用内部增级方式。

首先，Stora Enso Oyj 所采取的分级发售方式降低了高级证券的违约率；Stora Enso Oyj 全业务林业资产证券化共发行 A 级、B1 级和 B2 级共三级证券。三级证券的成熟期从 2022 年到 2033 年不等。各级证券的特征如表 6－5 所示。

表 6－5　Stora Enso Oyj 全业务林业资产证券化各级证券特征

	A 级资产支持证券	B1 级资产支持证券	B2 级资产支持证券
发行量	0.83 亿欧元	1.87 亿欧元	1 亿欧元
发行利率	浮动利率	浮动利率	固定利率（6.34%）
发行方式	公开发行	公开发行	公开发行
评级结果	A3/A－	Baa2/BBB－	Baa2/BBB－

A 级证券与 B1 级证券采用基于 6 个月 EURIBOR（欧洲银行同业拆借利率）的浮动利率，浮动边界分别为 0.9% 和 2.4%，但 2010 年后，A 级证券和 B1 级债券的浮动边界增倍。B2 级证券发行时采用 6.34% 的固定利率，但 2008 年后，B2 级证券采用了和 B1 级证券相同的浮动利率。Tornator Finace plc（SPE）保有对这三级证券的回购权力。

其次，证券的偿付安全以 Stora Enso Oyj 与 Tortator 集团之间的木材采购合同为基础保障，采购合同的合同期为 10 年，依照合同，Stora Enso Oyj 会在合同期的前3年中每年向Tortator集团采购150万立方米的林木，而在余下的合同期每年向Tortator集团采购180万立方米的林木。Stora Enso Oyj和Tortator集团都以部分公司股份为质押，来为证券偿付提供安全保障。

最后，通过一些合同安排来保障证券偿付的安全，例如，合同规定证券未偿还总额不得超过林地管理与森林经营费用总额的75%，该比率一旦被超越，就需要在6个月内弥补过失，否则属于违约行为。

3）评价与启示。Stora Enso Oyj全业务林业资产证券化是除英国外整个欧洲地区的首例全业务资产证券化，更是全球首例林业资源资产全业务资产证券化。该交易被授予“欧洲年度资产证券化交易奖”，更成为芬兰资产证券化的标杆。综合而言，Stora Enso Oyj全业务林业资产证券化带来的影响十分深远，可以作为各国开展林业资产证券化的一个重要样板。

通过Stora Enso Oyj全业务林业资产证券化的成功推行我们可以得到以下几点启示。

启示一：林业资源具有进行证券化融资的潜力，不仅林业资源所产生的单项收益的现金流可以构建资产池，甚至林业资源所产生的多项收益的现金流也可以被打包用来构建资产池；Stora Enso Oyj全业务林业资产证券化中所涉及的林业资源资产是600万公顷芬兰森林，而资产池由森林所产生的3项业务收入（林木及林木采伐权的销售收入、森林管理服务收入、林地销售收入）组成。这600万公顷森林生长年限较长，管理规范，经营及销售的历史数据齐备，具有较高的可控价值，这些特征保证了林业资源资产证券化资产池的安全性。

我国目前森林质量相对较差，且一般缺乏完整的经营与销售数据，因此我国在发展类似证券化时，在构建资产池方面应首选质量较高的林业资源，且需要经历一定的数据准备期。

启示二：作为发行主体，Stora Enso Oyj本身在该案例中体现出三点特征：第一，Stora Enso Oyj是一家大型林业综合企业，在很多方面处于行业领导地位；第二，Stora Enso Oyj缺乏资金来扩大投资；第三，Stora Enso Oyj拥有大量资源资产。以上三点特征是Stora Enso Oyj全业务林业资产证券化成功实施的必要条件，首先，证券化需要规模化操作，需要大量的资产投入，还需要应付复杂的交易结构，因此一般只有大型企业才能应付证券化操作；其次，资金需求是企业进行证券化操作的内在动因；最后，林业资源资产证券化操作需要企业以大量的林业资产为基础。

我国若想发展类似的证券化操作，则应选择具有以上3点特征的林业企业作为发行主体。符合条件的林业企业可能包括两类：一是拥有林业资产的大型林木加工企业；二是大型林木种植企业。

启示三：Stora Enso Oyj 全业务林业资产证券化中采取的信用增级方式主要是内部增级，即采取合同保障增级与质押增级相结合的方式，但完全的内部增级要以较高基础资产质量为基础。Stora Enso Oyj 的林业资源资产相对质量较高，决定 Stora Enso Oyj 在证券化过程中可以主要采用内部增级的信用增级模式。由于林业资源资产证券化产品本身具有较好的投资吸引力，且在森林资源资产证券化过程中会采取相应的信用增级措施，可以降低机构投资者面临的投资风险，使越来越多的机构投资者将林业资源纳入投资组合，来减少投资组合与金融市场的关联度，从而为林业资源资产证券化市场的进一步发展提供空间。

我国目前森林质量相对较差，在选择信用增级方式时最好选择内部增级与外部增级相结合的方式，内部增级方面可采取与 Stora Enso Oyj 相近的方式，外部增级方面可采用政府授信或高信誉企业授信的方式。

启示四：本例中 Stora Enso Oyj 进行的是一项全业务资产证券化，全业务证券化操作并非以某一单项资产的未来现金流为基础进行，而是将整个公司业务的未来现金流作为证券还本付息的保证，从中可以发掘全业务资产证券化相对于传统资产证券化的优势：全业务证券化有两点最大的优势：一是全业务证券化可以让发起人保有继续经营的权力；二是全业务证券化可以为发起人保留品牌、知识产权等附属在资产上的无形资产的价值。我国在森林资源资产证券化实施的过程中应充分考虑全业务资产证券化的两点优势，结合项目实际情况选择合适的资产证券化操作模式。

启示五：在发行方式方面，Stora Enso Oyj 在证券发行时采取了海外发行与海外 SPV 注册的方式，主要动因在于海外的法律环境更适合于本例的证券化操作。因此我国在现有证券化法规不完善的情况下，也可适当采用海外发行的方式。

（三）森林资源基金资产证券化

1. 模式简介

森林资源基金资产证券化是基金模式与证券化模式的结合体，将基金模式作为资金的募集方式，而将证券化模式作为基金的退出机制。基金模式与证券化模式的结合可以部分消除两者单独在森林投资市场中的劣势。一方面，证券化模式缩短林业基金的存续期，使林业基金不必在林业资源真实销售后再收回投资，这一点在很大程度上可以增加林业基金对投资者的吸引力，促进林业基金的推广；另一方面，基金模式可以降低森林资源证券化的准入门槛，许多小规模的林业资源可以通过基金形式积聚起来，并通过基金在资金管理和资产管理方面的专业性增强投资者的信心，为森林资源证券化的成功运作奠定基础。森林资源基金资产证券化的交易流程如图 6－5 所示。

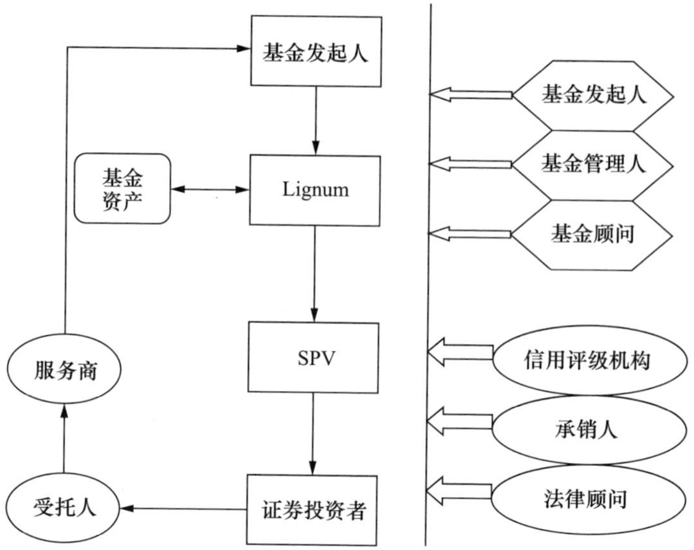

图 6－5　森林资源基金证券化交易流程

森林资源基金资产证券化的基本流程是，首先，成立基金，并通过私募或公募形式向养老基金、保险公司等机构投资者与个人投资者融资；其次，基金与林业资源所有者（多为林农）签署长期合约，从而获得林业资源的处置权；再次，基金将林业资源交由专业的森林管理公司进行管理，并与林业资源买方签署长期供应合同；最后，以供应合同的未来现金流为基础资产进行证券化操作，套现后基金到期。森林资源基金资产证券化运作流程如图 6－6 所示。

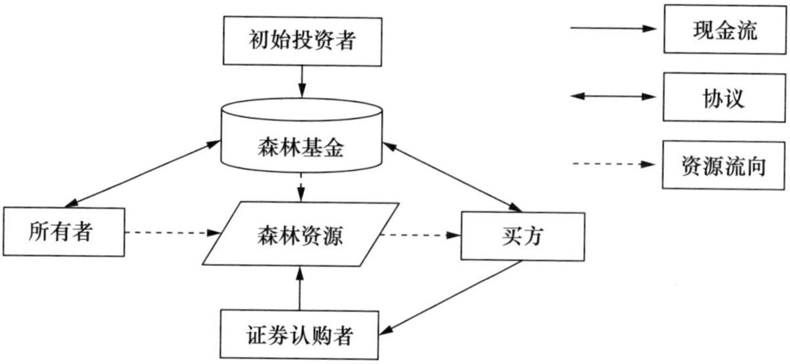

图 6－6　森林资源基金资产证券化运作流程

2. 典型案例：Lignum 林业基金证券化

（1）背景。2003 年，Lignum 林业基金由智利非营利机构 Fundación Chile 发起，由 Asset 和 Independencia 两家智利资产管理公司联合建立的新公司 Foresta AFI 负责管理，是整个拉丁美洲的首家林业投资基金。2006 年，Lignum 林业基金共募集 3900 万美元的资本金，基金的初始投资者包括国际投资公司（IFC）、全球投资管理公司（GMO）、智利的养老基金和保险公司及部分个人投资者。

Fundación Chile 是 Lignum 林业基金的发起人。Fundación Chile 成立于 1976 年，是一家私有的非营利机构，它由智利政府和 ITT 公司联合建立，机构的目标是促进智利的市场创新与技术转移，尤其关注新能源领域。目前 Fundación Chile 参与的领域包括农业、林业、水产、畜牧业等，其中，Fundación Chile 涉足智利林业的诸多方面，例如速生丰产林的发展、林业技术的研发与认证，以及对智利木材加工企业竞争力的提升等。随着时间的推移，Fundación Chile 已经与智利的大型林业企业建立起长期的合作关系。

受 Fundación Chile 的委托，Asset 和 Independencia 负责 Lignum 林业基金的日常管理，并为基金客户提供融资服务。Asset 是一家智利投资银行，成立于 1984 年，主要为企业提供融资咨询服务，咨询领域包括企业并购、企业上市（IPO）、企业退出机制以及一般融资。Independencia 是智利一家私营基金公司，主要的投资领域是房地产。

Lignum 林业基金的投资计划大体分为三个阶段：第一阶段，对智利偏远农村地区的林业资源资产进行投资；第二阶段，以林业资源的销售合同所带来的现金流为基础资产进行证券化操作；第三阶段，利用证券化所融得的资金进一步进行林业资源投资。在整个投资计划中，林业资源资产证券化处于核心地位。

为了整个投资计划能够顺利实施，Lignum 于 2000 年开展了投资试点项目。试点项目期间，Lignum 共投资 410 万美元用于向当地农民购买林地的使用权。Lignum 共获得了 4600 公顷的有林地和 3100 公顷的无林地。2002 年 11 月，基于这些林业资源资产所产生的现金流，Lignum 共公开发售了 1300 万美元的林业债券，试点项目取得了圆满成功。

（2）运作流程。2006 年 1 月，Lignum 在智利发行了总值为 3900 万美元的基金资产证券化产品，Lignum 林业基金证券化的主要交易主体及其职责如表 6－6 所示。

表 6-6　Lignum 林业基金证券化交易主体

交易主体	机构名称	主要职责
基金发起人	Fundación Chile	制定法律文件并向智利证券委员会（SVS）提出设立基金申请，筹建基金；确定发行方案，选择基金销售机构
基金管理人	Foresta AFI	负责基金的日常管理
基金投资者	IFC、GMO 及智利机构投资者	提供资金并持有基金份额
基金顾问公司	SFI	负责林业资源的评估与购买
证券化发起人	Lignum 林业基金	通过设立特殊目的载体（SPV）来转让林业资产；协助发行人发行债券
SPV	待定	负责资产管理与证券发行
证券投资者	待定	提供资金并持有证券
承销人	待定	负责本期债券承销
信用评级机构	待定	负责对债券进行持续评级
法律顾问	待定	就交易结构出具法律意见

由于目前 Lignum 林业基金正处于投资计划的第一阶段，即对智利林业资源资产进行投资，而大范围的林业资源资产证券化尚未开展，表中有关证券化的参与主体均被暂标为待定。Lignum 的基金投资者包括世界银行私人投资部门——国际投资公司（IFC）、全球投资管理公司（GMO）、2~6 家智利机构投资者以及少量个人投资者。

图 6-7 概括了 Lignum 林业基金证券化的主要交易结构。

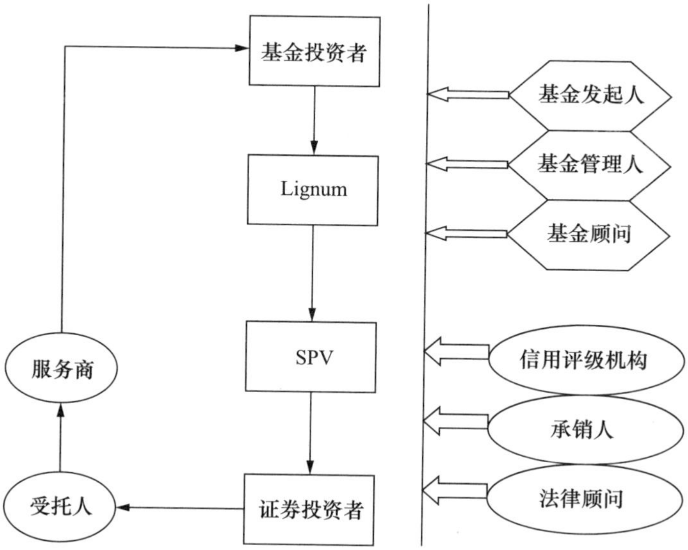

图 6-7　Lignum 林业基金证券化交易流程

Stora Enso Oyj 全业务森林资源资产证券化整个交易流程有以下几点关键环节。

第一，基金建立。Lignum 林业基金大体是按照智利公共基金的一般模式建立起来的：非营利机构 Fundación Chile 作为基金发起人，资产管理公司 Asset 和 Independencia 作为基金管理人，基金在圣地亚哥证券交易所上市，基金受智利基金管委会的监管。基金的建立目标是对智利偏远地区的林业资源进行投资并实现林业资源资产的证券化。Lignum 作为林业基金的特色体现在两方面：一是基金建立了一个全资的咨询公司 SIF，SIF 在基金正式成立前进行了试点操作，并在基金成立后为基金对林业资源的投资提供咨询服务；二是基金纳入了两家大型林业企业 CMPC 和 Arauco 对林业资源进行专业管理。

第二，基金投资。在 8 年期内，Lignum 计划投资 2 万公顷的有林地和 3 万公顷的无林地，并在无林地上种植松树等树种。上述林地由 Lignum 采取租赁形式从中小林地所有者那协议获取，林地的估值也由 Lignum 完成。根据协议，有林地所有者可以获得林地租赁收益和部分林木销售收益，无林地的所有者可以获得林地租赁收益。按照 Lignum 的投资计划，基金通过林业资源资产证券化可收回投资，收回投资后开展下一轮的林业资源投资，预期共可完成 13 万公顷的林地投资。

第三，资源管理。Lignum 投资获取的林业资源交由智利两大林业企业 CMPC 和 Arauco 进行管理。在林木的生长周期内，CMPC 和 Arauco 负责无林地的种植及林区的基础设施建设，并对林木进行施肥、除草、杀虫、防火、检测等日常管理，在林木成材后还负责林木的采伐及运输。CMPC 和 Arauco 所制订的森林管理计划必须交由智利森林管理委员会核准。

第四，证券化实施。Lignum 林业基金证券化以 Lignum 与林业企业 CMPC 和 Arauco 所签订的林木销售协议为基础，资产池由销售协议带来的单项现金流组成。以单项现金流为基础资产的证券化相对较为简单，属于传统的资产证券化操作。Lignum 林业基金证券化的证券将在智利国内发售，SPV 的成立、信用增级、证券发行等环节将按照智利国内相关法律进行。

（3）评价与启示。Lignum 林业基金证券化是全球首个林业基金证券化操作，具有操作模式的独创性，开发了适合发展中国家的林业资源资产证券化道路。联合国粮农组织也将 Lignum 林业基金证券化列为林业融资创新的典型案例。

林业基金证券化是基金模式与证券化模式的结合体，将基金模式作为资金的募集方式，而将证券化模式作为基金的退出机制。基金模式与证券化模式的结合可以部分消除两者单独在森林投资市场中的劣势。一方面，证券化模式缩短林业基金的存续期，使林业基金不必在林业资源真实销售后再收回投资，这一点在很大程度上可以增加林业基金对投资者的吸引力，促进林业基金的推广；另一方面，基金模式可以降低林业资源证券化的准入门槛，许多小规模的林业资源可以通过基金形式积聚起来，并通过基金在资金管理和资产管理方面的专业性增强投资者的信心，为林业资源证券化的成功运作奠定基础。

（四）森林资源贷款资产证券化

1. 模式简介

林业贷款是森林资源资产所面对的主要传统融资工具，而森林资源贷款资产证券化是以林业贷款为基础资产的证券化操作，发起人通常为提供林业贷款的商业银行，发起人将各种类型的林业贷款打包构建资产池，并以林业贷款的本息现金流为基础发行债券。世界银行《林业债券研究报告》将林业贷款证券化列为森林资源贷款资产证券化当中一种重要的潜在模式。林业贷款证券化的基本交易流程如图 6－8 所示。

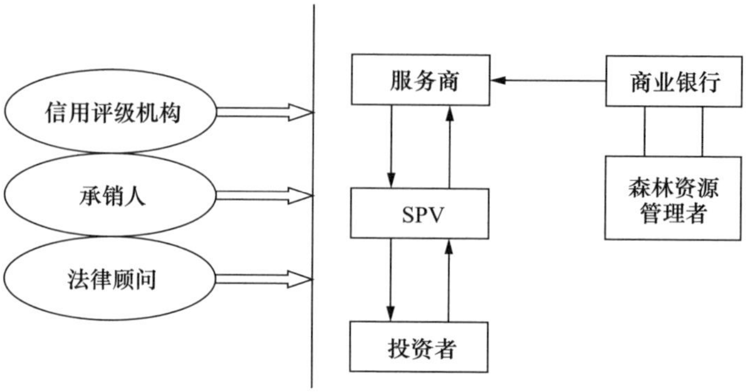

图 6－8　林业贷款证券化交易流程

尽管林业贷款证券化和一般的银行贷款证券化十分相似，但由于林业特殊的行业属性，在设计林业贷款证券化时需要采用专门的信用增级方式，需要完善林业保险体系为证券化担保，实现信用增级；由于林业贷款的历史较短，所以应对林业贷款的资产表现进行专门评估，如对借款人的信用水平、银行林业贷款的历史违约记录等信息进行评估。

2. 评价与启示

林业贷款证券化可以实现银行林业贷款的表外化，这一点对发放林业贷款的商业银行非常重要。一方面林业贷款一般期限较长，缺乏流动性，林业贷款证券化使得银行可以筹集更多资金来发放林业贷款；另一方面林业贷款通常以森林资源资产为抵押，不但资产评估困难，而且一旦出现贷款违约，抵押物变现也比较困难，出于风险考虑，商业银行通常都不愿发放林业贷款，林业贷款证券化可以实现贷款违约风险的分散化，有望促进林业贷款的发放。

（五）森林资源债券资产证券化

1. 模式简介

林业债券是绿色债券的延伸概念，是一种逐渐兴起的新型林业融资工具。林业债券与其他部门债券（如能源债券、交通债券、医疗债券）有很多相似之处。林业债券的基本思想是依托政府发行传统债券来为森林可持续经营和保护提供廉价融资。理论上，林业债券不仅涉及森林的生态功能，也与森林的经济功能紧密相连。林业债券通常引入“政府 + 企业”的合作模式来平衡森林保护与经营中的收益与风险。林业债券未来是“REDD +”模式的重要补充。林业债券交易流程如图 6 –9 所示。

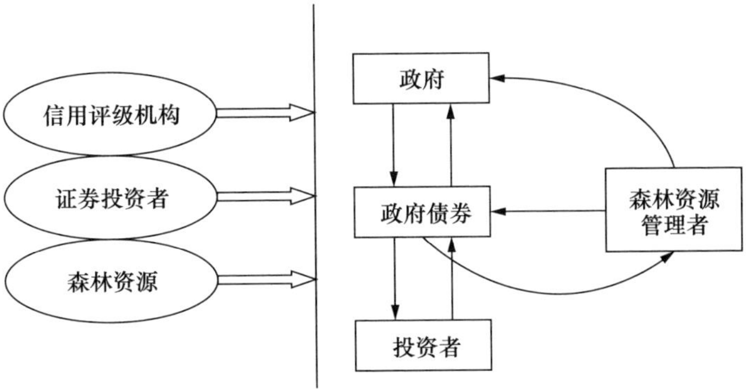

图 6 –9　林业债券交易流程

2. 典型案例：美国的社区林业债券（CFB）

（1）背景。林业债券在解决区域性林业问题上颇具前景。CFB 概念是在美国森林面积不断萎缩的大背景下推出的，目的在于通过债券工具为逐步萎缩的商品林提供廉价融资。据美国森林服务部门预计，截至 2050 年，美国将有 2300 万公顷的林地消失，会给当地的就业与生态造成巨大压力。2009 年，美国通过了《社区森林保护法案》授权通过发行 CFB 来保护各地的商品林，CFB 使有意保护和经营的投资者能够以低成本的免税债券的形式融得资金。

（2）运作流程。社区林业债券（CFB）提案一经提出，就在美国国内就获得巨大支持。目前支持 CFB 发行的公司或机构如表 6 –7 所示。

表 6-7　CFB 发行支持机构

林业企业与金融企业	非政府机构	政府机构
美林银行	美国森林协会	国家林产工业协会
坎贝尔集团	蓝山水利	劳动管理委员会
DA 戴维森	卡莱罗那州山地	北方森林中心
绿钻资源公司	级联山地水利	开放式空间研究所
山间林业协会	大型景观中心	财产与环境研究中心
莱姆木材公司	哥伦比亚土地信托	美国林业协会
莫纳沙森林产品公司	社区委员会	美国木工协会
欧考克木材公司	西北保护协会	华盛顿州能源部
Plum Greek 木材公司	自然保育基金	流域研究与培训中心
布莱克林场	得舒特土地信托	
波特拉奇公司	生态信托	
Rayonier 公司	森林协会	
区域债券交易商协会	大特拉弗斯土地水利	
罗斯堡森林产品公司	爱达荷州保护联盟	
西雅图西北债券业和金融市场协会	土地信托联盟	
塞拉利昂商务委员会	美国自然保护协会	
塞拉利昂太平洋工业公司	太平洋森林信托基金	
华盛顿森林保护协会	平肖保护研究所	
惠好公司	红木森林基金会	
	西北可持续协会	
	三江源土地水利	
	天鹅生态中心	
	公共土地信托中心	
	华盛顿环境委员会	

CFB 的具体运作流程如下：

第一步，满足一定条件的商品林投资者与现有林地所有者签署买卖协议，随后政府与投资者签署林地经营与保护的附属协议；第二步，政府代表投资者发售免税的林业债券用于支付林地购买费用；第三步，森林经营收益用于偿付债券本息；第四步，债券到期后，投资者继续保有林地所有权，并有权自行决定林地用途。

（3）评价与启示。CFB 的应用有望使交易的各方实现共赢。首先，林地所有者对林地的出售是在自愿的条件下发行的，不但林地所有者的所有权可以得到充分的尊重和保护，而且通过林地交易，林地所有者也会得到合理的补偿和收益；其次，有意购买和经营商品林的投资者可以获得 CFB 低成本的融资支持，使它们有充足资金去购买林地，这些投资者大多是林木加工企业，通过林地经营的生产原料问题也可以得到解决；再次，林业加工企业有可能将加工厂转移到林地所在地，进而促进当地的就业与财政收入；最后，通过政府与投资者签署的林地经营与保护附属协议，政府可以对林地的经营进行规范，保证商品林的生态效益和公共效益。

第四节　我国森林资源资产证券化操作模式

本部分在借鉴国外森林资源资产证券化经验的基础上结合我国国情，从森林资源资产证券化交易结构和运作程序两个层面探究适合我国森林资源资产证券化的操作模式。

一、森林资源资产证券化交易结构

森林资源资产证券化的交易结构设计如图 6 - 10 所示。

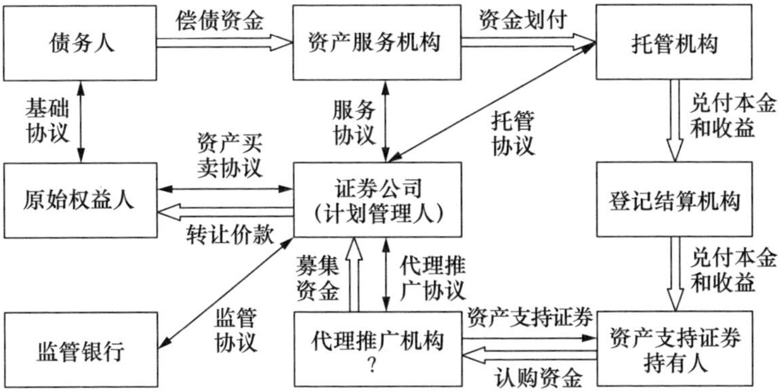

图 6 - 10　森林资源资产证券化的交易结构设计图

1. 认购资产支持证券

根据《认购协议》的约定，计划管理人可以由证券公司获得认购资金，认购人取得资产支持证券。林业企业将“所拥有林权证的速丰商品林的未来收益权凭证”作为基础资产进行证券化操作，认购人即投资者可以通过证券公司来进行认购该计划产品而获得资产支持证券。

2. 基础资产的买卖

根据《资产买卖协议》的约定，计划管理人将专项计划资金用于向原始权益人购买基础资产，从而原始权益人实现融资。通过认购专项资产管理计划产品后融入的认购资金就可以向林业企业购买基础资产，这样进行融资的林业企业可以实现资金的融入。在基础资产买卖环节，应注意以下几点：①基础资产的登记与通知的情况。②附属担保权益的转让，是否转让担保权益、抵押权、质押权等相关从属权益；如何实现相关从属权益。③发起人将证券化基础资产权属完全、真实地转让给 SPV 的情况。④募集的资金作为购买发起人证券化基础资产的对价情况。

3. 基础资产管理

根据《服务协议》的约定，资产服务机构负责基础资产对应的应收租金的回收和催收，以及违约资产处置等基础资产管理工作。

4. 资金监管与托管

根据《监管协议》的约定，监管银行在回收款转付日依照资产服务机构的指令将基础资产产生的现金划入专项计划账户，由托管银行根据《托管协议》对专项计划资产进行托管。计划管理人购买基础资产，原始权益人实现融资。

5. 流动性支持

根据《流动性支持贷款协议》的约定，流动性支持机构在发生流动性支持启动事件后，在承诺额度内向原始权益人提供流动性支持贷款。流动性支持贷款本息由原始权益人负责向流动性支持机构偿付。

6. 差额支付

根据《差额支付承诺函》的约定，当发生任一差额支付启动事件时，差额支付承诺人将差额资金划入专项计划账户。

7. 收益分配

托管银行根据计划管理人发出的分配指令，将相应资金划拨至登记托管机构的指定账户用于支付资产支持证券本金和预期收益。并可以根据优先级顺序获得收益。林业企业的劣后级随后也获得相应的收益分配。

二、森林资源资产证券化运作程序

森林资源资产证券化的基本运作流程可设计如下：由林业项目发起人充当原始权益人，以已有林业项目的未来现金流收入作为还本付息的保证，由特设载体直接在国内资本市场上发行债券为新的林业项目融资。针对我国经济发展现状和趋势，在林业项目领域推行资产证券化融资的运作应遵循如下程序。

（一）确定资产证券化目标，组成资产池

林业项目资产原始权益人或其负债经营者根据自己资产证券化融资需求确定资产证券化的目标，再将目标资产进行估算和信用考核，确定用于证券化的资产数量，并把这些资产汇集组合形成一个资产池。通常适合证券化的资产应该具有下列特征：①能在未来产生可预测的稳定现金流；②原始权益人持有该资产已有一段时间，且信用记录良好；③资产抵押变现价值较高；④资产的相关信息数据容易获得，信息公开通畅；⑤资产能够实施标准化合约，即资产具有很高的同质性；⑥资产池价值必须达到一定规模，以实现证券化交易的规模经济。

由表6－8可以看出，试点阶段比较适合证券化的资产类型主要包括应收账款、债权和未来收益权等，适合证券化的行业主要是工程、水务、高速、铁路等公共事业类企业，即有稳定现金流预期的行业。目前尚未明确规定林业企业的情况，但就林业企业所拥有的商品林尤其是速丰商品林而言，生产周期相对较短以及其下游产业的木板、纸业等企业的需求稳定，能够保障实现未来预期的稳定现金流，使商品林作为林业资源资产证券化的基础资产成为可能。

表6－8 试点阶段比较适合证券化的资产及企业类型

基础资产类型	基础资产	典型企业
应收账款/债权	BT合同的回购款	工程建设企业，城建及城投公司
	贷款合同的项下的债权	商业银行，小贷公司
	租赁合同的租金收益	汽车金融公司，租赁公司
	其他类型的应收款	商贸公司
未来收益权	供水收入，污水处理/排污费收入	水务公司
	发电站/电费收入	发电企业
	路、桥/过路、过桥费收入	高速公路，路桥公司
	航空、铁路、地铁/客货运费收入	地铁，高铁运营企业
	港口、机场/泊位收入	航空公司，轨道交通，港口，机场等企业
	物业的租金收入	地产公司，工业园区
	景区门票收入	旅游景点企业

森林资源资产证券化选取基础资产要注意以下关键环节：

1. 基础资产界定

对于森林资源资产证券化而言，重点环节之一在于基础资产质量的选取，这一环节决定了森林资源资产证券化的价值。林业企业拥有林地，而林地有林权证，这确保了基础资产权属明确、可合法转让，且林业企业的商品林销售产生的资金属于独立、稳定、可评估预测的现金流，可以根据林业企业近几年主营业务收入分析和现金流量表等进行评估，并根据实际情况选择表内、表外融资结构。基础资产应管理规范，信息齐备、可追溯，具有简单、规范、透明的交易结构，以提高信息透明度，且减少利益冲突和道德风险。

由于林业企业的债券类资产相对较少，主要选取收益类的资产来做基础资产，主要是林业企业未来经营性现金流资产。选取以商品林销售为主营业务收入的林业企业，作为目标资产证券化的原始权益人。在这部分林业企业中，再选择商品林未来几年的收益权凭证，包括下游企业与林业企业的购销合同等收益权凭证以及有林权证的林地作为基础资产。

2. 基础资产状况的审查

资产权属状况与法律支持要件包括：原始权益人需合法拥有基础资产；基础资产不能附带抵押、质押等担保负担或其他权利限制；现金流历史记录、波动性现金流预测及依据。

对于被遴选出来的作为原始权益人的林业企业所拥有的商品林项目的林权证、抵押情况以及现金流的历史情况，需通过年度财务报表等文件进行审查。

（二）组建SPV，实现真实出售

《证券公司资产证券化管理规定》明确规定了专项计划资产的独立性和风险隔离。

第一，回避计划资产法律性质的争论，直接规定其独立性与风险隔离。专项计划资产独立于原始权益人、管理人、托管人及其他业务参与人的固有财产。专项计划资产不属于原始权益人、管理人、托管人及其他业务参与机构的清算财产。林业企业作为原始权益人、证券公司作为计划管理人、银行作为计划的托管人以及评级机构和服务机构等的清算资产，不包括本次的专项计划资产。

第二，计划资产与资产支持证券持有人的风险隔离。对单个投资者资产的强制执行，是否波及整个专项计划资产的风险。资产支持证券持有人（投资者）与证券公司为委托代理法律关系，专项计划资产由全体投资者按份共同所有，当单个投资者破产或被其债权人追偿时，可能导致整个计划资产被查封或冻结。

在专项计划中的资产与证券公司风险隔离，防止发生计划资产与证券公司固有资产、其他计划资产混同的风险，一般通过以下措施来隔离森林资源资产证券化融资过程中的风险，保障投资者的权益：①专项计划资产应由托管机构进行托管；②专项计划的货币收支活动均应当通过专项计划账户进行；③禁止管理人募集资金不入账或者进行其他任何形式的账外经营；④管理人应当为专项计划单独记账、独立核算，不同的专项计划在账户设置、资金划拨、账簿记录等方面应当相互独立。

要发行林业项目资产支持证券，关键是必须组建能够获得高信用等级的SPV。西方国家SPV一般由国际权威资信评估机构给予较高资信评级的投资银行、信托公司、信用担保公司等与证券投资相关的金融机构组成。其经营有严格的法律限制，不得发生兼并、重组，禁止参与交易规定外的活动，不得担负交易外确定的任何其他债务及为此债务提供担保等。鉴于林业企业资产负债率高、投资回收期长的特点，林业资产证券化宜选择“表外证券化模式”实现真实销售，以降低资产负债率，达到真正的风险隔离。这里分国有森林资源资产证券化和非国有森林资源资产证券化两种情况考虑。

国有林业资产证券化SPV的构建比较适用国有独资有限责任公司。在这种模式下，由一个有政府支持的国有独资公司设立SPV，林业资产权益人真实出售给国有独资SPV，然后SPV将购买的资产组合为资产池，以该资产池为支持，发行抵押支撑证券。其首笔注册资金由政府投资，其后通过发行资产支持债券募集资金。这种模式以《公司法》中有关国有独资公司的规定为依据，即国有独资公司有发行公司债券的资格。国有独资公司发行公司债券，由国家授权投资的机构或者国家授权的机构做出决定。这一模式目前在我国发展不存在法律上的障碍。这种模式可以实现真实销售，真正实现破产隔离。在国内证券化开展初期，国有独资SPV由政府出资设立，它会因政府背景而具有天然的国家信用的支撑，再予以信用增级，则信用级别极高，有利于吸引投资者投资，同时政府可以借助法案、宏观调控及影响力引导SPV发展，并对我国尚不完善的中介评估机构进行有效的弥补。此类SPV还能享受税收方面的优惠，使其更具有优越性。

具体操作方案就是成立林业资产投资管理公司（简称投资公司），出资人为国家林业局和各省林业厅，资金来源为国家财政拨款和地方财政拨款，分别直属国家林业局和各省林业厅，林业局（厅）将拟证券化的资产包无偿划转给投资公司，之所以是无偿，因为这种转让是名义上的，是为了达到真实出售的目的，实现风险隔离，由于投资公司是林业局（厅）的全资子公司，不会造成国有资产流失，而无偿划转后，实际资产仍留在原企业，由原企业管理运营。由政府设立SPV，必须另外指定一家机构作为信托人管理SPV账户，向投资者偿还本息，信托人可以由国家开发银行或商业银行担任。

非国有主体林业资产证券化SPV可以采用信托形式。信托模式是指，融资人即信托发起人，将财产信托于信托公司，受托人以信托财产作为依据，向投资者发行信托凭证。众多个人和法人认购信托凭证的资金不是信托财产，只是对信托财产具有投资收益权。因此，信托凭证也可以说是信托收益凭证。无论这些个人或法人的资金来源如何，或有第三者权利或诉讼或破产，都不影响信托财产的合法性和确定性，信托也不会因此不能成立或被法院撤销。这些个人或法人认购信托凭证的资金只是一种投资资产，如有纠纷或诉讼，只要转让或质押或回购或按信托契约获取收益即可解决。从我国的现有法律环境来看，以信托公司作为载体的资产证券化方案遇到的法律障碍会相对小些。另一种是引入信托公司的信托模式一不需要新设 SPV，由信托公司来承担 SPV 的职责，达到破产隔离目标的资产证券化融资模式。

根据《信贷资产证券化试点管理办法》的规定，受托机构由依法设立的信托投资公司或中国银监会批准的其他机构担任。从中国现有的法制环境来看，随着我国信托法的完善，使以信托公司作为 SPV 的资产证券化方案遇到的法律障碍会相对小些，而如果选择 SPV 推行资产证券化，我国目前还没有具备 SPV 性质的机构，因此需要突破范围更大的法律障碍。在目前我国的法律环境和金融制度下，由于成立专业的林业投资管理公司还需要解决一系列组织上的问题，所以，在投资公司未成立前，信托式 SPV 也是国有林业主体的现实选择。

（三）信用增级

为提高证券化交易质量和安全性，必须运用各种有效手段和金融工具，实现信用增级。具体步骤为：①构造证券化交易结构，即将原始权益人的资产真实出售给 SPV，降低融资风险，提高信用级别。②建立信用担保机制，包括内部信用担保和外部信用担保。前者分为融资者直接担保、超额抵押、优先/次级结构、现金储备账户等，主要优点是成本较低；后者分为部分信用担保和全额信用担保，由信用级别很高的专业金融担保公司向投资者提供按期按量支付本息的义务，如有违约，金融担保公司代偿到期本息。

另外，为了让投资者在最短时间内以最低交易成本获得环境项目资产证券的信用状况，SPV 必须确定国际国内资本市场上有重要影响且为广大投资者承认的独立信用评级机构（如标准普尔等）对资产证券化产品进行信用评级和投资级评级，以便于投资者对发行人按时支付证券化产品本息回报的风险做出评价。实践证明，通过信用评级可以大幅度地提高项目资产证券化产品交易的信息与信用透明度，有利于增强投资者的信心，吸引投资者投资，而且资产证券的信用级别越高，其证券化产品的发行成本越低，融资环境越好。

我国的森林资源资产证券化信用增级可采用内外两层增级，以提高债券的吸引力。从外部增级角度，成立专门的政府林业担保机构进行证券担保可以大大降低证券的信用风险，提高债券等级，该机构不以营利为目的，由政府出资设立，运营资金纳入财政经费。由于重新成立机构需要经过审批、论证等程序，需要运作一段时间，在目前可以由商业性担保机构暂时承担林业资产证券化的担保业务，国家给予一定的优惠政策，如对其与林业担保业务相关的收入免征营业税和所得税，但要求其担保费率要比普通担保业务费率低相应的百分点，以体现对这一创新林业融资方式的扶持。

（四）信用评级

信用评级的关键是信用评级机构和信用评级体系的建立。目前我国的信用评估体系尚不够健全，林业行业专业性强，具有一定的复杂性，一般机构对林业项目的信用很难做出准确的评级，可以考虑由政府出面联合外国专业信用评级机构建立针对中国市场的信用评级机构和信用评级规则，以国库券为最高级别，对林业资产证券化进行评级后定级。待林业资产证券化操作成熟，市场容量扩大，信用评级规则形成后，信用评级机构再与政府完全脱钩，形成完全中立性的社会机构。信用增级后，再请由政府组成的信用评级机构进行评级，对评级结果公告，再由证券商进行证券销售。为满足林业项目对资金到位及时性、充分性的要求，建议最好采用包销形式，使资金能迅速筹集到位。

（五）证券销售，向发起人支付购买价格

在林业产业投资公司做 SPV 的情况下，证券的销售可以采取两种销售渠道，一种是通过银行向社会公开发行，一种是通过证券交易所的大宗交易系统在网上公开发行；在采用信托式 SPV 的情况下，由于按国家规定，信托公司不能进行公开募集，则只能以私募形式通过银行发行信托受益凭证。作为一种创新的金融工具，资产支持证券能否顺利推销，需求是一个决定性因素。由于资产证券化的复杂性，仅靠个人投资者支撑起规模巨大的资产证券化市场是不现实的，机构投资者应成为该市场的主体。发行结束后，由 SPV 将获得的发行收入支付给原始权益人作为购买价格。

（六）SPV 选择资产服务运营商

SPV 作为资产池证券化的中介机构，真实接受由原发起人出售的证券化资产，但本身不直接从事资产管理经营业务，而是委托给专业服务运营商来管理，同时将自己的权益全部移交给受托人进行托管。在证券化实际操作中，为保证 SPV 较好地实施资产管理，应建立投资者应收积累金。SPV 必须具备良好的追踪报告、资料加工和信息处理能力。具体包括：出示资产的财务记录，确认资产销售；出示经营记录，确认属于所售资产的周期性支付；将周期性支付转移到特定账户；每月报告所得本息及预付和提前偿付，本金损失及决策损失等情况。这些工作应该由 SPV 或由 SPV 委托有关资产管理机构来完成。

（七）资产支持证券的还本付息

由图 6 - 11 可知，资产管理原始权益人或由其指定的服务公司将资产池发生的全部收入存入托管行，托管行负责收取、记录由资产池产生的现金收入，并按规定建立积累金，用于 SPV 对投资者进行还本付息，而将剩余的现金返还给原始权益人指定的账户。到规定期限后，托管行要向聘用的各类机构支付专业服务费。在还本付息和支付各项服务费后，若有剩余，按协议规定在原始权益人与SPV之间进行分配，森林资产证券化过程即告结束。

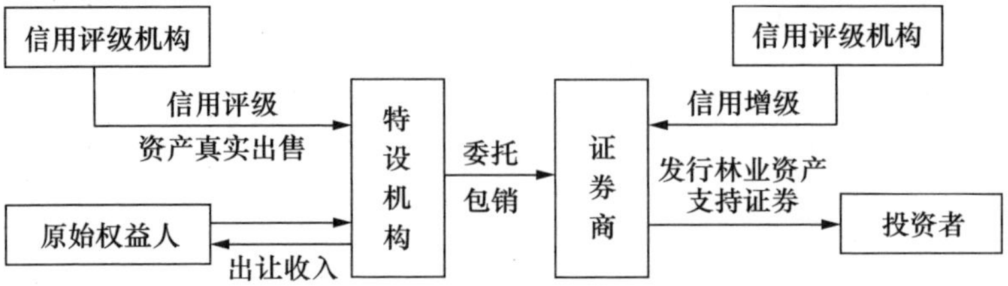

图6-11　森林资产证券化流程图

一般的项目融资在建设阶段风险相对较高，但在项目运营阶段风险相对较低，在项目建设中，资金被投入，风险系数急剧增加，但一旦正常运营，就会形成稳定现金流，其间不会受太多风险因素的干扰。但林业作为与自然界息息相关的产业，其风险与一般行业是不同的，林业资产尤其是作为林业资产池主要品种的速生丰产林项目在运营中，受市场风险、技术风险的干扰较大，因此在实施林业资产证券化时要特别注重风险防范，这也是林业实施资产证券化存在的主要行业性障碍。

第五节　我国森林资源资产证券化发展的要素

资产证券化是一项外部环境压力和内在趋利动机共同催生的金融创新制度，一方面，它涉及原始债务人、发起人、服务商、信托机构、信用增级机构、资信评估机构、投资银行等多方主体，特别是还需要一个特殊目的载体作为交易结构的中心，这些主体的设立、活动、推出都要涉及法律制度的规范；另一方面，资产证券化存在很多环节，每一个环节又都涉及不同参与者追求自身财富和非财富最大化的利益问题及其权利义务问题，同时资产证券化又面临如今瞬息万变的金融市场，如何通过一系列契约来约束众多参与者的行为，以及通过制度设定一系列的规则来减少外部环境的不确定性和信息的不完全性和不对称性，成为森林资源资产证券化架构者以及政府考虑的一个重要的问题。

一、收入流与债务流配比

林业项目资产收益收入流与债务流的支出时间不一致，需要在准确预测项目未来收益现金流的基础上，通过严格计算，设定债券的期限和利率。因此，SPV要对项目市场进行充分调研，及时掌握国家出台的各项政策，对债券存续期内的各种风险进行合理预测，将预设利率与市场利率进行比较，考虑投资者是否会接受该债券、SPV自身还有多大可操作空间等一系列问题，然后才能最终确定ABS利率，从而确定未来的债务流。林业项目的流动性差决定了项目违约时变现价值难以估计，ABS的担保资产仅限于项目在经营期内的收益，因此就更加显现了林业项目未来收入流风险的影响。所以，政府必须对林业项目资产的未来现金流量提供一定的担保，例如签订项目转让协议、产品购买协议等，必要时由政府的财政支出来确保收入流与债券还本付息的配比。

二、利率设定与风险配比

一种金融工具只有达到风险与收益的配比，才能实现投资者与融资者利益的均衡。ABS在利率设计上也要遵循这一原则。对于项目收益资产证券化中的分阶段组合设计方案而言，随着项目的进展，其蕴含的风险越来越小，待项目进入经营期能产生稳定收益时几乎不存在大的风险，考虑到风险与收益的相关性，各期发行的债券利率也应逐期降低，即贴息债券的内含利率、A+X型债券的实际利率与等息债券的利率是递减的。这样在不影响投资者接受度的前提下使融资成本降到最低，从而实现利润最大化目标，并且因偿还压力降到最低也相应给其以后还本付息以更大的保障。

当然，对于其他方案来说，同样存在这一问题，SPV在设计利率时必须在充分考虑项目风险的基础上，比较股票、公司债券等其他融资方式的成本，力争制定出最优方案，实现最低成本融资。另外，利率设定与风险配比还体现在对ABS信用增级过程中优先/次级证券的设计上。由于次级债券充当高级债券的缓冲器，率先承担损失，滞后收取本金和利息，其承担的风险要比高级债券大得多。因此，在利率设计上应保证其高收益性，这样才能吸引那些愿意并有能力承受较高风险的投资者。

三、资本市场与债券流通

债券市场产品种类有限、流动性差、市场化程度低影响了我国资产证券化的运作和发展。出于ABS在定价和流动性方面的要求，必须大力培育并深化我国的债券市场。一是大力发展国债市场。没有健全发达的国债市场，就没有基准利率机制，ABS也就缺乏合理定价的必要依据，更谈不上根据标的资产的风险、收益及融资期限设计适合的证券品种。二是活跃企业债券市场，增强二级市场流动性。我国债券市场发展明显滞后于股票市场，在规模很小的债券市场内部，企业债券与国债、金融债券相比，又处于附庸地位。资产证券化是以流动性来实现收益和分散风险的，只有在二级市场可以自由转让、保证占用资金退出渠道的畅通，才能更好地调动投资者积极性，吸引资金投向一级市场，而只有壮大债券一级市场，才能为二级市场的流通提供标的物，增强市场流动性。三是提高企业债券市场的安全性，形成良好的投资氛围。我国企业债券信誉较低，加之债券市场的落后与狭小，非国债债券市场尚未发育成熟，因而除非有中央政府或中央政府所属机构的直接担保，否则会限制投资者对ABS的需求，提高市场安全性迫在眉睫。

四、法律法规与会计处理

我国在资产证券化这一新型融资手段的运用上缺乏实践经验，目前有关经济环境和法律法规方面也还没有配套，而森林资源资产证券化融资因其特殊性还必定会带来一系列新问题，因此在推行过程中必然存在许多障碍，因此需要一套完整严密的法规体系来规范运作。

首先，在证券发行方面，我国《证券法》管辖范围仅局限于股票、债券及国库券和可转移债券等有价证券，应将资产证券化纳入其管辖范围，以满足证券化的发展需要。解决SPV的设立、证券的发行、上市阶段出现的法律障碍，由政府发起设立国有独资的SPV最适用林业资产证券化，但也存在法律障碍，应该对《公司法》《证券法》中SPV设立的限制性条款进行修订，尤其是对SPV作为空壳公司这一特定的公司形式做出变通规定。

我国《公司法》《证券法》及《企业债券管理条例》规定了较为严格的债券发行条件。尽管2006年1月1日开始实行新《公司法》《证券法》对债券的发行取消了发行之前3年连续盈利的业绩要求，但仍要求发债企业3年平均利润足以支付债券1年利息，而如果如本方案所设计由新设立的林业投资管理公司发行资产证券，显然难以满足该条件。在证券发行的管辖和审批方面，我国《证券法》第2条规定："在中国境内，股票、公司债券和国务院依法认定的其他证券的发行适用本法，本法未规定的，适用《公司法》和其他法律行政法规的规定。"发行森林资源资产支撑证券既不属于银行发行的金融债券，也不属于公司发行的公司债券，目前尚没有法律法规可参照。因此，SPV作为一个特殊机构，其发行债券的管辖权和发行审批权的归属无法确定，需要对目前《证券法》进行变通，使资产支持证券的注册、审批、信息披露等义务在《证券法》中补充完善，并规定我国各类资产证券化必须经中国人民银行的批准。

其次，在会计处理方面存在法律障碍，英美法律中对担保融资和真实销售有明确的界定，而我国对于真实出售问题没有明确规定，会计制度对真实出售和表外处理的界定也不符合国际惯用准则。证券化交易中最关键的会计问题就是证券化资产能否转移到发起人的资产负债表之外。只有表外处理才有利于提高其资金流动性、资金收益率及资本充足率。根据我国目前《企业会计制度》第 85 条的规定，资产的转让要使用“风险报酬法”进行销售确认，根据此种方法，将会使真实出售很难成立，表外处理难于实现。如果不能实现真实出售，就不能实现破产隔离，不能有效防范发起人的破产风险，投资者的权益就得不到保障，资产证券化就很难成功运作。

证券化操作时，对于表外处理要借鉴国际标准，对现有的《企业会计准则》进行修改和完善，对会计上的销售给予更完整的定义；关于会计计量问题，建议采用真实性原则，对发起人因资产证券化交易所产生的新的资产和负债，用公允价进行计量，对所保留的资产及负债并已经用历史成本法计量入账的，要进行追溯调整；关于信息披露问题，一方面要对《证券法》《会计法》《企业会计准则》和相关内容进行修改，明确资产证券化信息披露的内容和披露的时间。对会计报表附注中披露资产负债表日证券化的资产总额等内容进行会计规范，保证对投资者的透明度，为彻底解决资产证券化的会计问题，最好的对策是待资产证券化操作成熟以后，制定一套较为完善的关于资产证券化的会计制度作为实施资产证券化的配套工程，以解决资产证券化过程中多方面的会计问题。

最后，信用增级方面存在法律缺陷。信用提高必须有一定担保，我国《担保法》中缺乏相应的动产担保制度，而担保登记机关政出多门、手续繁多、费用昂贵，增加了资产证券化成本。另外，我国《担保法》没有规定浮动担保制度，因此将全部财产抵押给一个债权人可能导致抵押协议无效。当森林资源资产证券化中的资产池由应收账款（债权）组成时，发起人凭借手中债权担保来进行融资，属质押形式，在《担保法》第 4 项“依法可以质押的其他权利”条款中，并未对资产证券化属于依法可以质押的其他权利做明确规定。

五、资产评估与信用评级

林业项目资产定价高低不仅直接影响融资成本，而且与原始权益人和投资者双方利益都直接相关，因而在推行森林资源资产证券化的实践中，对森林资源资产准确合理地进行评估对资产定价至关重要。另外，在债券发行前还必然涉及信用评级问题，信用评级高低与双方利益也直接相关。如果高估项目资产或债券评级偏高，则未来还本付息缺乏足够的保障，损害投资者利益；反之，低估项目资产或评级偏低，则会加大融资成本，有损原始权益人利益。林业项目证券化中原始权益人通常是政府，评级偏低会损害国家利益，导致利益外流。所以资产评估与信用评级时一定要把好关，力求做到公正、公平、合理。

目前，我国金融中介机构不发达，尤其缺乏信用评级机构和信用增强机制的支持，现有的资信评级机构存在诸如信誉不佳、独立性差等问题，导致现有评级机构做出的评级结果难以得到投资者认同，使资产证券化操作困难。债券评级一般由具有独立性和超脱地位的资信评估中介机构进行，如美国的穆迪投资者服务公司、标准普尔评级公司等就是国际公认的权威性的资信评估中介机构。我国债券评级方面的力量还很薄弱，因此，应创造条件建立规范化的资产评估和资信评级机构，以确保资产证券化的顺利实施。

综上所述，由于林业资产证券化是一项金融创新工程，对资本市场是有利的，对未来林业建设与发展有重要的推动作用，我国在为证券化提供法律制度支持时，必须把握大局，综合考虑，统一规划。我们在制定法律时的视野不应当仅仅停留在证券化的资产上，而是要放在我国整体金融市场创新和调整上，放在对我国经济增长的促进作用上来，站在这个层次上做好调研，对各项法律制度进行完善和建立，由此推动我国资产证券化事业向纵深发展。

六、特殊的税收优惠政策

森林资源资产证券化过程中发起人、SPV 和投资者的纳税问题直接决定了证券化融资成本的高低，从而影响资产证券化的发展，成功实施资产证券化需要合理的税收政策作保证。

首先，发起人的所得税、营业税和印花税纳税问题。当发起人向 SPV 转让资产时，如果符合真实销售的条件，按我国税法规定，无形资产（债权）的转让要缴纳 5% 的营业税。林业资产转移过程中订立产权转让合同，要缴纳万分之五的印花税。出售过程中如果获利，必须缴纳所得税，由于方案设计的资产转让为无偿转让和信托形式所以避免了所得税问题。资产证券化往往涉及上亿元甚至几十亿元的交易额，按现行的营业税和印花税税率计算，缴纳的营业税和印花税将是极大的数字，造成融资成本将远远高于其他融资方式。如果相关税法不对发起人减免营业税、印花税和所得税，以降低融资成本，是不可能降低融资成本推动资产证券化的发展，也不符合税收中性化的原则和国际通行做法。其次，SPV 的纳税问题。即使 SPV 是一个空壳公司，作为有限责任公司，纳税问题依然存在。根据现行的法律法规，如何建立税收高效的 SPV，减少融资成本是存在的重要问题。再次，即使投资者的税收问题则比较容易解决，但不进行税收减免，也将增加融资成本。最后，离岸业务的 SPV 利息预提税征收问题。在离岸业务中，由发起人汇给（外汇汇出）国外的 SPV 的利息预提税，是针对融资关系而征收的，通常为贷款利息的10% ~30%。我国目前尚没有预提税的具体规定，只是以所得税的形式出现。《外商投资企业和外国企业所得税法》规定，外国企业在中国境内设立机构、场所，而有所得来源于中国境内的利润、利息、租金、特许权使用费和其他所得或者虽设立机构、场所，但上述所得与其机构、场所没有实际联系的，都应当缴纳 20% 的所得税，不符合税收中性的原则。这些税收将转嫁到借款人头上，这些都加大了融资成本。

目前资产证券化面临的最大问题是如何解决 SPV 的税收问题而建立高效率的 SPV，从税制的角度看，证券化的当事人不能因为证券化交易而多缴税或少缴税。尤其是不能因为税收而导致证券化融资成本大幅度上升，使证券化融资在税制上缺乏效率。2006 年 3 月，财政部和税务总局下发了《关于信贷资产证券化有关税收政策问题的通知》，确定了“税收中性”的基本原则，明确了信贷资产证券化试点中的印花税、营业税、所得税三大类税收政策，并对涉及税收管理问题做出了具体规定，但对其他资产证券化仍没有相应的规定出台。

为提高证券化融资在税制上的效率，降低证券化融资成本，必须在相关的税收法律法规中对企业资产证券化这一特殊的纳税问题制定特殊的规定。首先，根据税收中性化的原则和国际通行做法修订有关的法律法规，减免发起人、SPV 和投资者的纳税问题。对资产证券化过程中发起人向 SPV 的资产销售及转让过程中的所得税、营业税和印花税进行减免。发起人代收的林业资产经营现金流收入要减免营业税，非经营收入不得减免，SPV 的所得税也要进行减免。解决投资者进行资产证券化投资要缴纳的印花税和交易所得税，政府应该制定适当的税收优惠政策，例如规定投资者投资于林业资产支撑证券可暂时享受和投资于国债相同的税收待遇，以刺激投资者对此类证券的需求。其次，减免离岸业务中对境外收益征收的利息预提税。主要的方法有建立相关国家之间的避免双重课税条约。通过一定的结构安排将境外融资转为境内融资，将资产证券化融资视为表外融资而不是抵押贷款，可免征预提税。

第七章　森林保险

林业是我国国民经济的重要组成部分，森林资源拥有巨大的生态价值和经济价值。然而，林木生长周期长，而我国自然灾害频发，森林资源经常受到自然灾害的侵袭，给林业生产带来巨大损失。因此，为了抵御自然风险、恢复森林资源、保证农户收入，林业生产迫切需要有效的风险转移机制，为其提供持续的保障。

森林保险作为分散林业经营风险的重要手段，近年来在我国得到迅速的发展，本章从介绍森林保险在国外和我国的发展情况出发，结合我国自2009年以来实施的森林保险保费补贴政策，指出我国现行的森林保险保费补贴政策执行的困境和原因，并探讨我国保费补贴政策的优化路径。

第一节　森林保险概述

一、森林保险定义

森林保险是指森林经营者（投保人和被保险人）按照一定的标准缴纳保险费以获得保险公司（保险人）在森林遭受灾害时提供经济补偿的行为。这种行为以契约形式固定下来，并受法律的保护。投保可以是国有林业生产单位、集体所有制合作林场、林业股份制企业以及林业专业户、重点户等。森林保险作为一种金融产品，其本质是森林经营者将自身风险通过保险形式转移给保险公司的过程，也是保险公司通过集合大量同质风险从而实现风险分散的过程。政策性森林保险是指在政府扶持和财政补贴下，对森林生产过程中因自然灾害或意外事故造成的经济损失提供经济补偿的一种保险制度。

二、森林保险特征

林业具有生产周期长、见效慢、商品率高、占地面积大、受地理环境制约强、林木资源可再生等特点，导致森林一旦受灾，一方面很难恢复，另一方面则损失巨大。因此，森林保险与其他保险产品相比有自身的特点。

（一）森林保险续保周期长

由于林业生产经营的长周期特性，与农业保险相比，森林保险的最大特点是其可续保周期长。在农业保险中，保险期按生长季节只有几个月，一个有生命的标的就此结束，续保时是另一个有生命的标的，而林木保险标的则是多年生植物、生长期长，就是一般速生用材林都在十年以上，特别是风景林或珍贵树种有百年以上，对于一个有生命的标的而言，其可续保期是相当长的。

（二）森林保险风险难分散

林业风险具有非独立性（相邻区域内）、相关性和巨灾性等特点，导致森林保险的风险较大，使保险公司开展森林保险业务时面临诸多制约因素。

第一，森林损失风险集中，不宜分散。相邻区域内森林保险标的之间的风险是不独立的，且随区域位置的远近，相关性由弱到强。一次森林灾害事故往往涉及范围较广，在一个风险单位内，承包的林农越多，承包的面积越大，风险也就越集中，损失也会越大，保险人的经营风险也就越大。一场中等强度的林业自然灾害就可以影响很大面积，使保险公司面临较大的损失。这种相关性可以破坏保险要求的独立性原则，使“大数法则”的适用性在一定程度上受到限制，降低风险转移的效率。第二，森林灾害风险具有广泛的伴生性。一种森林保险事故很可能会引起另一种或多种风险事故的发生，造成损失的因素具有多样性，不易将各种保险事故与相应的损失后果严格区分开来，这也就要求建立一套专门针对森林保险业务的理赔程序和查勘定损方法。第三，森林灾害发生比较频繁，局部地区的损失规模可能较大，风险在一定地域范围内难以分散，导致森林保险可保性差。第四，由于森林保险依据的资料不充分，特别是保险行业也没有积累起一定量的业务数据如赔案数据以支持精算工作，无法正确评估风险和厘定准确的保险费率。目前没有很好的巨灾风险分散机制，当出现类似 2008 年的冰雪灾害时，如果林业大面积承保，则可能造成保险公司无法承受的巨大亏损。同样，再保险公司也有这方面顾虑，浙江省曾向国际再保险市场购买种植业超赔再保险，但再保险公司明确提出将林业剔除。

（三）森林保险经营成本高

森林分布范围广，并且由于林区往往远离市中心和发达地区，多为交通不方便的偏远山区，如果开展森林保险，基层保险销售工作将面临展业宣传难、收取保费难、调查成本高、交通费用高、核损和理赔成本高等诸多问题。

（四）保险价值确定难度大

保险合同中的保险金额应根据保险标的的价值来确定。在普通财产保险中，保险标的的价值在投保前是可以事先确定的，而在森林保险中，保险标的的价值在投保之前仍未形成，一般只是根据经验和预期来确定它的保险价值。但是，这个价值不是固定的，而是会随着森林的生长、劳动和资金的投入而发生变化。加上森林资源市场价值仍会随着市场波动而发生变化，给合理确定森林保险保额难上加难。

此外，不同类型的林种其保险标的具有较大的差别性，导致森林保险的标的价格确定更加困难。森林保险的标的按性质分类主要有两种：一是物质性标的，其承保对象是被保险人享有所有权或用益物权（如集体林地经营权和林木所有权）的物质标的物的经济价值。二是生命性标的，其承保对象就是保险标的的生命和整体机能。其中，防护林、特种用途林主要以生命性标的为承保对象，如防护林主要以整体机能为保险标的，而名胜古迹的林木价值则不仅仅是物质性的经济价值、更重要的是其不可替代的人文价值，所以其生命为承保标的；而用材林、经济林和薪炭林主要以物质性标的为承保对象。这也是森林保险标的与农业保险标的的最大的区别，森林保险标的不是单纯的物质性标的，而农业保险标的都是一种物质性标的，而无生命性标的。所以，在确定森林保险标的价值时需要对不同类型的林种加以区分，不分林种和树种采取统一固定的保额显然不符合森林保险的特有属性。

我国森林保险保额在实践中存在着三种估价形式，即按蓄积量确定保险金额、按经营成本确定保险金额、按林木再植成本价确定保险金额。首先，按蓄积量确定保险金额可以使投保人具有的真实价值利益得到保障，但由于考虑到市场价格、蓄积量估算等因素，按蓄积量确定保险金额的难度较大；其次，由于林业生产成本投入的个体差异、成本核算要考虑多种因素，以经营成本确定保险金额的定价方式也存在诸多不足；最后，由于林木是多年生植物，由于生产资料、劳动力成本上升等因素，经营成本将会逐年增加，按林木再植的成本价确定保险金额尚不能满足林农的赔偿预期。也就是说，无论用哪一种保额估价方式，事实上都存在投保保额不易确定的问题。

（五）森林保险费率难厘定

森林分布在广阔的林地上，不能仓储、封闭，管理艰难，森林火灾、虫灾、盗伐等人为或自然灾害频繁发生使森林经营面临巨大风险。另外，我国幅员辽阔，森林分布不均，各类森林灾害事故的发生极不规则，森林灾害损失程度在各地之间和同一地区不同年度之间都存在差异，加之以前不够重视对有关森林灾害事故发生情况的数据收集和积累，导致测定森林灾害发生频率难度大，从而难以科学合理厘定森林保险费率，最终影响森林保险业务的开展。因此，制定科学合理的保险费率对于发展森林保险至关重要。森林保险费率因与保险标的及其生产特点密切相关，在保险费率制定时要考虑以下因素：

第一，序列林价与费率。林业生产的劳动和资金投入往往要十几年或几十年才见效益。采种、育苗、整地、造林阶段投入50%以上，其后是幼林抚育阶段，经营者投入逐渐减少，并维持一定水平。林价（立木价值）与生产者的阶段投入缺乏相关性，林木价值在不同生长期有不同价值。所谓序列林价，是指林业这个自然再生产和经济再生产相结合的过程中，前期、中期和后期自然力的作用随时间的推移而渐渐增多，立木价值不断增大，而经济的投入则与此相反，林木生长期越长，投入越少，即所谓以林养林。

第二，损失率与费率区。森林灾害的损失程度与森林特征、地形、气象因子、社会经济条件密切相关，我国林区规模和气象分布具有明显的地域差异规律，这就说明我国各林区灾害损失率是不同的。在开展森林保险业务时要根据当地森林特征、灾害频率和社会经济条件，因地制宜地估算损失率，划定费率区，绘制森林保险费率区划图，为长期稳妥经营森林保险提供可靠资料。

第三，林龄与等级费率。对于相同树种来说，确定保险纯费率时，有必要分成若干费率档次，如人工杉木林，根据幼龄林、中龄林、成熟林等林龄阶段划分档次，采用不同费率级别是合理的。

（六）出险理赔定损难度大

森林内部结构复杂，植被丰富，品种繁多，功能多样，使森林的价值本身就难以确定。同时，如果受灾时间和受灾程度不同，那么所造成的损失程度也会有所不同。因此，各种环境因素综合影响导致森林灾害的损失难以测定。另外，森林保险标的在不同的生长阶段有着不同的价值，林木生长周期长，其未来市场价值本身就难以预测，一旦发生灾害事故损毁标的，现场查勘、定损、赔付等工作求证不易，且费时费力，易产生偏差。还有，森林生长具有季节性，这也就使当年灾害发生所造成的实际损失必须等到来年春天才能观测到受损树木的实际损失程度，因此，森林保险的灾后观察期将长达几个月。各种因素导致森林保险的经营管理费用远比一般商业保险要高。

三、森林保险作用

林权制度改革为发展林业保险奠定了基础，林业保险作为增强林业风险抵御能力的重要机制，不仅有利于林业生产经营者在灾后迅速恢复生产，促进林业稳定发展，而且通过保险可减少林业信贷风险，从而增加信贷机构对林业的信贷供给。

首先，灾后，林业生产经营者受到的损失通过保险获得经济补偿，可以保障林业生产经营者的利益，有利于减轻政府救灾压力，有利于林业生产经营者在灾后迅速恢复再生产。

其次，林业保险的发展，将有助于增加林农风险分解的手段，减少贷款违约的可能性，改善林业经营主体的信用地位，从而降低金融机构发放贷款的风险，进而增加对林业的贷款供给，缓解林农信贷约束，对林业资金融通起到配套保障作用。同时，专门以林业保险为标的的保险产品创新，将有助于降低金融机构的信贷风险损失，从而可以调动金融机构林业贷款的积极性，进一步缓解林业信贷约束。

四、国外森林保险发展情况

林业是一项重要的公益事业和基础产业，在生态文明建设中起着不可替代的作用；又是一项风险性较高的产业，在漫长的生产周期和广阔复杂的空间范围内，森林资源随时可能遭受自然灾害的侵袭和人为的破坏，这严重影响了林业生产的稳定性和连续性。由于林业事业的公益性和林业产业的弱质性，很多发达国家采取有效措施支持森林保险事业发展。森林保险起源于森林资源极其丰富的北欧国家如芬兰和瑞典，至今已有近百年的历史。

森林保险仅占农业保险的一小部分，主要覆盖火灾、雷击、爆炸和飞机等对林木造成的影响，并扩展到风、暴风雪、火山爆发、洪水、冰雹、冰冻及冰雪积压造成的损失。另外，一定限额的防火及用于灾后清除的开支也被包含其中。根据具体投保的物种、地点和具备的防火措施的不同，保险费率为投保总额的0.2%~1%。林业保险合同的条款和条件具体而复杂，这也说明了森林保险承保风险的特性。

到目前为止，世界上有40多个国家开办森林保险，并逐渐形成适合本国国情、各具特色的保险模式。其中，瑞典、芬兰、日本、美国的森林保险开办时间早、发展水平高，已建立一整套完善的森林保险制度。从这些国家开展森林保险的情况来看，不论保险由何种性质的保险公司承办，政府都对森林保险的运行进行参与。一方面，在政策上给予相应的法律法规支持；另一方面，在经济上进行补贴，由于支持力度较大，森林保险的承保范围也比较宽泛。从世界范围来看，森林保险的覆盖范围取决于林木林地的产权结构，一般来讲，私有林比例较高的国家，森林保险的覆盖率也较高。如私有林比例较高的国家英国和丹麦，超过65%的私有林参加了保险，而公有林比例较高的国家如法国和德国森林保险的覆盖率不足10%。

（一）总体制度

瑞典、芬兰、美国、日本等国森林保险的经营形式主要包括由国家直接对森林进行保险（如日本），或者由私人保险公司（如澳大利亚）和联营保险公司（如瑞典、芬兰）承办。发达国家开展的森林保险主要对林木的价值进行承保，也有对实际发生的林木损失以及灾后重新造林的成本进行投保的（如澳大利亚），这样可以降低保险费用。新西兰通常对林龄小于20年的林分根据物化成本确定保额，而成熟林的保额是根据立木价值加以确定的。大部分森林保险的保险标的是人工林，天然林因不好估价而未纳入保险范畴。政府拥有的人工林参保的也较少，因为政府承担了其经营风险。大部分国家实行自愿性森林保险，而为鼓励公有林主参加保险，并完全放弃国家救助，法国和德国实行强制性风灾险。

（二）保险产品

1. 险种设计

发达国家森林保险险种多由单一的火灾险种逐步发展为包括风暴、霜冻、干旱、鼠害等综合灾害以及附加险的综合险种，但多数国家如澳大利亚、日本等规定病虫害不在保险范围内。除林木损失外，森林灾害还会给投保人带来其他损失，如灾害扑救费用、受灾现场清理费用等，为减轻这些费用，往往需要上附加险。下面介绍几个典型国家的森林保险险种。

芬兰主要有森林火灾保险、森林综合保险、森林重大损失保险和森林附加保险。森林火灾保险承保火灾损失单一责任，森林综合保险承保火灾、暴风雨、龙卷风、飓风、洪水、冰雹、山体滑坡、冰雪和虫害等损失责任，森林重大损失保险承保大面积损失限额以上的赔偿责任，附加险承保兽害、真菌和洪水损失责任。

瑞典早在1920年就开办了森林保险，险种分为火灾保险和综合责任保险，后来逐步发展为以综合保险为主的林业保险业务。在业务量中，火灾险约占40%，综合险约占50%。

澳大利亚人工林可投保部分险种，以抵御林火、暴风、龙卷风雷电、冰雹和飞机失事造成的破坏，也可以投全险和附加险。可选择的附加险包括受灾现场清理费用、理赔准备费用和最高为10万澳元的减轻损失费用。

日本森林保险包括火灾、气象灾害及火山喷发险等三大类。火灾指野火对林木资产的损害；气象灾害包括风灾、雪灾、水灾、旱灾、冻灾和潮灾；火山喷发险主要承保火山喷发造成的林木折损、倒伏、火山灰埋没等损害。

2. 保险金额

确定保额是森林防火保险工作中难度最大的地方。保险公司希望进行全额保险，以获得较多的保费，而投保人则考虑是否有必要对全部林木进行投保，因为林木数量在森林经营过程中会发生变化。多数发达国家会根据不同树种、林龄和投保期限分别确定不同保额和费率。例如，日本农林水产省林业厅根据全国林地档案和森林资源调查资料制定全国统一的林木价值标准和保险费率，保险公司和投保人可自行计算出林木资产价值和保险费、保额，保险申请和索赔手续都非常简便。保险金额按标准金额（固定金额）或评估金额（递增金额）确定。标准金额为合同的最高额度，主要根据树种和林龄确定。评估金额是随着森林生长、不断增值而确定的保险金额，即根据森林受灾时的林龄计算并缴付保险金。澳大利亚人工林在参保时就要根据地理位置、树种、林龄、林分条件和人工林经营情况确定人工林价值。若发生损失，林主可按约定价值获得赔付。澳大利亚森林种植者协会（AFG）为各州制定了主要树种估值标准，林木种植者可按这些标准确定人工林总价值，估测保险金额。大多数联邦州均提供高、中、低三种估值标准。高估值标准适用于林地条件好、距离市场近、种苗优良和营林成本高的林地，低估值标准则适用于林地生产力在平均水平之下、距离市场较远和营林成本较低的林地。

新西兰通常对林龄小于20年的林分根据营林成本确定保额，这些营林成本包括：整地、栽植和苗木费用为99新西兰元/公顷（相当于32元/亩）；间伐和修枝费用为74新西兰元/公顷（相当于24元/亩）；年度管护费用为12新西兰元/公顷（相当于4元/亩）。

3. 保险费率

发达国家多根据不同地区面临的森林灾害风险大小不同，按区域划分风险等级，确定差级费率。如瑞典和芬兰都采取按森林面积确定保险费率的方法。瑞典根据全国各地的地理位置、气候条件、自然环境、交通情况、群众习惯等因素，将全国森林划分为6个林区实行差别保险费率。保险金额根据单位面积立木蓄积量的价格确定，按森林面积收取保险费，可防止通货膨胀对费率的影响。芬兰把全国森林划分为20个林区，实行差级费率。具体费率根据森林灾害损失统计资料确定，单一森林保险费为0.2～0.43美元/公顷，综合森林保险费为0.4～1.5美元/公顷，重大损失险享受费率优待。

美国不是按森林面积确定保险费率，而是根据气候、树种耐火性、种植密度、保护措施以及其他因素等收取不同的费率。另外，保险条款和费率的不同还涉及林木是否暴露于易着火地带以及是否采取火灾预警措施等。

在澳大利亚，可以根据不同的林木估值标准，确定差别保险费率；可以对所有的人工林实行统一的保险费率，而不必考虑每处人工林的具体情况，但这样会提高总体保险费率。澳大利亚种植者还可根据自己的财产风险水平选择保险扣除额，保险扣除额越高，保费就越低。澳大利亚多数林木种植者和投资者以趸保的形式购买森林保险，这些种植者的保险需求与人工林团体保险计划相一致。个人种植者和家族公司的年保费为人工林价值的1%。在低风险地区，保费也相应地低一些，可通过不同的保险扣除予以降低。林业工业公司倾向于将其人工林资产和更多的工业资产整合在一起统一投保，其保费低于AFG人工林团体投保的保费。参加AFG人工林保险计划，每续保1年可得到3%的折扣，7年后累计折扣可达21%。如当年无赔付，还能得到另外3%的无赔付折扣。因此，连续参保和无赔付的综合折扣最高可达42%。

在新西兰，保险公司收取的森林保险保费一般低于投保额的1%。日本森林保险保费可选择一次性缴纳或分期缴纳，一次性缴纳可享有优惠。芬兰规定投保500公顷以上的林地，可获10%的森林保险费折扣，并由芬兰政府提供基金补贴。

4. 赔偿办法

被保险的森林一旦发生灾害损失，往往按实际损失赔偿。但芬兰最初的森林火灾保险设有最高赔偿限额，且实行定额保险。1972年以后，芬兰采取了足额保险的方式，对全部森林价值负责赔偿。在发生损案时，一般都需要通过损失估定第三方进行调查估定。损失估定第三方一般由林务员和林业技术员担任。赔付额和林木价格每年都需要通过不断的成本研究来确定。通过对长期理赔统计资料的分析，可及时得出基本正确的费率。在芬兰的森林保险赔偿中，保险公司赔付损失金额的1/3，另外2/3的损失金额由政府补助基金供给。

日本损害赔偿范围包括立木枯死或无法恢复，以及立木的经济价值显著降低。赔偿金必须在合同规定的保险金额度之内按照损失程度给予支付。但以下情况不能获得赔偿：2000日元以下的损失；风倒木等可以恢复的损害；不需要补植，也不妨碍成林的轻微损害；因违背适地适树及苗木不良、种植不当等明显的造林技术缺陷造成的立木枯损；在造林后约6个月（秋季种植约1年）内因生长不良等发生的枯损造成的损害；森林病虫害、野兽及地震等造成的损害。另外，保险的免责还包括：因被保险者故意或重大过失造成的森林损害；未在规定期限内送达损害发生通知（自损害发生之日起超过2年即为无效）；因战争、动乱造成的损害；应支付金额不足4000日元。

（三）财政补贴

政府在森林保险发展中起着重要作用，保险补贴是其发展的关键因素。主要的补贴方式有两种，即保费补贴和保险公司经营费用补贴。

德国私有林经营者缴纳的森林保险费的一半由政府承担。奥地利政府对森林火灾、冰雹和霜冻险等给予保险费补贴，共补贴保费的50%，其中25%由中央政府支出，来自国家灾害基金，而另25%由地方财政支付。

美国政府采取多种形式对参加森林保险的林业经营者和开展森林保险业务的保险公司进行政策扶持。其中，主要采取的是补贴私人保险机构的模式，鼓励和支持私人保险机构开展森林保险业务。到目前为止，补贴范围已能涵盖保险公司所有营运开支。联邦保险计划规定将净保费总额的20%～25%作为管理补贴返还给保险公司，但新农业法案将这一比例下降到总保费的18%。此外，政府还认捐包含林业在内的农业保险公司相当数额的资本股份，对其资本、财产和收入免征一切赋税。根据险种不同，美国政府提供不同比例的保费补贴。例如，联邦农作物保险项目规定，当承保率为50%、55%、60%、65%、70%、75%、80%和85%时，分别补贴净保费的67%、64%、64%、59%、59%、55%、48%和38%。

（四）运行机制

芬兰的森林保险业务由联营保险公司在政府农林部领导督导下经营。具体来说，芬兰的林业保险由许多私人保险公司组成的芬兰保险中央联盟经营，各私人保险公司统属社会事务和卫生部下设的保险局管理。发生森林灾害后，保险公司赔付1/3，另外2/3损失金额由政府补助基金供给。另外，政府还对私有林主提供免费技术支持，这对促进森林保险顺利开展起到了积极作用。

瑞典的森林保险由私营保险公司经营，并成立联营再保险公司承担联营分保业务。私营保险公司承保国有林、集体林和私人林场的人工林及林木产品。林业合作组织也承担一定的森林保险业务。瑞典政府对林主提供免费信息、教育和技术服务，尽管发展森林保险没有得到政府经费支持和补贴，但是参保率很高。

在自由竞争的市场经济条件下和政府对林业的大力支持下，美国私人保险公司开展了多样化、综合性的森林保险业务，多家保险公司采取合保的形式来分散风险。美国政府除对林农和保险公司进行补贴外，还通过隶属农业部的风险管理机构（RMA）来监督和管理美国农业保险项目。RMA还通过风险管理伙伴关系协议提供资金开展保险产品研究、开发、教育和培训等。

虽然澳大利亚政府在制定森林防火政策和法律方面的力度很大，各项法律法规很完善，但在森林保险的运作过程中，政府并没有过多参与。林业资源完全由林业所有人经营并办理保险。自1984年成立以来，伦敦劳合社一直是澳大利亚森林种植者协会（AFG）人工林保险计划的主要承保公司。尽管保费水平随着市场波动，但该保险公司的承保能力一直很稳定。长期参加该计划的AFC成员可享受较大折扣，所缴纳的保费低于市场价。

日本是建立森林保险较早的国家之一，已经形成一套较为完善的森林保险体系。该体系由国营森林保险、私有保险公司森林保险和森林灾害互助保险等三部分组成。1937年，日本政府颁布《森林火灾国营保险法》和《森林火灾国营保险特别会计法》，并分别依法建立了国营森林保险制度和森林保险特别会计制度。目前，已形成包括火险、气象险和火山喷发险三大险种在内的森林国营保险体系。由私有保险公司提供的森林保险仅限于林龄 20 年以上的森林火灾赔付，而林龄 20 年以下的幼树火灾险由政府承保。政府还要为暴风雨、洪水、雪灾、干旱、霜冻、潮水和火山爆发造成的损失进行赔付。森林所有者及个人、法人均可加入森林保险。市町村长及森林组合长等可以代表森林所有者组织申请加入保险。林主可通过附近的森林组合参保或办理损失赔偿。日本国有林的经营费用已经完全由国家负担。为了促进私有林得到长期稳定的发展，日本国家实行各种扶持政策，包括以稳定林地和林木所有权为核心的制度保障；以财政补贴、税制优惠和信贷支持为核心的经济扶持；对森林组合等林业经济合作组织的扶持等。

（五）巨灾风险分散机制

巨灾风险分散机制和风险控制手段对于巨灾保险的顺利实施具有非常重要的作用。传统风险分散手段主要有两种：一是建立巨灾风险基金；二是开展再保险业务。芬兰、奥地利均设有由政府出资建立的巨灾风险基金；而美国、日本和瑞典的商业保险公司在承保后，多进行再保险以降低风险。瑞典成立了联营再保险公司，日本政府对商业性森林保险提供再保险。除建立再保险市场以外，美国还在资本市场上推出了一系列诸如巨灾期权、巨灾债券、巨灾期货、巨灾互换等的保险衍生商品，形成了新的巨灾保险风险控制方式——巨灾风险证券化。风险控制手段以投资建立防灾防损工程体系为主，如日本和美国建立起完善的防灾防损工程体系和灾后恢复救助体系。日本为防止灾害再度发生，对因灾害引起的新增加或扩大的荒废林地或发生雪崩、滑坡的地方，在受灾当年进行紧急恢复和治理；建立灾后治山设施恢复项目，重建或修复由异常自然灾害毁坏的设施；对因重大灾害造成的森林受损额和需要恢复的面积较大的市町村实行灾后森林恢复项目。森林灾后恢复工作主要包括受害木的采伐及运出、迹地造林、恢复倒伏林木、开设林道等。灾后恢复治理的费用由政府补贴 2/3，其中 1/3 由中央政府承担，1/6 由地方政府承担。美国要求参与灾害救助计划的森林生产经营者必须购买森林保险。

第二节 我国森林保险的发展历程

一、我国森林保险主要发展阶段

森林保险起源于欧洲国家，至今已有上百年的历史。20 世纪 80 年代之前，我国森林保险在理论研究与实践探索方面均处于空白。我国最早开展森林保险研究始于20世纪80年代初，从1984年首次开展林业保险试点工作，我国森林保险经历了近40年的探索和实践，其发展历程可以划分为1978～2008年和2009年至今两个发展阶段。

（一）探索实验阶段（1978～2008年）

1978—2008年为探索试验阶段，在这一阶段森林保险从无到有，经过“酝酿启动—快速发展—停滞萎缩—稳定复苏”的波动推进，其经营模式从多种形式经营到纯商业化运作，再到地方财政给予保费补贴，反映了政府和保险机构在推动森林保险的过程中不断地试验、探索和突破，为其后的中央财政森林保险保费补贴工作奠定了坚实基础。

（二）保费补贴阶段（2008年至今）

2009年，中央财政森林保险保费补贴试点工作启动。在政策引擎的强力驱动下，到2016年，中央财政森林保险保费补贴范围已经扩展到全国24个省（区、市）、4个计划单列市、3家森工集团，共31个实施地区和单位，如图7－1所示。森林保险制度体系逐步建立，保障力度稳步增强，有效保护了森林资源，保障了林农收益，增强了林业融资能力，推动了林业现代化建设进程。

表7－1　2009～2016年中央财政森林保险保费补贴地区和单位

年份	地区	数量
2009	福建、厦门、江西、湖南	3个省、1个计划单列市
2010	福建、江西、湖南、辽宁、浙江、云南、厦门	6个省、1个计划单列市
2011	福建、江西、湖南、辽宁、浙江、云南、四川、广东、广西、厦门	9个省、1个计划单列市
2012	福建、江西、湖南、辽宁、浙江、云南、四川、广东、广西、河北、安徽、河南、湖北、海南、重庆、贵州、陕西、厦门	17个省、1个计划单列市
2013	福建、江西、湖南、辽宁、浙江、云南、四川、广东、广西、河北、安徽、河南、湖北、海南、重庆、贵州、陕西、山西、内蒙古、吉林、甘肃、青海、大连、宁波、青岛、厦门、大兴安岭林业集团公司、内蒙古森工集团	22个省、4个计划单列市、2个集团
2014	福建、江西、湖南、辽宁、浙江、云南、四川、广东、广西、河北、安徽、河南、湖北、海南、重庆、贵州、陕西、山西、内蒙古、吉林、甘肃、青海、北京、山东、大连、宁波、青岛、厦门、大兴安岭林业集团公司、内蒙古森工集团	24个省、4个计划单列市、2个集团

续表

年份	地区	数量
2015	福建、江西、湖南、辽宁、浙江、云南、四川、广东、广西、河北、安徽、河南、湖北、海南、重庆、贵州、陕西、山西、内蒙古、吉林、甘肃、青海、北京、山东、大连、宁波、青岛、厦门、大兴安岭林业集团公司、内蒙古森工集团、吉林森工集团	24个省、4个计划单列市、3个集团
2016	福建、江西、湖南、辽宁、浙江、云南、四川、广东、广西、河北、安徽、河南、湖北、海南、重庆、贵州、陕西、山西、内蒙古、吉林、甘肃、青海、北京、山东、大连、宁波、青岛、厦门、大兴安岭林业集团公司、内蒙古森工集团、吉林森工集团	24个省、4个计划单列市、3个集团

注：厦门市、内蒙古森工和吉林森工分别于2009年、2013年和2015年参照所在省份执行。

1. 试点实施时期（2009～2011年）

自新一轮集体林权制度改革正式启动后，森林保险被确定为集体林权制度配套改革的主要政策措施之一，相关政策和文件密集出台。2009年，中央“一号文件”明确“加大财政对集体林权制度改革的支持力度，开展政策性森林保险试点”。同年，财政部印发《关于中央财政森林保险保费补贴试点工作有关事项的通知》（财金〔2009〕25号），将福建、江西和湖南列为中央财政森林保险保费补贴首批试点省份，标志着政策性森林保险工作正式启动。此后，财政部、保监会、国家林业局等部门出台的相关政策文件[①]确定了政策性森林保险业务发展的基本原则、工作思路、参保标的物、灾害责任、保额和费率、风险分散机制、推进森林保险工作的策略，以及财政部门、林业主管部门、保险监管部门在推动森林保险工作中的功能与角色等内容。

专栏7-1

中央财政森林保险保费补贴试点方案

2009年，财政部《关于中央财政森林保险保费补贴试点工作有关事项的通知》（财金〔2009〕25号）以附件形式印发《中央财政森林保险保费补贴试点方案》，对中央财政保费补贴型森林保险的试点条件、补贴比例、保险责任和保险金额等作出了明确说明。

① 2009年10月，保监会联合国家林业局发布《关于做好政策性森林保险体系建设促进林业可持续发展的通知》（保监发〔2009〕117号）；2009年12月，财政部联合国家林业局和保监会印发《关于做好森林保险试点工作有关事项的通知》（财金〔2009〕165号）。

一、试点地区的选择标准：一是林权制度改革比较深入，林地经营权已落实到户，具备开展森林保险的条件。二是地方政府部门对森林保险工作重视，有积极性。三是林地面积占比大，森林覆盖率位居全国前列。

二、补贴品种：生长和管理正常的商品林和公益林。

三、补贴比例：在省级财政至少补贴25%保费的基础上，中央财政再补贴30%的保费。

四、保险责任：以人力无法抗拒的自然灾害为主，包括火灾、暴雨、暴风、洪水、泥石流、冰雹、霜冻、台风、暴雪、雨凇、虫灾等。根据本地气象特点，试点地区可从上述选择几种对本地林业生产影响较大的自然灾害，列入保险责任。试点地区可选择其他灾害作为附加险保险责任予以支持，由此产生的保费，可由地方财政部门提供一定比例的保费补贴。

五、保险金额和费率：保险金额和费率不作统一要求，由试点地区根据本地实际情况确定。保险金额原则上为林木损失后的再植成本，包括挖树根、清池、挖坑、移栽、树苗、施肥到树木成活所需的一次性总费用，具体由地方政府和经办保险机构按市场原则协商确定。保险费率应综合保险责任、林木多年平均损失情况、地区风险水平等多种因素科学厘定。有条件的地方可以适当提高保障水平，选择林木生产成本或林木产量作为保险金额，对于超过再植成本的保障部分，可由地方财政部门提供一定比例的保费补贴。

在中央制定相关政策的同时，各试点地区也依据各省实际，相继出台了一系列规范化文件，均制定了省级《森林保险试点工作方案》，明确了指导思想、基本原则，界定了保险责任，针对不同树种、树龄、灾害类型等因地制宜设置险种，并设定了相应的费率和保额，规定了赔偿处理的操作方式、保费补贴及资金结算方式等具体环节的内容与要求，不仅在省级政策层面提供了规范，也为各试点地区森林保险的良性运行提供了保障。

在此时期，保险机构与林业部门积极合作，共同推进森林保险工作。2010年，人保财险与国家林业局林业工作站管理总站签订了《共同推进森林保险的合作框架协议》，约定在森林保险的宣传、培训、承保、查勘定损、防灾防损等方面开展全面合作。此后，双方联合印发了森林保险宣传产品，开展了森林保险培训，举办了森林保险座谈会，并在基层合作共建工作上进行了积极的研究和探索。各保险公司的分支公司与林业主管部门之间也建立起沟通协作机制，协同开展森林保险宣导、防灾减灾宣传教育等，研究完善森林保险的承保理赔机制，共同开展防灾减损工作等，均有力助推了森林保险的发展。

在中央政策以及各试点省地方相关政策的共同扶持下，在各主要保险机构的积极助推下，中央财政森林保险保费补贴试点工作以每年增加3个省的速度稳步推进。2009年，福建、江西和湖南3省投保面积达到2.03亿亩，保费1.20亿元，保险金额达到973.59亿元，各级财政补贴9475.27万元。2010年，中央财政森林保险保费补贴试点地区新增浙江、辽宁和云南3个省，当年森林保险面积达到5.58亿亩①，同比增长174.29%；保费为3.43亿元，同比增长185.83%；提供风险保障2366.58亿元，同比增长143.08%；各级财政补贴为2.77亿元，同比增长192.02%。2011年，试点新增四川、广东和广西3省（区），当年森林保险面积为7.69亿亩②，保费为6.6亿元，平均每亩保费0.86元；提供风险保障3216.83亿元，平均每亩保险金额418.36元；各级财政保费补贴为5.4亿元，补贴比例达到81.71%；全年共完成理赔案件1150起，理赔金额共计1.57亿元，简单赔付率为23.73%。

2. 全面推广时期（2012年至今）

经过2009~2011年的试点，我国于2012年正式实施中央财政森林保险保费补贴工作，并快速向全国铺开，形成了较为成熟的组织体系，如表7-2所示。财政部颁布的《关于2012年度中央财政农业保险保费补贴工作有关事项的通知》（财金〔2012〕80号）提出，自2012年起，中央财政农业保险保费补贴区域推广至全国，各地可本着自主自愿的原则开展。这标志着政策性森林保险试点阶段结束，步入正式实施时期。在此时期，有关政策文件③对政策性森林保险理赔、条款和费率、大灾风险分散机制等内容进行了较为详细的规定，这有助于进一步完善森林保险制度，促进森林保险市场健康发展。需要说明的是，2013年中央一号文件④和2015年3月中共中央、国务院印发的《国有林区改革指导意见》（中发〔2015〕6号）明确指出，开展重点国有林区森林保险保费补贴试点，加大中央财政的森林保险支持力度，提高国有林区森林资源抵御自然灾害的能力。

本阶段是我国森林保险政策支持力度继续加大、行业管理体系逐步健全、运营模式逐年优化、信息互通共享的时期，呈现出三个发展特点。

---

①② 数据不包含广东省，因其在统计期内尚未正式开展试点工作。

③ 2012年1月，保监会发布《关于加强农业保险理赔管理工作的通知》（保监发〔2012〕6号）；2013年4月，保监会印发《关于加强农业保险条款和费率管理的通知》（保监发〔2013〕25号）；2013年12月，财政部印发《农业保险大灾风险准备金管理办法》（财金〔2013〕129号）；2014年2月，财政部印发《农业保险大灾风险准备金会计处理规定》（财会〔2014〕12号）。

④ 《中共中央、国务院关于加快发展现代农业进一步增强农村发展活力的若干意见》。

表 7-2 我国森林保险政府分级职能概况

政府分级	职 能
中 央	国务院保险监督管理机构对森林保险业务实施监督管理。财政、林业、发展改革、税务、民政等有关部门按照各自职责，负责森林保险推进、管理的相关工作
省 级	省、自治区、直辖市人民政府确定适合本地区实际的森林保险经营模式。财政、保监、林业部门共同制定森林保险方案、完善森林保险制度。财政部门负责保费补贴资金管理，确保专款专用
市县级	县级以上地方人民政府统一领导、组织、协调本行政区域的森林保险工作，建立健全推进森林保险发展的工作机制。县级以上政府有关部门按照职责分工，负责森林保险推进、管理相关工作
乡镇林业站	开展森林保险政策宣传、林业防灾减灾、指导植被恢复等工作，协助保险机构组织承保、查勘定损、联系理赔等
村民委员会	推荐村级协保员协助推进所在区域森林保险业务

一是保险覆盖面迅速扩大。2012 年，实施中央财政森林保险保费补贴的省份达到 17 个、计划单列市 1 个，较 2011 年年末基本增加 1 倍。截至 2016 年，全国已有 24 个省、4 个计划单列市、3 个森工集团纳入保费补贴范围，仅有天津、黑龙江、上海、江苏、西藏、宁夏、新疆（含新疆生产建设兵团）7 个省（区、市）和黑龙江森工、长白山森工未纳入保费补贴范围。

二是制度体系不断健全完善。本时期历年中央“一号文件”均对森林保险工作做出安排：2012 年做出“扩大森林保险保费试点范围”的部署，2013 年对“开展重点国有林区森林保险保费补贴试点”做出安排，2014 年指出“扩大森林保险范围和覆盖区域”，2015 年指出“扩大森林保险范围”。为加快完善森林保险制度体系，财政部、保监会、国家林业局等部门也在关键节点、薄弱环节及时出台相关政策文件，在年度保费补贴工作安排、保险条款和费率、大灾风险准备金、保险市场秩序监管、再保险、共保体建设等方面做出了规定。同时，各纳入中央保费补贴的省（自治区、直辖市）和计划单列市以及森工集团也结合各自实际，根据本地区森林保险发展阶段与特点，对森林保险工作做出了大量细致的安排。在中央、各相关职能部门、各省级实施单位的共同努力下，我国森林保险制度保障体系日趋健全。

三是保险功能得到有效发挥。为更加有效地做好森林保险工作，发挥森林保险的各项功能，同时实现林业部门、保险部门及被保险人的利益最大化，最大可能地减少投保成本、降低灾害风险，目前各主要森林保险经营机构均着重加强基层服务网点建设，并注重与林业部门开展密切合作，更加注重保险产品创新，以及应用工业4.0信息技术、3S技术、无人机等先进技术与设备，在灾害风险预测与预防、森林灾害遥感评估、灾后查勘定损等方面收到了较好的成效。譬如截至2015年年底，人保财险在农村地区建设的基层服务网点数量共计32.03万个，覆盖了全国96.28%的乡镇和56.00%的行政村，农网队伍人员数量达到32万人。同时，人保财险也积极研究创新多年期森林保险产品。为开展好森林保险防灾防损工作，中华财险更加注重灾后减损的关口前移，重点做好日常风险防范的各项措施。通过积极与当地林业部门、气象部门或与共保体成员单位之间开展紧密沟通协作，共同搭建信息共享合作平台，及时掌握气象、火险、病虫害等灾害发生前的相关信息，并进行区域性预测预报，增强了灾害防治的预见性和科学性。

由表7-3可知，与2012年相比，2016年参保的地区和单位数量增加了13个；参保森林面积增加7.55亿亩，增长了58.57%；保费增加了12.46亿元，增长了73.34%；风险保障增加了5357.12亿元，增长了83.41%；各级财政保费补贴增加了12.46亿元，增长了87.25%，保费补贴比例提高6.32个百分点；简单赔付率提高21.16个百分点。

表7-3　2009~2016年森林保险发展状况

年份	参保面积（亿亩）	覆盖率（%）	保险金额（亿元）	保费总额（亿元）	赔付率（%）	财政资金投入（亿元）	财政资金比例（%）
2009	2.03	45.80	973.59	1.20	47.66	0.95	79.28
2010	5.58	64.25	2366.58	3.43	34.40	2.77	80.77
2011	7.69	57.59	3216.83	6.60	23.73	5.40	81.72
2012	12.89	57.21	6422.86	16.99	14.90	14.28	84.48
2013	19.57	68.69	9060.13	25.59	17.10	22.81	89.12
2014	21.03	67.40	10889.29	27.27	20.82	24.34	89.25
2015	21.74	69.68	11871.85	29.17	33.42	26.09	89.45
2016	20.44	无数据	11779.98	29.45	36.06	26.74	90.80

注：2009年数据未包含参照福建省执行的厦门市，2010年数据未包含辽宁省和厦门市，2011年数据未包含广东省和厦门市，2012年未包含安徽省和厦门市，2013年数据未包含参照所在省份执行的厦门市和内蒙古森工，2014年数据未包含山东省。

资料来源：国家林业局、中国保险监督管理委员会。

二、森林保险的经营模式

目前，政府介入森林保险的模式在实践中主要体现为4种模式，分别是保险公司主办并由林业部门配合的协保模式、林业部门与保险公司共保模式、林业部门自保模式和农村林木保险合作组织共济模式。

（一）协保模式

协保模式由保险公司市场化运作，林农自愿投保，政府给予财政补贴，林业部门配合保险公司开展工作，一般以县乡为单位进行统保并将生态公益林强制纳入森林保险。这种模式的特点是政府支持、商业化运作、专业化管理。政府支持主要体现在对保费的财政补贴以及林业部门对保险公司开展森林保险业务的工作配合。商业化运作是指依靠保险公司已有的各种经营渠道开展森林保险业务经营。专业化管理是指凭借保险公司已有的保险产品经营和管理经验实现森林保险专业化管理。这种模式要求所在地区经济比较发达、财力雄厚，政府可以同时在资金和政策上给予扶持，林业生产者要具备较强的投保意识。

（二）共保模式

共保模式以保险公司名义开展业务，具体承保手续由林业部门负责办理，保费收入和赔偿在保险公司和林业部门按比例分享或负担。共保模式是国内外保险界对损失概率不确定的重大项目和罕见巨灾的一种理想的森林保险制度模式，可以降低独家承保的风险，提高化解巨灾风险的承受能力。由于森林保险的风险单位很大，对单个投保林业生产者而言大部分林业灾害都具有较大的相关性。因此，要在空间上分散风险必须在较大范围内从事保险经营，否则大灾面前，区域范围小且财力弱的政府是难以兜底的。

（三）自保模式

自保模式是由林业部门独立开展森林保险业务，自行收取保费并负责灾后赔偿的森林保险经营方式。这种模式带有较强烈的计划经济色彩，其优点是林业部门可利用自身行政管理和技术上的优势，有效地防止被保险人的道德风险和逆向选择现象的发生；其缺点是风险比较集中，风险难以在较大空间上得到分散，同时财政压力较大。

（四）共济模式

共济模式是由各级政府帮助组织和建立的以被保险农民为主体的民间森林保险合作组织或森林保险合作社。这种模式下的保险合作社的社员是在自愿互利的基础上自主建立自负盈亏、风险共担、利益共享的森林保险组织，因此其经营灵活，可因地制宜设立险种，而且保险费不会太高。保险人和被保险人集于一身，利益高度一致，信息比较完全，在这种情况下，被保险人往往容易站在保险人的立场上，实行以防范风险为主的管理，这样就可以减少道德风险的发生。另外，由于森林保险合作组织存在于狭小的社区地域，且主要经营对象是林业，而森林灾害一旦发生，受灾面大，往往波及数县甚至跨省，一次灾害可能使整个地区性合作保险的成员共同受损，保险以多补少、自我平衡的原则难以实现，同时缺乏专业的保险技术人才。

4 种森业保险经营模式的特点如表 7－4 所示。

表 7－4　4 种森林保险经营模式的特点

经营模式	主要特点	主要优点	主要缺点
协保模式	政府支持、商业化运作、专业化管理，政府给予一定的财政补贴	能够发挥林业部门在查勘定损等方面的专业优势	保险公司追求利益最大化，开展业务积极性不高
共保模式	林业部门承保，保费收入和赔偿在保险公司和林业部门按比例分享或负担	可以降低独家承保的风险，提高化解巨灾风险的能力	受区域限制，区域范围小且财力弱的政府难以兜底
自保模式	由林业部门独立开展保险业务，计划经济色彩浓厚	可以利用林业部门行政管理和技术上的优势	风险比较集中，财政压力较大
共济模式	政府引导建立、自主经营、风险共担、利益共享	经营灵活，可因地制宜设立险种，有效减少道德风险和逆向选择现象发生	受区域和资金限制，风险集中、缺乏保险技术人才

这 4 种模式中，政府介入的方式主要是保费补贴、免营业税、直接行政干预、指导和帮助建立森林保险合作组织等。针对我国不同地区、不同时期的林业风险状况，政府在介入森林保险模式的选择上进行不同的组合和侧重，在一定时期，在一定程度上防范和化解了林业的风险，保障了林业生产者的经济利益，促进了林业的发展。目前，福建、江西、湖南、浙江、辽宁和云南等试点省份森林保险经营模式属于协保模式，即由政府提供制度框架，在林业部门的配合下，商业性保险公司开展森林保险业务，同时政府给予被保险人一定的保费补贴，其主要特点是政府主导。

第三节　我国森林保险补贴政策与执行情况

一、保险产品设计

1. 保险品种和责任

林业是依靠自然力进行生产和再生产的行业，而且生产经营周期较长，容易遭受各种自然和人为灾害的侵袭。林业生产经营面临的自然风险主要包括森林火灾（地表火、林冠火和地下火）、气象灾害（风灾、干旱、水灾、霜冻、雪灾、雾凇、雨凇等）、生物灾害（病害、虫害、鼠兔害、有害植物等）、地质灾害（地震、火山、泥石流、滑坡、崩塌等）4大类。自2009年起，各试点省纷纷启动森林综合险方案，森林保险的保险责任呈现出多样化趋势。全部试点地区都采取多风险、多灾因的保险保障。尽管各地根据具体的灾害状况，涵盖的保险责任略微有所不同，大都涵盖全省（市、自治区）发生较为频繁和易造成较大损失的灾害风险。

2. 保险金额和费率

目前我国森林保险试点工作以低保费、保成本、广覆盖为原则，既考虑林业生产经营者的缴费能力和基本保障需求，又考虑保险公司的风险防范水平和稳健经营，防止超出双方的承受能力。保险金额原则上为林木损失后的再植成本，包括郁闭前的整地、栽植、施肥、管护、抚育等费用。现有森林保险一般以亩为投保计量单位，基本上不分树龄与树种。虽然我国各省森林保险的保险金额也各不相同，但是普遍金额较低。2016年，我国森林保险产品的核心内容如表7-5所示。

表7-5　我国森林保险产品的核心内容

	公益林	商品林
保险品种	综合险、火灾险、一切险、指数险	
保险责任	火灾、暴雨、暴风、洪水、泥石流、冰雹、霜冻、台风、暴雪、虫灾、干旱、滑坡、雨雪冰冻、热带气旋、龙卷风、雷击、洪涝、低温、沙尘暴、地震、干热风等	
保险金额（元/亩）	400~1200	400~1024.07
保险费率（‰）	1~6	1.6~8

二、保费补贴模式

森林保险保费补贴是一种转移性支出，其职能就是纠正森林保险消费的正外部效应，以维护森林保险市场运营的有效性。从财政补贴形式上来看，主要是采用有条件、不封顶配套补助方式，对被保险人提供森林保险保费补贴（价格补贴）。

由图7-1可知，我国森林保险保费补贴层级一般为中央、省、地级市、县（市、区）四级，在省直管县的地区，补贴层级则为中央、省、县（市、区）三级。商品林中央财政的补贴比例为30%，省级财政的补贴比例为25%～30%；市级及以下财政承担的补贴比例为5%～25%，农户自担部分平均为0～40%；公益林中央财政补贴比例为50%，部分省（直辖市）级财政对公益林的保费补贴比例提高到50%。

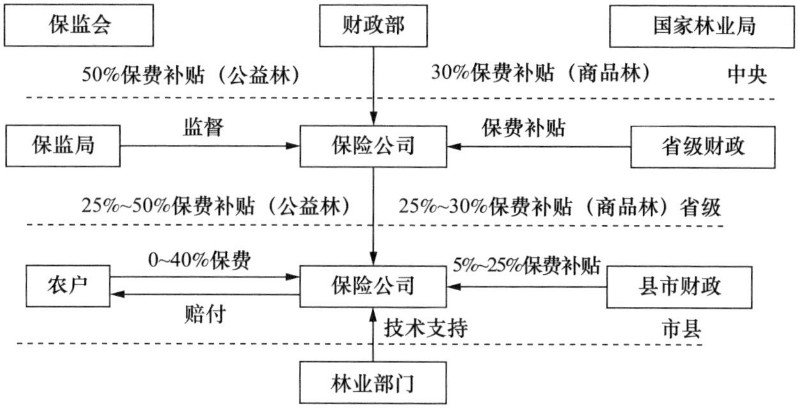

图7－1　中央财政森林保险保费补贴运作模式图

三、政策执行情况

自森林保险保费补贴政策实施以来，森林保险产品不断丰富，在单一火灾险的基础上增加了综合险险种，森林保险的投保面积和森林保险覆盖率明显提高，增强了农户抗风险的能力，森林保险的保障作用得以显现。

1. 总体参保情况

2009年，我国开始开展森林保险中央财政保费补贴试点工作，当年试点省份共参保2.03亿亩，2010年和2011年分别新增3个试点省份，至2011年全国森林保险参保面积已达7.69亿亩。2012年以来，森林保险总参保面积持续增长，增速从2014年开始明显回落。2015年总参保面积达到21.74亿亩，2016年全国参保森林面积为20.44亿亩，保险保费总额达29.45亿元，具体数据如表7－6所示。其中，2016年，公益林参保面积为16.99亿亩，商品林参保面积为3.45亿亩，分别占83.12%和16.88%。

表7－6　2012～2016年我国森林保险参保情况

	2012年	2013年	2014年	2015年	2016年
公益林参保面积（亿亩）	7.71	14.28	15.88	16.44	16.99
商品林参保面积（亿亩）	5.18	5.29	5.15	5.30	3.45

续表

	2012年	2013年	2014年	2015年	2016年
总参保面积（亿亩）	12.89	19.57	21.03	21.74	20.44
保费收入（亿元）	16.99	25.59	27.27	29.17	29.45
财政补贴（亿元）	14.28	22.92	24.38	26.09	26.74

从参保结构来看，自2009年试点以来，商品林参保比重逐年下降，2012年以后下降尤为明显，从2012年的40.19%降到2016年的16.88%，商品林参保比率已不足两成。商品林和公益林近5年参保面积的变化，如图7－2所示。

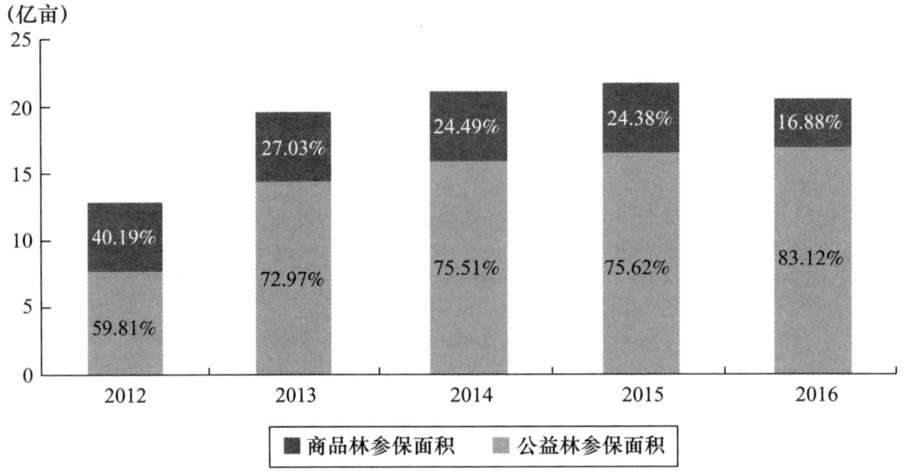

图7－2　2012～2016年森林保险参保面积及变化

2. 财政补贴情况

自2009年试点以来，财政补贴比率逐年上升，2012年以后财政补贴与保费规模保持同步增长，财政补贴占保费比例保持在89%左右，如图7－3所示。2016年，森林保险保费收入共计29.45亿元，各级财政对森林保险的保费补贴金额合计26.74亿元，财政补贴占总保费的90.80%；从保费补贴结构来看，中央、省、市县财政对森林保险的保费补贴分别为14.08亿元、8.70亿元和3.96亿元，分别占总补贴的47.81%、29.55%和13.43%。其中，公益林保费为22.92亿元，占总保费的82.15%，财政补贴共21.97亿元，占总保费的95.78%，北京、江西、河南、广西、海南等省（市、区）由中央和省（市）级财政全额承担公益林保险保费。

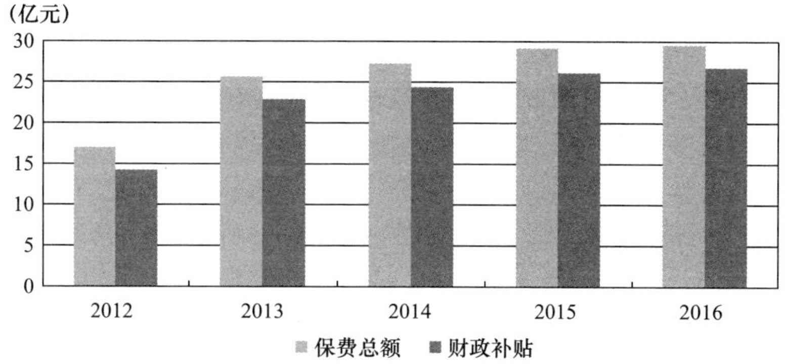

图 7－3　2012～2016 年森林保险保费与财政补贴规模

3. 保险赔付情况

2009 年以来，森林保险总体赔付率呈上升态势。2016 年，全国森林保险完成灾害理赔 17911 起，总赔付金额达 10.62 亿元，比 2015 年增加 0.87 亿元，增长 8.92%；全国平均简单赔付率为 36.06%，比 2015 年增加 2.64 个百分点。在全国总体森林灾害情况没有大的波动的前提下，赔付率逐年上升体现森林保险理赔制度体系逐渐完善，森林保险的保障功能日趋显现。从年度变化来看，公益林保险赔付率始终低于商品林保险赔付率（见图 7－4），公益林作为参保面积的主要部分，赔付金额反而相对较少。商品林在参保面积下降的情况下，赔付金额和赔付率仍然有较大增长。2014～2016 年，商品林保险的赔付率明显高于公益林，且呈现逐年提高的态势。

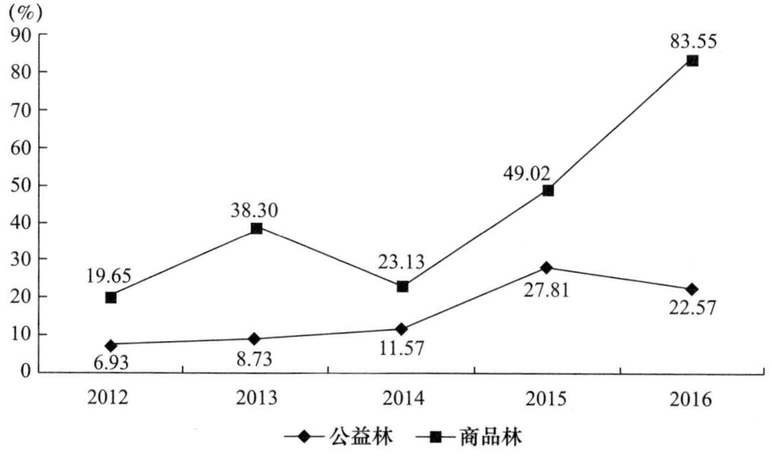

图 7－4　2012～2016 年森林保险简单赔付率变化情况

第四节　森林保险保费补贴政策执行困境及成因

一、保费补贴政策执行中面临的主要困境

（一）需求层面：保险产品与实际需求不匹配，农户参保意愿不强

实地调研发现，由于农户缺乏基本的自然灾害保险知识，风险意识较差，未能充分认识森林保险的重要性，以及林业收入在多数农民家庭收入中所占比重较低，农户对林业生产收入的依赖程度较低，所以多数林农认为森林发生灾害不会给自家生产生活带来较大的风险，农户对森林保险有效需求不足。实际上，相对于小户林农，大户林农的投保意愿更为强烈，但真正有保险需求的大户林农又因为现行的森林保险产品不能满足自身避险需要，投保意愿不强烈，商品林参保率逐年降低，从2012年的40.19%降到2016年的16.88%，如图7－5所示。2016年，全国商品林参保面积3.45亿亩，比2015年减少1.85亿亩，下降34.91%，占总参保面积的16.88%。

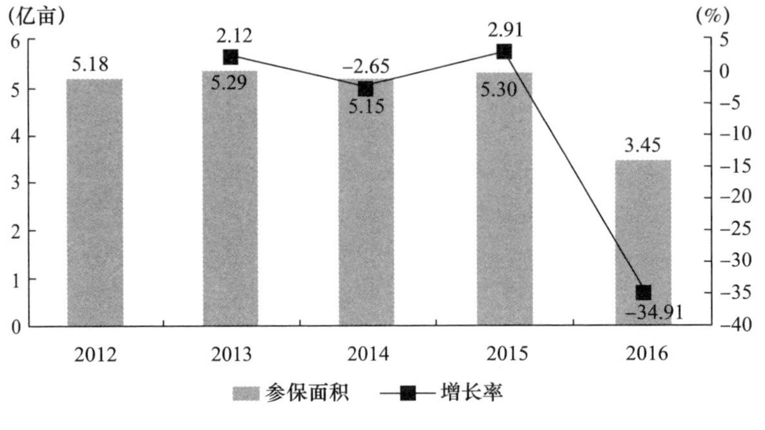

图7－5　2012～2016年商品林参保面积及变化

公益林自2009年森林保险试点以来保持参保面积的不断增加以及占总森林参保面积比重的增加，2012～2016年，公益林保险面积从7.71亿亩增加到16.99亿亩，增加了1.20倍，年均增速21.84%，如图7－6所示。但近年公益林参保面积的增长率有较大趋势的下跌，参保面积趋于稳定。公益林保险之所以

能自试点以来呈现稳定发展的态势，与财政补贴比例近年来持续增加密不可分。一旦公益林保险补贴降低，公益林保险也将陷入投保意愿不足的困境。

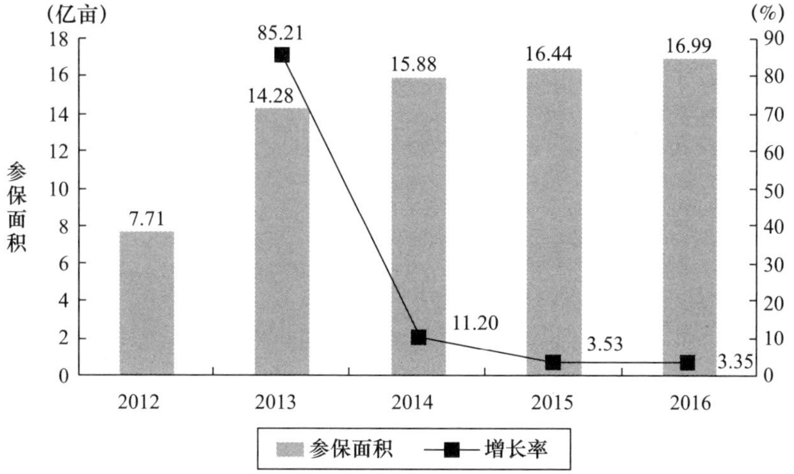

图 7－6　2012～2016 年公益林参保面积及变化

目前森林保险方案按照低保费、低保额、保成本的原则来确定，保险金额主要根据林业生产物化成本的一定比例确定，大量人力成本和其他成本得不到补偿，平均每亩 400～800 元的保险金额根本无法满足农户风险管理的需要。因此，农户的实际投保意愿并不强烈，森林保险产品种类单一、保障水平偏低，以及保险条款设置不合理等因素是导致农户参保率不高的主要原因。

（二）供给层面：保险经营成本与收益不匹配，保险产品供给乏力

集体林权制度改革以后，我国林业呈现小规模、分散化经营的趋势。森林保险投保人和保险标的数量大、分布广，给保险公司开展相关工作增加了难度，使得经营成本过高。一是展业成本高；二是保费收取成本高，由于林区往往地处偏僻，林业生产点多面广线长，从业人员多，经营分散，收取保费困难，基层保险销售员反映，收取的保费还不够油钱路费；三是核损和理赔成本高，由于林地状况、树种、林龄等情况复杂，森林保险的承保、查勘、定损技术难度大，需要专业的技术人员，综合险中多种承保风险如病虫害等，定损难度大，对勘察人员的要求都比较严格，增加了理赔的费用和难度。但森林保险业务的低盈利性使保险经营机构没有招募和保有专业技术人员的积极性，专业化理赔队伍明显不足。由于森林保险经营成本过高，限制了保险公司开展此业务的积极性。

目前保险公司愿意承保森林保险的重要原因是公益林保险采取统保模式，实行以县为单位统一投保，属于省和地级市直属单位管护的生态公益林则由省和地

级市林业主管部门统一投保，试点初期部分省份的商品林也基本上采取的是统保模式。实际上，在森林保险开展过程中，林业部门承担了大量的工作和经费支出，因此，减少了保险公司的经营成本，但是林业部门开展相关工作却未获得相应的经费支持，一旦林业部门由于缺乏经费而被迫停止森林保险工作，基层保险公司就有可能退出森林保险市场。因此，未来要保证基层保险公司经营森林保险的积极性，需要解决的核心问题就是使保险公司的保费收入和实际经营成本相匹配。

（三）政策层面：地方政府的补贴资金难配套，基层部门动力不足

财政支持力度的大小直接影响森林保险覆盖广度和深度。当前国家财政对森林保险实行固定比例和倒补贴的政策要求中央、省、市、县四级财政均出资补贴保费，且在农户保费收缴、县市和省级财政的补贴到位之后，才配套中央财政补贴，县级财政一般都担负5%～15%的补贴比例。在现行补贴制度下，如果县级政府财力不足，就会直接影响省级财政和中央财政的保费补贴。目前，部分地方政府财力有限，影响了推动森林保险工作的积极性。目前，黑龙江、西藏和新疆3个省区仍未纳入补贴试点范围，就是由于森林面积大、地方财力负担重；吉林省由于部分县财政困难，无力配套补贴资金，导致2016年吉林省公益林参保面积下降22.74%；云南省叫停了乡镇统保和政府代缴保费的模式，保险公司放弃承保商品林，导致1.36亿亩商品林未能正常续保。

此外，森林保险承保理赔等工作环节都需要基层林业部门的配合，但由于没有协办费用补贴和相应工作经费保障，基层林业部门配合推进森林保险工作的积极性不高。

二、影响补贴政策实施效果的主要原因

（一）政府职责定位超越了引导鼓励的范围

我国森林保险保费补贴政策的顶层设计缺乏应有的标准和规范，2012年国务院出台了《农业保险条例》，但并没有专门针对林业出台《森林保险条例》，具体的森林保险实施方案由试点地区自行制定。由于森林保险的性质得不到界定，政府在森林保险中的功能定位不明确，森林保险的组织形式、经营范围、保险金额、费率厘定及赔付标准等也缺乏法律的规范。森林保险的运作应当遵循政府引导、市场运作的原则。然而，实际操作过程中，政府的作用并不仅限于给予资金、监管、业务等方面的指导和支持，还参与有关森林保险责任、保险金额和保费率的制定。各地政府不同程度地存在通过行政手段干预森林保险市场的情况，比较普遍的是干预森林保险的费率厘定，各地制定的保险金额、财政补贴比例、承保理赔办法、风险分担机制等差别较大。由于缺乏统一规定，森林保险经

办公司在跨省业务中，分公司面临的政策环境存在很大差异，往往使其无所适从。如果政府只是作为一个引导者参与森林保险，则应当按照市场运作的原则，不宜过多介入森林保险条款的制定，有关森林保险中的保险责任、保险金额以及保费率等核心条款应当由市场交易主体进行决定，过强的政府干预将使保险产品的价格偏离其真实的市场价格。

（二）保险产品设计未能完全遵循市场原则

设计一个合理的森林保险产品，需要科学确定保险责任、保险金额、保险费率等要素。在森林保险的试点阶段，这些要素没有经过科学和定量的风险评估，不存在保险精算，人为性与随意性较强。

1. 保险责任设计不明晰，森林保险品种比较单一

由于森林植被丰富、品种繁多，价值难以确定，对森林保险标的要求也就不同，森林分类经营进一步细化了森林保险标的，增加了森林保险险种的需求。但从各省的森林保险实施方案看，现有的森林保险主要是针对商品林、公益林开展森林火灾险和综合险，森林保险产品并没有区分林种、树种、林龄以及保险责任等因素而进行差异化险种设计，不能满足广大林农的实际保险需求。实际上，保险责任的设计应根据各地具体的灾害状况，涵盖本地区发生较为频繁和易造成较大损失的灾害风险，建立多风险、多灾因的保险保障体系。通过对福建、江西、湖南等地的调研发现，林农最需要参加森林保险的灾害是火灾和病虫害，并且林农最需要的险种分别是涉及多种灾害责任的综合保险和涉及单一灾害责任的保险。目前我国森林保险主要以火灾险和综合险为主，其他单一灾害责任的险种开展不足，对保险责任划分不够明晰，无法针对不同地区的灾害发生特点设计具有差异性的保险产品，使那些对某单一责任险具有强烈需求的林农无法得到满足。

2. 保障金额设置不合理，保障水平不能满足农户避险的需要

根据财产保险的一般原理，保险产品保障水平的设置应根据产品的价值来确定。美国、日本、澳大利亚、芬兰等发达国家开展的森林保险都是根据林木的价值确定保险金额。我国森林保险以低保额、低保费、保成本、广覆盖为原则，森林保险的保险金额是保再植成本，保险金额相当于承保对象物化成本的一定比例（40%～60%），以保障林农灾后恢复造林为主要目标。因此，对于那些林木资源价值比较高的林业生产经营者，森林保险的吸引力不强。商品林经济价值较高，每亩500～800元的保险金额远低于林木实际价值，甚至不及再植成本，在现有保险条款下林农的利益无法得到保障，影响了其投保积极性。根据在江西、湖南等地的实际调查结果，一般立地条件下的造林成本为每亩600～800元，紫色页岩、钙质岩、石灰岩等“三难地”造林成本为每亩2000元左右，个别特殊地带甚至达到每亩5000～6000元。此外，平均每亩抚育成本在300元以上，如果将

造林和抚育成本综合计算，每亩林业的综合经营成本至少为1000元。在目前的森林保险条款中，每亩林地的保额为500元，明显低于造林的基本物化成本。实地调查也发现，在森林保险金额问题上，63%的林农希望保险能够保林木价值。

3. 保险定价机制不完善，保险费率厘定不科学

科学厘定保险费率是确保森林保险经营稳定的重要前提，关系到林农对森林保险的有效需求，也关系到政府保费补贴的支出程度，同时也是区分政府引导还是政府主导的关键问题。如果保险费率偏高，超出林农缴纳保费的能力，就会影响林农的积极性，不利于保险业务的发展；如果费率偏低，就会导致保险公司偿付能力不足，最终也将损害林农的利益。由于区域间地理位置、气候条件的差异，森林的分布及其遭受的灾害呈现较大的差异性，再加上投保人森林经营管理措施的不同，区域间森林生产水平及经营风险差异很大。正是基于此，美国、瑞典、芬兰都将本国森林划分为多个林区，实行级差费率。日本对森林保险费率的划分则更细致，是根据树种、树龄和立地条件划分。财政部下发的《中央财政森林保险保费补贴试点方案》中明确规定，“保险费率应综合保险责任、林木多年平均损失情况、地区风险水平等多种因素科学厘定”。但现实的情况是，各省一般都执行全省统一的保险费率，费率厘定仅仅体现公益林和商品林的差异，费率设计未能充分体现树种、林龄和立地条件的不同，现行的森林保险费率厘定不够科学，导致保险公司无法根据标的实际风险状况科学厘定保险费率。

4. 投保的激励政策不健全

现有森林保险方案中的投保方式基本上采取“分年投保，一年一签”的方式，但由于按照统一费率计算，对于连续几年投保而没有遭受灾害的林农并没有相应费率优惠，仍按照原有的固定费率计算保额，林农普遍认为保费白交了，而且没有继续投保的积极性。保险公司应考虑对采取防灾减灾措施有力，以及灾害发生次数较少的林农实行费率优惠政策。

（三）保险运行模式影响协同推进的效果

森林保险保费补贴政策涉及不同的参与主体，森林保险保费补贴各参与主体利益不一致也影响协同推进效果，如表7-7所示。

表7-7　森林保险保费补贴政策中涉及的主要参与主体

主要参与主体	目标	职责
中央政府	确保国家生态和林业生产稳定，促进林业发展，提供灾后援助	推动试点工作进行，制定相关政策，提供财政支持

续表

主要参与主体	目标	职责
省级政府	执行中央政府政策，确保国家生态和林业生产稳定，促进林区发展，提供灾后援助	制定操作细则，检查试点工作的执行情况，提供配套财政支持
基层政府（林业部门）	促进当地经济的发展和基础设施的建设，达到税收的最大化	提供配套财政支持，帮助基层保险公司开展业务，林业部门为灾害的预防预报、勘查定损工作提供技术支持
省级保险公司	利润最大化（长远考虑），履行社会责任，通过森林保险占据农村保险市场，积累业务资源	制定保险合同细则和操作流程，指导基层保险公司开展业务，分摊风险
基层保险公司	利润最大化（短期考虑）	执行保险业务，核灾理赔
林农	利益最大化，低保费，高赔付	林业生产，有效规避风险

第一，中央政府与地方政府之间目标不一致，中央和省级政府站在利国利民和发展林业的角度考虑，对推动森林保险的开展有较高的积极性，而省级以下政府，特别是部分林区地方财政比较困难，由于受财政资金约束，推动森林保险保费补贴政策工作的积极性不高，目前的保费补贴结构增加了县级财政的支出压力，尤其是经济欠发达、森林资源丰富的县域。由于森林面积越广，需要配套的财政资金就越多，这给经济相对落后的县级财政造成更为沉重的负担，严重影响了基层政府推动政策性森林保险工作的积极性和有效性。

第二，省级保险公司与地方保险公司之间绩效评价指标不一致，保险公司总公司及省级分公司对森林保险业务不单独考核，加之公益林基本上采取统保模式，省级保险公司可以直接向林业部门收取保费，可以节省相关经营费用，因此对推动森林保险业务的积极性很高，但对于基层保险公司在“基层混险展业”的工作模式和“效益优先”的绩效考核制度下，将森林保险纳入农业保险产品线统一考核的机制使得基层营销员不愿开展保额低、费率低、盈利低的森林保险业务，参与积极性较低。

第三，林业部门与保险公司之间实际角色定位有偏差，导致林业部门由原本占主导地位的管理者变成保险公司的“打工者”，林业部门不但负责森林保险的宣传、出险定损和理赔等工作，甚至将参保面积与政绩相挂钩，被迫为保险公司开展工作，从而缺少森林保险管理的话语权。

（四）保费补贴标准不利于激励作用的发挥

单纯依靠提高补贴比例增加补贴规模的空间有限。2016 年，中央、省、市县财政对公益林保险的保费补贴金额共计 21. 97 亿元，各级财政补贴占总保费的

95.78%。山西、内蒙古等14个地区对公益林保险采取三级财政全额承担保费的政策，北京、海南和青岛3个地区由中央和省（或市）两级财政各承担50%的保费。林业经营主体不需要交纳任何费用。

2016年，商品林森林保险保费补贴占总保费的73.25%，大大超出全球农业保险保费补贴比例平均为44%的水平，依靠提高补贴比例增加补贴规模从而进一步提高林农参保率的空间已经十分有限，继续提高补贴比例产生边际效应递减，影响补贴资金的使用效率。随着补贴比例的提高以及补贴覆盖面的扩大，持续加大补贴力度将会使政府财政负担过重。由于现行森林保险保障水平的基数过低，即使继续提高补贴比例，保费补贴规模仍难以得到显著提高。这样看来，由于受保险金额水平的限制，通过单纯地提高补贴比例已经无法有效提高整体补贴规模，难以显著提高农户实际收入水平，也就无法达到增强农户支付能力和参保意愿的政策目标。按照"补贴规模=保费×补贴比例=保险金额×费率×补贴比例"，保障水平和费率既直接决定补贴规模的基础，又会通过补贴比例对补贴规模产生间接影响。合理的保障水平和保费率是补贴政策奏效的关键，而科学的费率厘定应体现区域间的风险水平差异。

表7-8 2016年全国主要省（自治区、市）森林保险保费补贴比例 单位：%

地区	公益林			商品林		
	中央财政补贴比例	地方财政补贴比例	合计	中央财政补贴比例	地方财政补贴比例	合计
福建省	50	45	95	30	45	75
江西省	50	30	80	30	30	60
湖南省	50	35	85	30	35	65
浙江省	50	45	95	30	45	75
辽宁省	50	45	95	30	45	75
云南省	50	48	98	30	55	85
广东省	50	40	90	30	40	70
四川省	50	45	95	30	45	75
广西壮族自治区	50	50	100	30	50	80
河北省	50	50	100	30	50	80
安徽省	50	50	100	30	50	80
河南省	50	40	90	30	40	70
湖北省	50	30	80	30	30	60
海南省	50	35	85	30	45	75

续表

地区	公益林			商品林		
	中央财政补贴比例	地方财政补贴比例	合计	中央财政补贴比例	地方财政补贴比例	合计
重庆市	50	40	90	30	40	70
贵州省	50	50	100	30	50	80
陕西省	50	25	75	30	25	55
内蒙古自治区	50	40	90	30	40	70
吉林省	50	45	95	30	45	75
甘肃省	50	40	90	30	40	70

第五节　我国森林保险保费补贴政策优化路径

一、构建政府引导、市场运作分类经营模式，健全参保引导机制

为了充分发挥森林保险保费补贴政策的效用，必须解决以下问题：一是保险产品如何设计才能使农户接受，保险公司持续经营；二是政府应该如何补贴、补贴多少才能发挥财政资金的杠杆作用，促进农户参保和保险公司经营积极性；三是如何运用制度创新降低森林保险运作成本，激发基层政府工作动力，提高管理效率。因此，需要在农户、保险公司和政府三者之间找到利益的平衡点，形成有效互惠的合作机制，通过创新森林经营模式，科学设计森林保险产品，优化保费补贴政策和补贴标准，建立有效的成本分担和激励机制，从而实现各方共赢。

1. 公益林保险采取统保模式，保费主要由中央与省级财政共同分担

目前国家对生态公益林采取禁伐或限伐的经营管护措施，林农没有直接的经济收益，且不能抵押不能流转。每年的生态补偿基金甚至不足以补偿农民以同样时间和精力去看护商品林或从事其他农业生产所获得的收益。考虑到公益林的特殊属性，建议采取区域统保方式承保公益林，由县级（含）以上林业部门作为投保人及被保险人。对于国家级生态公益林，由中央财政全额承担保费；对于省级生态公益林，由中央和省级财政按一定比例分摊保费，取消市县级和林农个人的缴费。发生损失后，允许保险公司直接支付保险赔款至基层林业部门，由林业部门统一组织安排恢复造林，以确保保险赔款专项用于损失公益林的再植重建，

最大限度地发挥公益林保险在维护国家生态安全，支持生态文明建设中的职能作用。

2. 商品林保险推行市场机制，实行政策性基本保险和商业保险并举

财政补贴是森林保险发展的重要保障，由于森林具有生态功能的特点，即使是商品林也具有较强的外部性，单一依靠市场机制配置会造成市场的失灵，纯商业化经营的路子也难持续，这就客观要求对商品林保险这个准公共产品给予财政补贴。目前，中央财政对农业种植业大宗农产品保险保费补贴比例远远高于商品林保险，地方财政和农户经济负担较重，因此，基于商品林所具有的生态价值属性，应该加大中央财政保费补贴比例，逐步达到与公益林相同的补贴水平。但由于林业因灾受损经常发生，有时损失较为严重，如果将各种自然灾害损失都纳入保险范围全部给予补偿，会导致保费水平较高，林农不愿也无力接受。因此，试行森林保险开办的险种以保障林农灾后恢复生产为出发点，按照先起步、后完善，先试点、后推广的步骤逐步推行以政策性森林保险为主、商业性森林保险业务为辅的发展模式。前期主要以实行低保额的初始成本保险为主，这样既可以帮助林农抵御森林灾害风险，防止林农因灾致贫、因灾返贫，又可以解决林农和地方财政经济承受能力问题，将政府灾后补助资金前移为灾前保险费补贴；在“保成本”的政策性森林保险成熟以后，针对大户林农和林业企业拥有的商品林逐步试行“保价值”的商业性森林保险，从而激发林业经营者投保积极性。

3. 健全森林保险参保引导机制，实行“统保 + 自愿”保险运作模式

国外的经验表明，实行信贷、补贴、流转和抵押限定对森林保险需求有显著的正向影响，这些措施能有效地提升林农森林保险的需求。所以，为实现基础险种的广覆盖，应当考虑诸如此类的限制措施，如只有参加森林保险才有资格进行小额信贷、优惠利率、价格补贴、林地流转和林权抵押贷款等活动，才能享受生态效益补偿基金等，使基础性险种具有一定的强制性，确保参保森林面积在大范围内规避风险，实现森林保险持续健康发展。在具体运作模式上，可以考虑将各地区风险较高、灾害发生较频繁、造成损失较大的险种，作为基本险，在政府的引导下实行统保，这种统保带有一定的经济利益诱导性和操作上的强制性。另外一些风险较低的森林灾害和经济效益较高的林种可作为附加险，采取自愿保险的方式。基本险的保额较低、费率低，保障的风险范围较窄，应得到更多政府财政的支持。对森林保险损失补偿有较高要求的林农可自愿购买补充险。这种参保模式的优势在于：一是政府向所有林农补贴基本险的保费，既可以减轻财政负担，也可以体现面向全体的公平原则，理顺政府、保险公司、林农的关系以及相互的责任和利益；二是在政府全部投保基本险的前提下，可迅速提高森林保险的覆盖面和规模，并带动林农的参保积极性，从而实现规模效应，降低保险公司的经营

成本，更好地分散风险。

二、设计因地制宜、符合需求的森林保险产品，满足投保主体需求

1. 根据林业自身特征，合理设计保险品种

森林保险产品设计应当在考虑林地经营者需求的基础上，结合森林灾害特点，科学设计森林保险条款。目前我国森林保险主要以火灾险和综合险为主，综合险虽然考虑林农对其他灾害保险的需求，但是不能满足林农对特殊情况保险的需求，因此建议结合林农需求和森林灾害特点，尝试设计以火灾险或病虫害险为主险，意外天气灾害险为附加险的森林保险险种。

2. 根据森林资产价值，科学确定保险金额

为满足不同林业生产者的需求，按照不同树种、不同树龄设计保险金额，在结合树种、树龄、地形等因素的基础上设立森林保险保额确定标准，并针对目前森林保险保额偏低的现状逐步实现由保成本向保价值转变。

3. 根据林业风险区划，实行差别保险费率

目前我国保险费率确定的主观性较强，缺乏科学依据，更没有将风险区划与费率确定联系起来，而不同区划在遭受自然灾害时所受到的损失程度以及灾后重建费用是不同的。因此还应对不同地区、不同风险程度的森林实行差别费率，并建立保险费率的科学厘定机制。

三、实行公平有效、形式多样的保费补贴政策，合理确定补贴标准

1. 丰富补贴品种，扩大保费补贴范围

我国森林保险的补贴范围为生长、管理正常的商品林和公益林，然而从试点省区看，不同地区商品林的种类差别很大，对应的经营成本和风险也大不相同，现有的森林保险产品没有区分不同标的物等具体情况，采取统一费率，导致保费补贴品种有限，不能适应不同林业经营者的需求，森林保险的有效供给不足使得森林保险的有效需求不足，从而影响森林保险工作的开展。森林植被丰富、品种繁多，其价值的差异也非常大，将不同地区不同类别的树种归为一类的做法，不仅不能全面保障全国各地区林权拥有者的利益，而且对我国森林经营的发展也极为不利，因此有必要扩大森林保险补贴范围，增加森林保险补贴品种，逐步从公益林和商品林两个补贴类别向用材林、竹林、杂竹林、经济林等多个品种扩展，最终实现分区域按主要树种进行保险保费补贴的目标。

2. 丰富补贴方式，提高保险运行效率

由于我国林业分布广泛，区域风险差异较大，各地受灾特点不同，地方政府财政实力差异较大，若按照统一的保费补贴比例进行补贴，会加剧林农的逆向选

择行为。为了提高财政补贴效率，建议在对森林保险进行财政补贴时充分考虑区域特点，根据不同区域林农的收入水平、受灾特点、补贴满意度等因素对补贴水平进行合理调整，科学合理地设置补贴比例。因此，中央财政保费补贴政策应采用差异化补贴方式，促进各地区森林保险均衡发展。一是提高对重点林区和经济落后地区的补贴比例，加大对中西部地区和林业大省、大县中央补贴的支持力度；二是降低或取消县级政府财政补贴责任份额，由于许多偏远山区、森林资源丰富地区的地方财政十分有限，一定程度上影响了县政府的积极性，而森林保险业务的开展离不开基层政府的大力推动，所以，建议减低或取消县级财政保费补贴配套；三是调整保费补贴差异化顺序，根据我国现行的补贴政策，中央政府在各县级、省级政府补贴基础上进行补贴，但是，考虑到各地财政支付能力有限，导致中央补贴不能及时到位，因此建议在中央财政差异化补贴基础上，各地省县级政府再予以补贴，保证贫困地区森林保险保费补贴资金及时到位，提高贫困地区林农的参保意愿，极大提高财政资金的使用效率。

四、建立风险共担、利益共享巨灾分散机制，完善风险管理体系

由于林业风险的特殊性与复杂性，风险发生地域相对集中的特点，普通保险所遵循的大数原理难以在较小地域内实现，再保险对于森林保险的稳定发展尤为关键。国际上主要通过建立林业巨灾风险保障基金和直接的再保险补贴方式，来保障森林保险经营的持续稳定。美国、加拿大等不仅针对私营保险公司经营森林保险业务的高风险性提供分保保费补贴，而且政府还出资设立了再保险公司为森林保险经营机构提供价格低廉的比例再保险和超额损失再保险保障服务，实际上也是对再保险的财政补贴，其实质是对森林保险高额风险附加保费的补偿。由于森林保险经营风险大，风险附加费率高，分保保费负担一般也比较重，商业性再保险机构在一般情况下不愿承接森林保险的再保险，国家财政应予以适度补贴。目前我国再保险市场较为薄弱，尤其需要国家提供再保险支持，建议逐步建立中央和地方财政支持的森林再保险体系，可以考虑由中央政府统一组建政策性的全国森林再保险公司：一是通过再保险机制使森林风险在全国范围内得以最大程度分散，维持全国森林生产稳定；二是补贴各省份森林保险亏损，当赔付率超过一般赔付率时由国家再保险公司来补足。

五、建立银保联合、协同推进互动合作机制，深化运行模式创新

将参加森林保险作为林业经营主体获得贷款的必要条件是国际上推动森林保险发展的重要手段之一。我国的森林保险也可以借鉴这种模式，将信贷与投保进行有效衔接，将参加森林保险作为林业经营主体获得贷款的先决条件。建议央

行、银监会和保监会等监管部门联合制定《银保合作指导意见》，以法律的形式来规范和引导森林保险与林业信贷合作的各个层面。根据森林保险发展实际，将森林保险纳入林业金融服务体系，建立林业信贷和森林保险合作机制，择机推行“林业信贷 + 森林保险”的运作模式。通过银保合作，不断构建信贷与保险发展的长效机制。在初期阶段，对投保林农所需贷款在同等条件下实行贷款优先、服务优先等优先政策，并在贷款额度和利率等方面给予一定优惠，鼓励林农参加森林保险。待条件成熟时，进一步将是否参加森林保险作为对林业经营者发放贷款的条件之一。信贷机构与保险公司应加强沟通和联系，按照互惠互利的原则，不断拓宽双边合作领域，建立业务合作机制。

1. 建立良好银保合作制度

信贷机构与保险公司既要提供人、财、物方面的支持和保障，还要在组织架构上有所突破，实现实质性的互动和融合，双方应共同协商制定合作业务的发展策略，建立有效的业务监督管理制度和激励机制。良好的合作机制应该从林业金融发展的内在要求出发，建立促进双方合作的配套制度，真正实现双方的互助协同发展。

2. 建立信贷资源共享机制

建立信贷资源共享机制，定期举行信息交流会议，全面熟悉双方支持的林业项目，逐步搭建双边信息合作平台和业务培训机制。农业银行、农信社等信贷机构和保险公司应联合加大对业务人员的培训，培养一批既懂林业信贷又懂森林保险的复合型人才，为提升“林业信贷 + 森林保险”运作的层次提供智力支持。

3. 加强保险产品开发合作

成立森林保险产品开发专家小组，由信贷机构和保险公司抽调专业人员组成，负责森林保险产品的设计和推广。森林保险产品开发专家小组应定期进行市场调查，收集市场需求信息，进行产品设计，对相关信息进行及时反馈，整合现有保险产品，满足林业经营主体对林业金融服务的需求。

六、构建分工协作、相互支撑政策配套体系，强化政策理论研究

设计一个森林保险联席会议制度，分别在国家和省级层面组建国家森林保险协调办公室和省级森林保险协调办公室来行使相应的管理职能。为了配合两级森林保险协调办公室的工作，财政部门、林业部门、保监会和保险公司还应分工协作、相互支撑，完善森林保险的政策保障。其中，财政部门的配套政策应以制定保费补贴、费用补贴和税费优惠政策为主。林业部门则围绕着提高森林保险参保率，完善森林保险的配套措施等为主要内容。保监会应加大对森林保险的监管力度；保险公司则应围绕着科学设计森林保险产品，规范森林保险操作等业务为主要内容。

第八章　林产品期货

解决林业发展资金不足的问题，需要建立多元化的投融资机制，积极吸引民间资本投资林业，这就要求相关投资者的利益必须得到保证。由于木材等林产品从培育至收获周期长达十几年，较短的也要五六年，客观上造成商品林的经营风险加剧。因此，相关投资者不仅要求有较高的预期回报率，而且要求投资风险能够控制与转移。

林产品期货市场具有林产品定价与风险转移等功能，可以为林产品生产企业提供良好的价格风险管理机制，有助于林产品生产企业改善经营，有助于林业投资市场风险的防范和化解，可以降低林业投资风险，增加投资者对林业投资的信心和积极性，从而吸引更多社会资本流入林业产业。因此，发展我国的林产品期货市场具有重要意义。

第一节　林产品期货概述

一、林产品期货的含义与基本特点

林产品期货是指以林产品作为期货商品的一类特殊形式的商品期货。根据一般理解，林产品指的是在森林中或任何类似用途的土地上生产的所有可以更新的产品（石料、水及旅游资源不包括在内）。林产品分为木质林产品与非木质林产品，其中非木材林产品又被称为林副产品，因而传统意义上的林产品指的是木质林产品，也就是狭义的林产品概念。本书所指的林产品是前者，即木质林产品，包括工业用圆木、锯木、木制人造板、木材纸浆和纸、薪柴与木炭六大类（见FAO关于林产品的分类）。林产品期货与其他商品期货相比，其特点也比较明显。林产品均由木材通过物理或化学加工而成，而相比其他商品或原材料而言，木材有生产周期长、生产地区分布广泛、生产方式多样、用途广泛、产业链长的特点。因而，林产品期货的特点表现在以下几个方面：

一是极有可能形成系列期货商品市场。所谓系列期货，是指某一产业自上游至下游的主要产品或用途广泛的半成品均有期货交易，其优点是各商品的生产、加工及用途上关联性较高，在期货市场上互动性较好，有利于投资者的跨品种套利，降低投资者的交易成本，稳定市场。林业产业链长，可以形成多种产品期货的互动，在育种、育林、林木护理、采伐、运输、初加工、化学加工、物理加工等生产过程中，会产生众多中间产品。以制浆造纸为例，林木砍伐形成木材，削制成木片，木片制浆形成浆板，浆板加工形成纸，而纸有可能进一步加工为特种纸，甚至生产纸制品。这些中间产品又存在多种用途，形成各种中间产品的交易市场，将众多企业联系在一起。这些中间产品完全可能在一定条件下引入期货交易机制，形成系列期货市场。目前的大豆产业在中国以及美国等已经构成大豆以及豆油系列期货，形成多种产品期货的互动。如果能够形成木材、合板、木浆与纸等期货，对于整体市场发展就比较有利。

二是林产品期货参与者广泛，涉及众多投资者。林产品市场的参与者非常广泛，涉及生产者、消费者、交易中介以及监管者。从生产者来看，生产主体为林场、其他林产品生产企业以及林农等。消费者更加广泛，既有木材及其他初级林产品加工的下游企业，如造纸厂、家具厂等，又有房地产建筑商等最终消费者。交易中介指的是专门从事林产品买卖的商品流通企业。监管者除了一般的政府部门如工商税务、物价、质检等部门外，这里主要指的是林业政府部门。当然，国外部门作为产品市场的重要组成部分，在我国林产品市场中具有重要的地位，尤其是在林产品的供给上，国外部门的影响极其巨大。作为林产品市场的组成部分，林产品期货市场也应涉及上述参与者；同时林产品价格的变化容易引起多方关注，因而林产品期货容易吸引众多投资者的参与，有助于改善我国期货市场参与者较少、动机单一的问题。

三是林产品市场价格体系的互动。林产品市场价格体系是由各种林产品的市场价格组成的相互联系的有机整体。由于均来源于森林及类似用途的土地，各种林产品相互之间存在不同程度的关联性，价格上也有一定程度的关联，各种林产品的价格因此形成一定的体系，林产品各子市场价格互动迹象明显。各种林产品价格（非木材林产品除外）的共同特点是供给弹性的特殊性：价格下降，产品的供给弹性相对较大；价格上升，产品的供给弹性相对较弱。

二、林产品期货市场功能与作用

林产品期货的功能如其他商品期货一样，除具有回避风险、价格发现两大基本功能外，还具有套期保值、保持市场供求和价格稳定、节约交易成本、金融投资工具等功能。林产品期货市场重建对于林业产业发展具有重要作用，林产品期货一头连着贸易，一头紧系金融，不仅对我国木材等林产品贸易体系产生深远的影响，而且也将对林业产业发展和林业金融体系完善产生重大影响。

（一）林产品期货市场为林业经营者提供良好的风险管理机制

价格是市场的指示器或晴雨表，价格能否真正反映市场的供求状况，直接影响生产者对价格的预期和经营决策，进而决定生产者面临的价格风险。初级林产品生产具有两个明显的特征：一是林产品生产的分散性导致各地林产品尤其是初级产品价格的差别巨大；二是林产品生产的长周期性导致林产品价格具有较强的时间性特征，导致林产品价格时间上的不连续或者林产品价格的波动。由于期货市场提供一种使资源在不同的时间区域内得到合理配置的机制，可以有效地熨平林产品价格的时间性波动，从而使林产品生产和流通中的时间性矛盾得以解决，并且有助于缓解林产品的价格波动风险。

首先，由于林产品生产具有地域上的广阔性和分散性，加上信息流和物流条件的限制，各地林产品（尤其是初级林产品）的价格不一，价格信息传导不畅，这一方面造成跨地区林产品交易的困难，滋生臃肿的流通中间环节，使生产者和消费者的利益受到损害；另一方面，阻碍了价格对生产和流通指导功能的正常发挥，生产者只能依据当地局部市场上的价格信息指导生产决策。现货市场上价格信息不能反映未来供求关系的变动，当利用现货价格指导生产决策时，往往会造成决策失误，也就是我们所熟知的蛛网循环。

林产品期货市场的价格发现功能能够帮助生产者跳出蛛网循环的怪圈，为生产者制定生产决策提供了科学合理的价格指导。由于期货市场的价格形成机制具有综合性、竞争性和动态性特点，林产品期货价格客观、公允、具有前瞻性，有助于林业生产者形成合理的价格预期，并据此进行生产经营决策，缩小其实际损益与预期损益间的差异变动程度，更好地规避价格风险。此外，林产品期货市场的价格发现功能还有利于稳定市场价格，减少因市场价格波动而带来的市场风险。期货价格能真实反映市场的供求情况，因此，对于未来的供求变动便有预先警告作用，这种预警作用能够使买卖双方在一个生产周期开始之前就能了解未来的供求及其收益状况，生产者也可以因此决定其产量，保证未来供求的大体平衡，使价格水平趋向稳定。从这一意义上说，期货市场对未来时期的价格变动有一个自发调节作用，对由周期性供求变动引起的林产品价格波动有明显的抑制作用。

其次，林产品生产的长周期性导致林产品价格的产生具有强烈的时间性特征，供给和需求在时间上的不对称导致价格剧烈波动，这种波动表现在两个方面：一是林产品价格在一年中由于相对的集中供给和长年消费，价格呈现季节性波动；二是林产品价格在不同的年份间由于缺乏长期定价机制而呈现周期性波动。期货市场的风险规避功能在一定程度上能够缓解林业生产经营者的价格风险。在实际的生产经营过程中，为避免商品价格变动导致的生产成本上升或经营利润下降，林产品的生产经营者可利用期货交易进行套期保值，即在期货市场上买进或卖出与现货市场上数量相等但交易方向相反的商品，使两个市场交易的损益相互抵补。期货市场的这一功能使林产品供求的季节性矛盾随之缓解，减少产品价格波动的风险，可以保障生产经营者的利益。

最后，由于期货市场的公开信息，活立木交易成为可能。活立木市场对于商品林经营者而言具有相当重要的意义，由于生产周期太长，一旦遇到意外事件，经营者无法按照原计划继续投入资金经营时，活立木市场就可以为其提供良好的转让、退出机制。当前，我国活立木交易之所以难以进行，最主要的障碍来自价格。由于缺乏有效的可供参考的有效的市场价格信息，活立木的定价显得随意与困难，因而导致活立木作为一项资产流动性极差，在转让过程中遭受损失的可能性很大，从而客观上导致持有者风险很高，持有价值较低，使活立木投资的吸引力较低。林产品期货市场能够为投资者提供价格信息，为投资者提供风险管理工具，有助于活立木交易市场的形成，有助于改善林业产业投资、融资体系。

林产品期货能够有效地降低林产品经营者的市场风险，从而吸引更多的资金流入林业产业，改善我国目前的林业投融资体制，更好地促进林业产业的发展。林产品期货市场的发展能够为改善林业投融资环境提供一条可行的道路，期货市场功能的良好发挥将为林业生产经营者提供规避风险的手段，有利于吸引更多的民间资本以森林财产信托、成立林业产业投资基金等方式投资林业，促进林业产业的快速发展。

（二）林产品期货市场有利于推动林业贸易信贷融资向前发展

通过林业企业和林农之间的订单林业，林农可以通过贸易信贷的方式融资，从而缓解其面临的信贷约束。但是，订单林业可能由于林业企业的原因发生违约。如果林业企业加工制成品由于价格过低、企业亏损，企业按订单原定的高价格执行将承担过大的损失时，可能选择不履约行为，使订单林业及其中的贸易信贷难以发挥向林农传导信贷的作用。通过发展木材、胶合板等期货市场，林业企业可以在与林农签订订单的同时，也在期货市场上套期保值，这样林业企业就可以规避由于现货市场价格波动造成的风险，进而减少企业在订单林业的违约。同时，林产品期货市场的价格发现功能也可以为订单林业签约双方提供价格决策依据。因而，“公司＋林农、期货＋订单”组合交易模式成为一种订单林业模式。所以，恢复胶合板期货的试点以及逐步开通木材、新闻纸等林产品期货市场，有利于降低林业企业市场风险，稳定订单林业中公司与林农的关系，促进林业产业化和林业贸易信贷的发展。

（三）林产品期货市场有利于提高金融机构对林农的信贷供给

通过规范的中介组织引导林农进入期货市场，进行相关林产品的套期保值交易，可以以此作为将来偿还贷款的凭证，向金融机构申请生产贷款。这样，林产品期货市场就成为林农与金融机构之间的信用中介，起到信用担保的作用。林农可以得到林业生产急需的资金，金融机构则可以降低信贷风险，对两者都有好处。随着中国林产品期货市场的逐渐推出和发展，林产品期货的上市品种会不断增多，林产品期权交易也会出现，商业银行直接利用林产品期货市场的条件也会逐渐成熟。这样，为商业银行有效控制林业产业化信贷资金风险，提供林业产业化金融服务，可以开辟一个新的领域。

（四）林产品期货品种上市有利于扩大我国期货市场现有容量

期货品种是期货市场赖以生存和发展的基本资源，期货市场的价格发现和规避风险功能是依托于期货交易品种展开的。上市品种过少，市场容量有限，参与者少，期货系列不足，不仅不能满足大多数行业规避风险的需求，而且容易积聚市场系统性风险——巨量资金相对集中在少数几个品种上，形成堆积效应，使个别品种不堪重负，造成市场过度投机。无论是从生产商、贸易商的套期保值需求出发，还是从投资者日益增多的投资需求出发，期货新品种上市都迫在眉睫。林产品流通量较大，导致期货市场扩容可能性增加，按木制品终极产品价估算，2015 年的木业市场容量将达约 5100 亿元人民币。根据期货发达国家的经验，现货市场与期货市场交易量的比例为 1∶50～1∶100，如果我国林产品市场中有 10% 的产品引入期货交易机制，那么我国期货市场容量将大幅度增加。因此，林产品期货市场恢复和重建对期货市场的发展能起到较好的推动作用。

（五）林产品期货市场的价格信息有利于促进林业产业群整合

林业不是一个狭窄的产业，而是一个产业群。长期以来，林业各产业是各自独立经营、封闭运行的，开放的力度很差，包括对内对外，除了行政的纽带以外，彼此之间并没有全方位的、复杂的利益关系来约束和调节。一旦政府行政纽带断裂，完全进入市场经济以后就不适应。目前我国的林业产业还没有形成良性运作的产业生态体系，林业产业还缺乏良好的微观运行机制，林业科研机构、林业企业、林业教育机构以及各种支持性的组织之间相互依赖，改革还不到位。林业经济优势的保持有赖于以上各方面形成良好的微观运行机制，如果这些组织机构缺乏良好的互动机制，林业产业就不可能有竞争的优势。林产品期货市场提供的价格信息完全有可能被政府、企业及有关科研机构、教育机构利用，应重新构建以经济利益为纽带、价格信息为核心的全方位的、复杂的利益关系。由于林产品期货具有价格发现、风险规避以及信息汇集与传递的功能，能够改善我国林业产业的投融资体系，在一定程度上替代政府纽带，有机地整合林业产业群，林业产业需要林产品期货市场为之服务。

（六）林产品期货市场的价格信息有利于改良林业产业补贴政策

林业产业尤其是林业的公共效益，需要政府的补助与扶持，但是目前的有关措施难以到位，因而往往采用非市场化的手段，通过高税费、设关卡等措施来保证森林覆盖率，这导致林农育林积极性下降，民营资金等资金缺乏进入意愿。美国的玉米补贴政策对中国有较好的借鉴作用。美国政府主导区域性合作社制度，推动农场主参与期货交易。同时制定政策引导玉米生产者进入期货市场保值。美国政府在林业保护政策的执行过程中，将玉米生产与玉米期货期权交易联系起来，积极鼓励和支持农民利用期货市场进行套期保值交易，为保值者提供广阔的政策空间。

1993 年，美国农业部鼓励伊利诺伊州、俄亥俄州的部分农场主进入 CBOT 期权市场购买玉米的看跌期权，以维持玉米价格水平，从而替代政府的农业支持政策。具体方式是，美国政府支付农场主购买玉米期权的权利金，通过把农业补贴政策与期权交易结合起来，帮助农场主利用期货市场套期保值、规避风险。据美国农业部统计，1993 年农场主参与期权交易的数量为 956 家，1994 年为 1285 家，1996 年达到 1569 家，明显呈上升态势。正是由于美国政府采用这种利用期货期权市场功能对农业生产者进行补贴，引导玉米生产者通过直接与间接方式参与期货市场，美国 CBOT 成为世界玉米定价中心，并推动玉米产业持续高速发展。中国林业政策完全可以借鉴这一方式，鼓励木材生产者进入期货市场，并利用木材期货价格对木材生产者采取灵活的补贴措施，保证育林者的利益，鼓励投资林业，在增加木材供应的同时保障森林覆盖率。

总之，林产品期货市场的价格发现功能尤其是价格趋势的发现，对林产品价格体系的确立及其信息的传导具有重要作用，林业企业可以充分利用林产品期货市场产生的价格信息指导生产、销售；而套期保值功能为投资者提供风险管理工具，可以减少经营者和投资者的风险，保证企业获得正常的利润，从而增加林业对民营、外资等社会资本的吸引力；政府部门根据林产品期货市场提供的相对权威的价格信息，对林业投资的成本及林产品价格的测算，有助于采用市场化手段加强对林业产业的调控与管理，可以推动林产品价格市场定价及制定合理的税费政策和有关生态效益补贴政策，提高林业经营者和投资者的盈利空间。

第二节 林产品期货发展的可行性

期货市场交易是标准化合约，期货品种的创新以标准化合约为载体，期货品种创新必须通过成功的合约设计才能实现。品种创新的过程是选择创新商品（包括实物商品与金融产品）与合约设计的过程。在决定一个期货品种成功与否的过程中，原发性的力量是最关键的，而原发性来源于经济主体的避险需求，所以适合的期货品种首先必须具备价格波动频繁且价格自由波动的特征，并且应该具有较好的现货基础。期货交易要吸引更多的参与者进入，还和该品种的现货市场结构以及产业结构有关。具体而言，期货产品具有六大特征：一是适宜贮藏；二是同质性；三是价格的波动性；四是足够的现货规模以及适当的市场竞争结构；五是无限制供给；六是具有一定长度的产业链以及适当的产业结构。

一、林产品自身特点符合期货交易要求

从林产品的特点来看，大部分林产品基本具备以上条件。首先，大部分林产品均适宜贮藏，无论是木材、胶合板还是纸、纸浆，保存时间都较长。

其次，从现货规模来看，目前的规模已经超过 50 亿美元。1998 ~ 2002 年，木材消费需求以平均每年 1430 万立方米的速度迅猛增加，按 2002 年原木进口单价（88 美元/立方米）计算，相当于每年增加木材需求达 100 多亿元人民币（近 8.8 亿美元）。按原木价格估算，2002 年中国木材市场容量近 2400 亿元人民币（300 多亿美元）；如果以木制品终极产品生产的工业增加值率按平均 50% 的保守估计，木材市场容量约达 3600 亿元人民币。2015 年，按木制品终极产品价估算的木材市场容量将达 5100 亿元人民币。当然，如果单从某一具体品种来看，其规模或许会小于 50 亿美元，因而会受到一定的影响。如果考虑到林产品相互之间的替代性及其紧密相关性，价格垄断的可能性基本不存在，潜在的套期保值者数量庞大。因而，现货规模足以支撑林产品期货的活跃。

再次，从价格的波动性看，随着市场经济体制的深入，木材等林产品的价格起伏较大，波动明显。如国内进口纸浆的价格指数，2001 年 5 月为基数 100，在 2002 年 4 月，价格位于低谷，仅有 97 左右，但在 2002 年 8 月为 127，随后几个月急剧下挫至 102，2003 年年初价格反弹，至 7 月高点达 134，随后下降，几度波折，至 2004 年 7 月，价格上升至 162。在一年半的时间内，进口软木浆价格最大波动为 60%。另外，从木材价格的变化来看，同样具有明显的波动性。

最后，林产品期货品种的产业链较长，在生产加工到成为最终消费品的过程中涉及的相关市场主体也越多，这些主体都面临着原材料产品价格波动的风险，都有套期保值的需求。因此，产业链越长期货市场的潜在参与者越多，这样的品种也就越容易成为活跃的交易品种。

二、林产品的同质性问题已经得到解决

至于标的物同质性这个条件，严格来讲，林产品在一定程度上并不满足，这也是构成我国林产品期货发展缓慢的重要原因。期货商品的同质性至关重要，它是期货交易所凭以结算的标准，是连接现货市场与期货市场的重要环节。林产品尤其是木材，由于受气候、土壤、日照等多方面的影响，其物理结构与化学结构均有不同。其实，绝大多数林产品均有这样的问题，但是，经过多年的发展，成熟的期货交易所已经找到解决办法。

一是期货合约本身允许有所变通。期货合约质量等级标准化并不是绝对的标准化，世界上绝大多数期货交易所都允许实物交割时的商品质量和等级可以与和约上规定的质量和等级有出入，与此同时，必须在交割价格上做出调整，或进行补贴或打点折扣。当然，有部分交易所在规定期货商品标准等级的同时，规定该期货商品的其他等级也可以进行交易。例如，日本名古屋粮谷砂糖交易所在规定中国黄豆为标准的同时，也规定美国黄豆可作为交货品。交货人用交易所认可的另一等级的商品替代标准等级商品进行实物交付时，收货人无权拒绝。替代商品的实际价格按它在等级上是高于还是低于标准等级的商品而进行加价或减价。不过，这些可供交割用的替代品之间的等级差价也是由交易所的规定，并根据期货市场行情的变动情况及时调整。

二是期货商品往往根据用途来确定等级与品质。只要期货商品的用途不发生变化而且不会改变该规定商品的价值，或者说，指定用途的主要特质没有变化而且并不因为某些次要的变化导致商品价格明显变化，那么，这些商品就可以用于交割。例如，美国芝加哥商业交易所进行的木材期货和期权交易，交易的产品品质规定为建筑用材，长度为 8 ~ 20 英尺，规格多为 2 ×4，交易的木材品种为：美国铁杉、加拿大铁杉、哥伦比亚铁杉、阿尔卑斯杉树、云杉、北美松树。交割的木材需捆好放在大平板车上。交易所规定，每份合同为 13 万板英尺。在这里，木材的长度没有严格规定，具有相当大的弹性，但是总的数量是被控制的，即 13 万板英尺；木材的种类也没有非常严格的规定，可以在铁杉、阿尔卑斯杉树、云杉、北美松树之间进行选择；而且对产地要求也不高，可以是美国也可以是加拿大等地生产的指定木材。

三是我国林业的发展为林产品同质性奠定了良好的基础。目前我国鼓励发展

的是人工用材林，而对防护林的砍伐严厉禁止，因此，将来林产品的主要原材料主要来自于人工用材林，尤其是人工速生丰产林。其经营特点是集约经营，所产木材品种、采伐年限、地区均相对一致，因而其更符合同质性特征。所以，从发展趋势来看，林产品的同质性基本能够满足期货商品的要求，尤其是在指定用途以及普遍使用人工用材林生产的木材时，更容易达到要求。

三、林产品的无限制供给问题有望解决

另一个困扰我国林产品期货发展的问题是林产品能否实现无限制供给，或者说林产品价格能否由市场完全竞价形成。我国在 1998 年实施天然林保护工程后，国内森林逐年减伐，木材的砍伐被严格控制，木材及其他林产品的运输均受到严格管理。因此，价格在表面上是放开的，由市场自主定价，但是由于源头及流通环节管制过多，木材的价格受到国家政策甚至是主要林区地方政府的影响甚大，并进而影响到后续的以木材为原料的其他林产品的价格；而且，我国木材自主供给能力弱，主要由补缺性的国际单边进口来弥补，因而又受到汇率、进口关税变动的影响，而汇率及进口关税又受政府影响。从这层意义上说，我国林产品价格不是市场完全竞价形成的，受政府影响较大。近几年，我国林产品进口贸易的条件不断放松，进口金额仅次于石油，在一定程度上政府对木材及其他林产品的影响力逐步下降，因而完全有可能解决这一矛盾。

第三节　林产品期货市场的发展状况

一、国外林产品期货交易的发展

自美国于 20 世纪 50 年代推出木材期货以来的 30 多年里，林产品期货发展一直比较缓慢。但从 90 年代开始，林产品期货开始迅速增加，范围扩大，更多国家陆续推出多个不同林产品的期货合约。据不完全统计，90 年代以来，先后开通的林产品期货合约主要有：1994 年，美国芝加哥期货交易所（CBOT）推出木制板材期货合约；1996 年，芝加哥商品交易所（CME）引进软木胶合板期货合约；欧洲成功推出纸与纸浆期货合约，芬兰期权交易所（FOEX）在 1997 年 2 月引进了第一个合同，瑞典 OM 集团在 1997 年下半年引进。有关资料显示，俄罗斯较重要的期货交易所之一——沃尔库塔交易所于 90 年代初中期开通木材期货交易。1990 年以后，还有许多关于日本、印度尼西亚以及欧洲木材、胶合板

期货合约可行性研究的报道。

从美国以及欧洲目前已上市的林产品期货合约来看，林产品期货发展相对缓慢，交易量并不大，但是，林产品期货在不断发展，品种不断增加，地域不断扩大。

二、我国林产品期货交易的发展

我国于1993年推出木材胶合板期货，而且在1995年、1996年交易获得一定的成功，除此以外，我国各级林业部门多次探讨更多种类的林产品期货合约交易，典型的有福建南平的纸浆期货、吉林长春的木材期货、苏州与上海的胶合板期货。其中大部分林产品期货均未能成功上市，仅有1993年在苏州及上海上市的胶合板期货取得一定的成功，在国内外产生一定的影响。

两个交易所的胶合板期货比较活跃。推出当年，两市交易量达到18亿元，然后迅速增加，1994年为2647亿元，1995年达到高峰，交易量高达31094亿元，占当年所有期货交易量的30.7%，为我国当年所有商品期货之首；1996年交易量为12742亿元，1997年交易量为815亿元，1998年交易量为39亿元，其后交易停止。即使在1998年期货市场的整顿中，上海期货交易所的胶合板期货仍是我国保留的12个品种之一，但是，其后的多年，胶合板期货一直没有恢复上市，我国胶合板期货市场的发展实际上已经夭折，林产品期货市场没有进一步的发展。

直到2013年，胶合板期货在大连商品交易所（简称“大商所”）重新上市，上市伊始，经历一段发展时期，其成交量和成交金额在2014年4月达到顶峰，4月成交量达到4363908手，但随后便逐年降低，至2017年8月，胶合板期货在大商所的月成交量仅为20手。在经历短暂的发展之后，我国胶合板期货市场逐渐陷入冷清。

三、制约我国林产品期货发展因素

（一）我国期货市场发展落后

我国期货市场在不断发展的同时，存在的问题也比较突出，主要表现在：没有期权交易；中国期货市场的发展远远落后于经济发展的要求；不适应资本市场的发展要求；期货业生存困难；经营规模和经营模式无法满足形势发展需要。

1. 中国期货市场的发展远远落后于市场经济发展的要求

突出表现在：一是期货市场的范围小，仅局限于商品期货，没有金融期货；期货交易方式单一，没有期权等其他金融衍生工具，不适应中国资本市场发展要求。二是交易品种少且品种结构和布局不合理，形成大连大豆一个品种独大的局面，既不能满足各企业对期货市场的需求，又制约期货市场的发展，使期货市场规模偏小，已经不能承受社会投资资金的需求，增加了市场的风险。三是可以使用期货市场的需求者范围小、客户少，可以进入期货市场的资金来源少，降低了市场的流动性。

2. 期货行业生存困难，期货市场难以规范发展

市场规模偏小，使众多期货企业面临存亡的考验。2001 年，期货交易虽然出现恢复性增长，但市场日平均成交额刚刚超过 100 亿元，仅仅维持生存，缺乏发展能力。市场清淡迫使企业压缩成本，一些高素质的人才因此离开期货业，人才流失严重，动摇了市场的基础。为了生存，一些经纪公司不惜以降低手续费、降低保证金比例来吸引客户，恶性竞争扰乱了市场秩序，增加了市场风险；更有一些经纪公司违规自营或超范围经营，给期货市场带来更多的潜在危害，影响期货市场的规范发展。

3. 期货经纪代理业不适应期货市场快速发展的要求

作为期货市场主体的期货经纪代理业，现有的经营规模和经营模式已不能满足形势发展的需要。一是规模小、实力弱，与国际期货经纪业相差甚远，缺乏抗风险能力和竞争能力。二是经营业务单一，服务结构趋同。期货经纪公司无论大小，经营业务都仅限于经纪代理，不能开展配套性的深层次服务，缺乏行业的中坚力量和核心层，弱化了期货经纪业的作用。同时，由于经纪公司经营业务收入来源单一，同业竞争激烈，限制了期货经纪公司自身的发展。三是治理结构不合理。由于历史的原因，大部分期货经纪公司的股权比较集中，甚至还是关联公司持股，其结果是没有来自股权内部的制衡机制，董事会流于形式，期货经纪公司在运作中缺乏独立的主体地位，增加了期货经纪业的管理风险。

4. 期货市场难以在改革和发展中发挥更大的作用

我国经过 20 多年的经济体制改革，社会主义市场经济体系基本确立，95% 以上的商品实现了市场化，而仅仅几个商品品种的期货市场已经不能满足市场经济发展的需要；期货市场发展滞后，使市场经济体系不尽完善，将影响市场运行效率，潜伏金融安全隐患；伴随各类现货市场规模的增大，市场风险加大，市场发展规律的内在要求，需要有相应的期货市场提高市场效率、分散市场风险。目前，中国期货市场范围小、金融衍生工具单一，不能满足证券市场等各种市场发展的需要；中国已经加入 WTO，中国市场要向 WTO 所有成员国开放，国内市场已经是国际化，现有的期货市场无法满足国内外企业利用期货市场的要求，不能提供更好的服务。

我国期货市场试点初期，曾经上市的农产品期货达到 20 多种，但由于风险事件频发以及当时宏观经济环境的影响，大部分期货品种退出了期货市场。现有

的交易品种主要集中在大豆、小麦和铜等少量农产品上面。资金、风险在个别品种上较为集中。

（二）林产品现货市场欠发达

期货市场的产生和发展要以现货市场的发展为基础，期货市场的出现又能调节和引导现货市场的发展，两者相互促进、密不可分。目前，林产品现货商品市场存在的种种缺陷已严重影响到期货市场的正常发展，培育和完善现货商品市场对促进期货市场的发展已显得非常必要。

1. 区域市场发展不平衡，影响全国统一市场的形成

区域市场是市场发育的空间表现形式，它一般要按照不同的自然资源状况、生产力发展水平、商品交易频率以及消费习俗等方面的情况，使交易活动在特定的空间汇集起来，从而产生并运行。在空间分布上，只有各种不同类型的区域市场相互影响、相互补充、相互联系、相互作用，才能构成一个完整的市场体系。在转轨时期，由于行政区划、宏观政策、产业政策、运行机制等方面的原因造成我国区域市场发育程度不一，影响全国统一市场的形成，从而制约我国林产品期货的发展。

2. 城乡市场缺乏有机联系，呈二元独立发展状态

我国是一个具有典型二元经济特征的发展中大国。种种资料表明，改革以来的城乡市场之间，背离程度不断拉大，城市市场与农村市场的发育完全是在两种不同的体系中进行的。在这两类市场体系之间属于商品交易性的沟通方式很少，或者说城乡市场之间的联系只停留在消费品和农用生产资料供销方面，并不存在生产要素尤其是资本要素的市场交换关系。

尽管农村改革正在逐渐强化着广大农民的市场、价格、竞争等市场经济观念，他们在社区性的集市贸易市场环境中已经开始形成一定供需关系的生产流程，并对市场变动能够做出近期反应，但生产经营的远期观念和避险意识依然十分淡薄。这就决定了在短期内农民不会有进入期货市场的可能性。另外，林农的自我服务组织一直发展较慢，因而如何组织广大林农共同进入市场就一直成为林产品市场发育的难点。显然，生产分散、规模有限的林农不会成为我国农产品期货市场的套期保值者。

3. 市场发育中存在着过多障碍因素

在商品市场方面，无论是消费品市场还是生产资料市场，均存在着严重的市场秩序混乱现象。在消费品市场的运行过程中，存在着明显的结构失衡和市场价格波动过大的现实。1996 年以后，随着经济“软着陆”的成功，国内出现有效需求不足的现象，给消费品市场的流通造成极大的困难。在生产资料市场的运行中存在着结构性短缺问题，价格双轨制的长期运行所形成的流通秩序混乱现象一

直没有从根本上消除。

在要素市场方面，市场主体缺位现象十分明显，这在金融市场和期货市场上表现得尤为突出。在期货市场上，受企业体制改革步伐的限制，生产经营企业并不能真正进入市场进行套期保值业务，而投机主体也并非真正的社会闲散资金所有者，投机交易大多属于对社会再生产资本的投机性使用。另外，要素市场上的组织状况也不尽如人意，各种行政手段干预市场，破坏市场的正常发育和运行；同时，缺乏必需的管理法规和依据。

4. 国内外市场对接存在着较大的难度

改革开放以来，我国的对外贸易已经有很大发展，国内外交流日益扩大。但国内市场与国际市场仍然处于两个板块，各自通行着不同的运行规则，对接的难度存在于许多方面：①国内市场的发育程度较低，出口企业不注意提高商品质量，产品附加价值极低，在国际市场营销中缺乏竞争力；②外贸部门的市场竞争观念落后，仍然强调以价格竞争为主，出口贸易在总体上处于粗放经营状态；③国内企业在生产经营过程中“软预算”约束严重，没有灵敏的市场反应机制，企业没有树立全球化营销观念；④参与和利用国际分工不够，出口贸易中的国际综合性产品比重很小，与国际市场的融合度很低。以上种种因素的存在刚性，影响转轨时期国内市场与国际市场之间的对接进程。

综上所述，我国目前发展林产品期货的条件不完全成熟，主要表现在我国期货市场本身发展状况对林产品期货的发展形成制约。另外，我国林产品现货市场对林产品发展期货交易支持不足。但是考虑到期货市场与现货市场的互动关系，需要期货、现货的互动才能更有利于彼此的发展；考虑到我国期货市场近几年的良好发展势态，以及在发展中解决问题的思路，目前大规模发展林产品期货市场虽不现实，但是我们可以考虑适当地引进个别的林产品期货品种，并在发展中逐步总结，逐步推广。

第四节　林产品期货市场的发展策略

通过对林产品期货市场发展必要性和可行性的分析与研究可以看出，林产品期货对于发展林业产业具有重要意义。我国部分林产品已经符合期货商品的条件，能够成为期货商品，林产品期货也有成功的可能性。但在目前我国期货市场发展相对缓慢以及我国林产品现货市场欠发达、期货品种推出机制与产业相对脱节的条件下，林产品期货的发展受到一定制约。面对这种状况，应当正确认识期货市场与现货市场的相互制约、相互促进的矛盾关系，在发展中逐步解决期货市场市场与现货市场中的问题。因而，我们有必要以发展的视角探讨在目前条件下逐步引入林产品期货合约的路径。

一、林产品期货品种选择原则

国外期货市场发展的经验表明，一般而言，期货品种的开发并不是一个简单的商品选择问题，失败率很高，品种的创新更替速度快，有其自身的发展规律性。具体到中国的林产品期货品种选择，我们必须借鉴国际上的成功经验，掌握期货规律，结合国内的实际情况，找准方向，大胆试点，逐步完善，争取在我国开发出成功的林产品期货品种，满足我国林业产业发展的需要。设计时要考虑现货市场发展的实际状况，以及现货生产商、销售商、消费者的具体情况。具体而言，我国林产品期货品种战略应考虑三个原则。

1. 制度环境原则

制度环境原则是指要选择与行业制度环境较适宜的品种来开发。转型经济制度环境主要考察品种定价的市场化程度，相关企业的运作机制和风险处理战略。一般而言，品种定价的市场化程度越高，行业内现代企业制度越完善，就越适合推出相关的期货品种。我国林业产业作为产业群，内部细分为多个子行业，大部分子行业的产品已经是市场定价，市场化程度较高，如胶合板等人造板、纸浆与纸等子行业。相对而言，由于我国木质纸浆仍受国家一定的保护，市场化程度略低于胶合板，就制度环境而言，可以优先考虑胶合板期货的上市交易。

2. 比较优势原则

在国际期货发展格局中，各个期货市场均有特定的经营品种和交易规模。当某个品种在某一期货市场已发育成熟并形成规模，在其覆盖的交易半径内，其他期货市场是很难在相同品种的交易上超越前者的。当前真正发达的，能够发挥国际效应的期货交易中心集中于几个著名的期货市场，而且交易的品种也形成自然分工。例如，美国芝加哥的农产品期货市场以经营谷物为主；纽约的农产品市场以经营农产品原料为主；伦敦期货市场则是世界性的矿产交易中心，主要交易有色金属。可以说，世界上现在交易的任何一个期货品种，都形成相应的占主导地位的交易中心。选择期货品种的发展重点实质上是寻找在世界经济贸易中的比较优势问题。因此，要考虑要素禀赋差异，选择有本国优势的品种，或考虑能够充分发挥规模经济的商品，还要考虑期货交易的区域差别（区域内比较优势）。

3. 经济活动需要原则

期货作为衍生产品与基础产品的发展是紧密相连的，任何一种期货品种的出现都是由于经济活动的实际需要，其出现的时序是与经济发展的时序步调一致的。

二、发展过程中应注意的问题

鉴于以上发展原则，在发展林产品期货时，还应当注意以下几个方面的问题。

一是正确认识期货市场与现货市场的关系。现货市场是期货市场运行与发展的前提条件和物质基础；期货市场能够引导和调节现货市场的发展。因而，既不能等待现货市场完善后再来发展期货市场，也不能在现货市场基础薄弱的时候就盲目地发展期货市场，只有在现货市场有一定基础的时候引入期货交易机制，形成两者的互动，才能促使两者彼此发展、彼此完善。作为一个产业群，没有期货交易机制，林业产业的产品市场体系显然并不完善，最终对现货市场产生负面影响，从而制约林业产业的发展。

二是林产品期货的发展需要林业部门的推动。在目前期货品种开发潜力较大的情况下，林产品期货对期货交易所及期货行业的意义明显较弱，因而林产品期货的发展更需要林业部门的大力推动。建议林业主管部门能够适当地组织有关林业界的专家进行更深入的相关研究，为林产品期货的恢复与开通做出努力。

三是不要对林产品期货期望太高。林产品期货的开通能够部分解决林业产业中出现的问题，但是，林业产业更多的问题如体制问题还需要有关部门的努力，林产品期货开通的诸多细节以及时机还需要进一步研究。

四是加大风险监管力度。就现有的三大期货市场来说，尽管长期以来国家及各部门对期货市场的管理越来越规范，但市场的风险监控机制仍未健全、完善。对于计划中的林产品期货市场，这也是一个必须考虑的问题，如果市场缺乏规范和有效的管理手段，就会导致期货市场在发展和运作中产生混乱。这就需要制定规范和严格的风险管理制度、细致的交易规则以及有效的市场监管。

第五节 林产品期货案例
——胶合板期货

胶合板期货在20世纪90年代曾是我国期货行业的明星品种，从1998年退市到2013年大商所重新上市，成功填补了我国林木产品无期货的空白。但是自

2013 年上市以来，胶合板期货市场并没有出现预期的火爆场景，一直不温不火、交投冷清，成交量和成交金额越来越小，逐渐被投资者边缘化。同时胶合板期货的价格大起大落，临近交割月份，由于之前注册仓单时间较长，甚至出现几次逼仓行情。成交量的日益萎缩使套期保值无从谈起；价格的大起大落甚至出现逼仓，都使价格发现功能难以实现，从而影响期货市场套期保值和价格发现的基本功能的发挥。大商所胶合板与上海商品交易所（简称“上商所”）胶合板相比，无论在期货市场、现货市场发展程度还是合约设计方面均有本质的区别，如表 8－1 所示。

表 8－1　大商所与上商所胶合板期货合约比较

合约设计	大商所	上商所
交易单位	500 张/手	200 张/手
报价单位	元/张	元/张
最小变动单位	0.05 元/张	0.1 元/张
涨跌停板幅度	上一交易日结算价 ±4%	±3%
合约月份	1～12 月	1 月、3 月、5 月、7 月、9 月、11 月
最后交易日	合约月份第 10 个交易日	合约月份 15 日
最后交割日	最后交易日后第 3 个交易日	合约月份的 25～27 日
交割等级	大连商品交易所胶合板交割质量标准	①以印度尼西亚产胶合板为标准品；②质量符合日本 JPIC（1968）
交割地点	大连商品交易所胶合板指定交割仓库	上海和宁波
交易保证金	合约价值的 5%	保证金为持仓金额的 5%（按当日结算价计算）

一、胶合板期货运行现状

（一）成交规模逐步减少

胶合板期货上市伊始，林木企业被压抑多年的热情被激发出来，成交量也逐渐活跃，在 2014 年 4 月成交量达到最高。然而好景不长，随后胶合板期货的成交量日益萎缩，到 2015 年基本上罕有成交，平均每天成交仅仅几十手，成交占比更是可以忽略不计，成交情况如表 8－2 所示。

表 8－2 胶合板期货月度成交情况

时间	成交量（手）	成交量占比（%）	成交金额（亿元）	成交金额占比（%）
2013 年 12 月	1988112	3.65	1305.14	3.89
2014 年 1 月	2306818	5.05	1435.62	5.19
2014 年 2 月	1376449	3.71	885.75	4.13
2014 年 3 月	1825764	2.80	1182.91	2.64
2014 年 4 月	4363908	6.32	3096.46	7.35
2014 年 5 月	2662805	3.99	1853.58	4.83
2014 年 6 月	1676938	2.52	1126.70	3.03
2014 年 7 月	1385188	1.98	974.43	2.49
2014 年 8 月	952820	1.55	709.20	2.20
2014 年 9 月	444678	0.66	296.71	0.87
2014 年 10 月	251273	0.39	166.48	0.53
2014 年 11 月	288055	0.39	188.14	0.56
2014 年 12 月	225679	0.30	143.35	0.44
2015 年 1 月	110969	0.17	64.60	0.25
2015 年 2 月	16067	0.04	9.39	0.06
2015 年 3 月	15266	0.02	9.19	0.03
2015 年 4 月	23620	0.03	12.21	0.03
2015 年 5 月	7162	0.01	3.87	0.01
2015 年 6 月	3212	0.00	1.64	0.00
2015 年 7 月	2722	0.00	1.25	0.00
2015 年 8 月	3014	0.00	1.29	0.00

资料来源：大连商品交易所网站。

进入 2017 年，胶合板期货无论是成交量还是成交金额均处在大商所所有交易品种的尾部，被彻底边缘化。1～8 月，胶合板与纤维板期货在大商所成交量所有期货交易品种中最低，成交量分别仅达到 2308 手与 1510 手，与玉米、铁矿石等期货产品成交量相距甚远，如表 8－3 所示。

表 8－3 2017 年 1～8 月大连商品交易所品种成交量月度统计表

品种	8 月成交量（手）	同比（%）	环比（%）	1～8 月成交量（手）	同比（%）
豆 1	4616158	28.36	－6.86	40139670	－8.85
豆 2	648	151.16	－62.76	6946	107.96

续表

品种	8月成交量（手）	同比（%）	环比（%）	1~8月成交量（手）	同比（%）
胶合板	20	-75.61	42.86	2308	179.42
玉米	14996640	-10.71	-7.56	211106704	42.09
玉米淀粉	6397084	-19.45	-17.12	77978092	-1.20
纤维板	112	154.55	-70.98	1510	232.60
铁矿石	76083796	70.97	28.95	398810534	-24.35
焦炭	9490156	45.20	90.71	34050398	-53.08
鸡蛋	8077022	81.32	-23.43	58651274	96.13
焦煤	11630144	231.37	85.70	39762796	-22.42
聚乙烯	12280120	-7.45	-4.99	86611456	-45.15
豆粕	28776456	-48.03	-16.61	239496556	-59.84
棕榈油	14959572	-40.38	15.13	101600678	-45.87
聚丙烯	10781892	-1.72	0.94	72252852	-66.04
聚氯乙烯	8804610	722.46	42.96	38554800	556.55
豆油	12144738	-17.80	11.09	84659070	-33.57
总计	219039168	5.37	10.69	1483685644	-33.78

资料来源：大连商品交易所网站。

专栏8-1

大连商品交易所

大连商品交易所成立于1993年2月28日，是经国务院批准的4家期货交易所之一，也是我国东北地区唯一一家期货交易所。经中国证监会批准，目前已上市的品种有玉米、玉米淀粉、黄大豆1号、黄大豆2号、豆粕、豆油、棕榈油、鸡蛋、纤维板、胶合板、线型低密度聚乙烯、聚氯乙烯、聚丙烯、焦炭、焦煤、铁矿石共计16个期货品种，并推出了棕榈油、豆粕、豆油、黄大豆1号、黄大豆2号、焦炭、焦煤和铁矿石8个期货品种的夜盘交易。2017年3月31日，大商所上市豆粕期权，同时推出豆粕期权的夜盘交易。

成立20多年来，大商所规范运营、稳步发展，已经成为我国重要的期货交易中心。截至2016年年末，拥有会员单位166家，指定交割库247个，投资者开户数273.70万个，其中法人客户8.21万个；2016年，大商所年成交量和成交额分别达到15.37亿手和61.41万亿元。根据美国期货业协会（FIA）公布的全球主要衍生品交易所成交量排名，2016年大商所在全球排名第8位。目前，大商所是全球最大的油脂、塑料、煤炭、铁矿石和农产品期货市场。

（二）价格趋势逐渐走低

通过胶合板期货上市后的价格走势图可以发现，从整体趋势看，胶合板期货的价格是逐渐走低的，但是每年的4月、8月和12月价格会明显走高，走出一波上涨行情，明显强于其他月份，如图8－1所示。

图8－1　胶合板价格走势图

胶合板期货价格逐波走低除了跟房地产行业不景气导致胶合板需求下降之外，一个重要的原因是交易所规定的交割标准不是市场主流产品，交割买入后用于生产不太方便、卖掉也存在困难，更有甚者降价20元/张都卖不掉。这直接导致生产厂商不愿意参与交割。另外，值得注意的是，胶合板期货的价格在每年的4月、8月和12月都会出现暴力拉升，但是之后价格便重回下跌，这就是典型的多方逼仓行情。胶合板期货的主力合约在1月、5月和9月之间切换，符合大多数商品的交易惯例，由于厂商的生产习惯、检测制度等规定，在临近交割月的前一个月市场上有多少数量的胶合板可以用于交割基本就明朗了。多头可以毫无忌惮地拉升价格，因为空头手里面没有货物不敢轻易做空，即便胶合板的价格明显被高估，这就是逼仓行情。大商所也意识到了这一问题，所以规定自1508合约起开始增加胶合板品种厂库交割制度。厂库交割制度的实行可以有效降低交割成本，加快仓单生成速度，并有利于吸引和推动现货企业参与期货市场，这是胶合板期货交割制度的一大进步，有利于防止逼仓行情的发生。

二、胶合板期货市场低迷的原因

胶合板期货自上市以来除了个别月份，整体交投都不是很活跃，进入2015年更是冷清，经常出现长时间无成交的情况。研究发现，造成这一现象的主要原因是胶合板的价格存在地区差异，交割地的升贴水设置不合理，使得地点选择权对期货价格的影响很大。另外，胶合板期货的交割标的物跟现货市场的实际需求存在差异、检测时间长成本高、多方交割后货物处理不顺畅也是重要原因。

（一）胶合板各地的生产成本差异较大

通过对比可以发现，胶合板在不同地区的价格差异十分明显，且各地区的价格差异基本保持稳定。各地价格不同主要是因为不同地区胶合板生产成本差异较大造成的。目前我国江苏、浙江等长三角地区的胶合板价格最高，主要是由于这一地区人工成本较高以及受森林限采限伐影响，原材料价格上涨比较大；山东、河北和天津等地区凭借较低的人工成本和产业转移的优势，胶合板生产成本相对较低；广东则是凭借较低的原料成本在全国价格最低。胶合板各地区的价格差异基本保持稳定主要跟胶合板销售半径有限、区域性消费的特点有关系。胶合板的销售半径一般控制在200公里以内，当运输距离超出这一范围后运输成本上升非常快，这就使得较远距离的胶合板流通基本不存在。所以目前胶合板除了在相邻省份流通外，很少出现较远距离的运输，这也就使全国各地区的胶合板价格差异基本保持稳定，价格差异大致相当于胶合板的运输成本。

现在胶合板大类下的细木工板是大商所规定的对胶合板期货标的物交割的标准，由三部分构成，由内而外分别是木芯板、两层中板和两层表板。其中体积占比最大（比例达到60%）的是最内层（木芯板），而且细木板的质量对其有很大影响，所以其质量也成为影响现货价格成本的关键。一般来说，主要有3种原木树种可以生成细木工板，即杨木、杉木及进口的马六甲，而其价格差异就体现在这3种不同的原料中。但是交易所规定的交割标准品没有对板芯做出专门规定，只是针对各地的生产成本不同设置升贴水，难免出现劣币驱逐良币的现象。

（二）胶合板期货地区升贴水平不合理

胶合板行业是一个需求导向型的产业，浙江和江苏作为最大的消费区和重要的生产地，价格影响力较大，因此大商所将浙江和江苏设置为基准交割地。其中，浙江有两个交割库，分别是浙江国贸嘉兴交割库和钱江交割库；江苏有两个交割库，分别是镇江惠龙港交割库和江苏奔牛港交割库。这4个交割库为基准交割库，不设置升贴水。同时考虑到各地胶合板的价格差异及运输成本问题，大商所在天津设置了3个非基准交割库，分别是天津全程交割库、中储新港交割库和南仓交割库，这3个交割库全部是贴水10元/张。考虑到河北、山东临沂和广东的胶合板生产成本和价格在全国都是最低的，大商所在河北廊坊设立了1个交割库——中储廊坊交割库，在山东临沂设立了立晨交割库，在广州设立了广东国储交割库和广物木材广州交割库，在东莞设立了中储广州交割库，在佛山设立了广物木材佛山交割库，这6个非基准交割库全部是贴水20元/张。胶合板期货指定交割仓库名录如表8－4所示。

表 8-4　胶合板期货指定交割仓库名录

序号	交割仓库名称	存货地点	交割专区	基准库/非基准库	与基准库升贴水（元/张）
1	镇江惠龙长江港务有限公司		镇江惠龙港	基准库	0
2	江苏武进港务有限公司		江苏奔牛港	基准库	0
3	浙江省国际贸易集团物流有限公司	嘉兴库	浙江国贸嘉兴库区	基准库	0
4		钱江库	浙江国贸钱江库区	基准库	0
5	天津全程物流配送有限公司		天津全程库区	非基准库	-10
6	中储发展股份有限公司	新港库	中储新港库区	非基准库	-10
7		南仓库	中储南仓库区	非基准库	-10
8		廊坊库	中储廊坊库区	非基准库	-20
9	立晨物流股份有限公司		立晨物流库区	非基准库	-20
10	广东国储物流股份有限公司		广东国储库区	非基准库	-20
11	中国物资储运广州公司		中储广州库区	非基准库	-20
12	广东广物木材产业有限公司	广州库	广物木材广州库区	非基准库	-20
13		佛山库	广物木材佛山库区	非基准库	-20

虽然交易所考虑到各地的成本差异并根据各地的价格差异设置升贴水，但是实际中仍然可能存在跨市场套利的机会，下面以山东临沂和江苏常州为例加以说明。因为山东临沂是中国最大的胶合板生产基地，江苏常州是胶合板的重要消费区及生产地，所以选取这两个地方的价格具有代表性。大商所规定江苏常州奔牛港为基准库不设升贴水，山东临沂立晨交割库为非基准库贴水 20 元/张。经过了解，山东临沂的生产厂商将胶合板从临沂运输到常州的成本一般为 3.5 元/张，最多不超过 4 元/张，这中间的价差高达 16.5 元/张。所以山东临沂的企业要么选择不交割，要么就一定去江苏常州交割，当期货价格高于临沂生产企业的生产成本和从临沂到常州的运输费时，临沂的生产企业就有动力将胶合板运输到常州进行交割，也就是说，存在着跨市场套利的机会。事实也是如此，自胶合板上市以来山东临沂立晨交割库从来没有生成过 1 张仓单。

（三）标的物与现货市场标准存在差异

大商所规定胶合板的交割标的是符合国家标准 GB/T 5847—2006 的实心、胶拼、双面砂光、室内普通用途的 5 层细工木板。交割标准品是 15mm 的细工木板，替代品是 18mm 的细工木板。同时交易所对交割品有很强的环保要求，大商所规定可用于交割胶合板的甲醛排放量必须符合国家标准 GB 18580 中的 E1 级标准，虽然也允许 E2 级标准进入交割，但是设置了 30 元/张的大幅贴水。交易所关于胶合板交割品的规定跟现货市场的标准存在一定的差异，主要是板芯规定的差异、环保标准的差异和胶合板厚度的差异。

1. 交易所对胶合板板芯的规定跟现货标准存在差异

目前国内厂家大批量生产满足交易所交割规定的细木工板存在一定的困难，原因主要是胶合板生产企业所用的板芯宽厚比达不到交易所的要求。交易所要求可用于交割的板芯的宽厚比小于3.5，但是目前市场上胶合板主流产品板芯的宽厚比则是4.2左右，这一差异导致目前市场上可用于交割的胶合板数量少。在实际生产中，板芯并没有统一的国家标准，板芯使用者对此也没有专门要求。另外，由于胶合板生产企业所用板芯大多是从外部采购的，除非企业专门去定制符合交易所标准的板芯，否则大多数板芯生产厂家不会生产宽厚比小于3.5的非主流板芯。如果企业为了交割定制板芯，必然会提高板芯的价格，进而增加企业的生产成本。综合考虑企业板芯需要外采的生产模式和定制板芯导致的成本上升，企业缺乏足够的动力生产满足交易所规定的胶合板。

2. 交易所对交割品规定较高的环保标准

交易所对交割标准品规定较高的环保标准，这跟市场上主流胶合板的环保品级存在一定差异，市场上大部分胶合板达不到交易所的规定。大商所之所以对胶合板交割规定较高的环保标准，初衷是想倒逼企业转型，引领胶合板产业升级，开始时确实发挥了作用，在胶合板合约上市以来，在交易所对国标的强化及引导下，对其产业产生了积极的影响，企业于是对其生产技术开始提升，按照国际要求进行改进。但是由于胶合板行业投资规模小、进入壁垒低，造成胶合板产业相对分散，大部分生产厂家规模较小。胶合板产品质量参差不齐，普遍存在低质高标的现象，虽然很多产品都标明符合E1级标准，但是实际上很难达到，这也是胶合板报价差别很大的一个重要原因。另外，终端消费者对胶合板环保标准的识别能力差，存在信息不对称的情况，所以一般胶合板生产企业也不愿意使用高价格、高环保标准的产品，造成胶合板到期交割接货后再次出手不太容易。

3. 交易所对胶合板的厚度的规定与市场现货存在差异

交易所规定的交割标准品是15mm细工木板，替代品是18mm细木工板，而目前市场主流的胶合板的厚度则是16～18mm。另外，近年来市场上流行一种生态板（也称三聚氰胺板），这种生态板跟胶合板的品质和性能类似但是价格更便宜；同时企业生产生态板的利润更高，所以企业生产生态板的热情很高，生产胶合板的数量则逐渐减少。所以生态板的流通占比逐渐提高，有逐步替代细木工板的趋势。

（四）胶合板期货检验成本高且时间长

胶合板期货的检验成本较高。大商所规定，其中3003张为一批，根据每组

70张进行分组，从所有的组中随机抽取4组，在这4组中每组抽20张，共有80张被抽取，然后从80张中随机抽取9张，3张用于检验，6张用于备检。如果3张通过检验，则剩余6张归还企业；如果不合格，则在6张中随机抽取3张进行检验。检验费用较高为5000～6000元/次，检验成本占到货物价值的2%～3%，使企业不愿意去注册仓单。

胶合板期货的检测时间较长。目前胶合板没有注册品牌，所有的货物入库之前都得检测，检测时间较长，一般为5～10天，所以企业注册仓单顺利的话最快也得10天左右。

目前大多数企业并不生产交易所标准的胶合板，但是为了用于交割，它们也可以通过调整生产线来生产，厂家调整生产线的时间是1个月左右。交易所规定胶合板的最后交易日是合约月份的第10个交易日，一般就是在交割月的中旬。根据以上分析，我们可以看出，在交割月前一个月的月初基本就可以确认目前胶合板的生产能力以及将来可能有的注册仓单数量，因为在这个时间之后再去注册仓单用于交割已经来不及。胶合板合约上涨的启动点都是临近交割月前一个月的月初左右，因为到了这个时间点投资者已经很清楚目前胶合板的生产能力以及可能有的新注册仓单。这就是多方的逼仓行情，交割月过后，胶合板期货价格又重新步入“正轨”，这是典型的炒作，不利于价格发现功能的实现。

一般来说，规范的期货交易，其交割率和交割的绝对量都维持在一个较小的水平上，所以巨量的实物交割往往都发生在逼仓上。在期货市场上，一旦多逼空发生巨量交割后，期货市场的正常秩序就被破坏，以后月份的交易往往会大幅度减少，实物交割也一样大幅度减少，逼仓的影响消失后，该品种的期货交易和实物交割才会趋于正常。我国期货市场比起国外成熟市场逼仓现象相对较为普遍，这已经成为我国期货市场巨量交割以及交割异常可能引发交割风险的最重要的因素。

（五）胶合板仓单不容易转入现货市场

胶合板生产企业参与期货市场，注册胶合板仓单，通过期货市场进行销售，有很大的价值。胶合板下游市场主要是家具、室内装修行业，受房地产的影响比较大，在楼市低迷时，即使是在胶合板的销售旺季，胶合板的出货也有可能不顺畅。参与期货市场可以将货物进行销售，而且还可以提前锁定销售价格，在价格下跌时避免库存贬值的风险。同时，通过期货市场进行融资，卖方注册仓单之后，可以将仓单质押进行融资。通过仓单质押，可以帮助企业解决流动资金紧张的问题，提高资金的使用效率。

当期货市场的价格对现货商品价格起到合理的引导作用时，期货市场服务于实体经济的作用才能发挥，帮助企业发展提高销售和采购模式，从而利于提高企业的竞争地位和盈利利润。

因此，胶合板仓单是连接期货市场和现货市场的纽带，给胶合板的期现交易架起一座桥梁。但是，在实际的操作过程中，胶合板仓单在转入现货市场时却存在一定的障碍，在下游的接货情况不容乐观。这主要体现在以下方面：

（1）国标对于胶合板的平整度检测要求低于生态板，目前按照大商所交割要求所交割的细木工板在实际生产中无法用于生态板加工，而生态板现在是家装市场的主力，这会抑制盘面接货方接货的动力。

（2）家具现货原材料市场以定制为主，下游市场已经形成对品牌的依赖，品牌具有地域性，伴随而来的就是企业从期货市场接货然后再直接销往现货市场，可能涉及法律侵权问题。所以接货的厂商只能进行二次加工再销往现货市场，毫无疑问厂商成本将增加，这会降低厂商参与期货交割的兴趣。

（3）胶合板现货企业对于期货市场的参与积极性不够，目前国内主流的品牌细木工板与大商所标准仓单的主要区别来源于对板芯宽厚比的要求。交易所标准要求宽厚比是3.5，而市场主流产品的宽厚比则是4.2左右，交割标准的不同会挫伤胶合板企业对期货交割的参与积极性。

总体来看，目前期货上注册的胶合板仓单在下游的接货情况并不顺畅，胶合板厂商接货意愿不强，胶合板仓单在转入现货市场时遇到不小的障碍。

三、胶合板期货发展优化路径

（一）推广胶合板的注册品牌制，提高质检效率

现阶段国内胶合板生产厂家现货集中度有限，行业前10家公司约占15%的市场份额，注册品牌的交付系统目前还没有实施，所有胶合板登记前都必须由检验机构出具检验报告，在胶合板的等级检验方面耗费了大量的时间和成本。因此，应该提高胶合板质量检验的效率，针对目前我国胶合板市场发展还不成熟、胶合板必须由检验机构出具检验报告的现状，要采用新方法对胶合板的质量进行检验，尽可能缩短胶合板质检报告出具流程，提高胶合板质量检验的效率，并配合交割厂库的设立进一步推广胶合板的注册品牌制度。

（二）调整各地交割库升贴水平，做到统一标准

在设置胶合板期货升贴水时应该从企业的实际角度出发，进行调查，然后选择较为合适的升贴水。在市场中盈利是最好的标准，根据市场规则，企业不盈利就会被淘汰，在市场中生存不下去。对胶合板生产商来说，之所以会选择舍近求远，仍是其利益所致。因此在我国林产品期货市场上，应根据企业的需求设置合理的升贴水。

另外，由于各地区基本面是经常变化的，因此应该定期修改我国林产品期货

的升贴水，可让更多的企业方便地参与期货市场，防范价格风险，也可以使期货品种交投更加活跃、期现市场联动更加高效。

（三）扩大胶合板交割品级范围，满足市场需求

由于胶合板标准交割品的品质较高，下游加工企业所使用的主流胶合板多数并不能进行交割。在低迷的行情下生产企业尽可能地压低生产成本以提高竞争力，企业产品存在虚标的状况较为严重。这种情况造成卖方交割选择的范围非常小，很多企业为了交割而生产，失去了实际需求的支撑，会对市场和价格造成一定的扭曲。因此，应该适当放宽胶合板检验标准，让市场主要交易的胶合板以贴水的形式参与到期货交割中来，这样才能够将期货市场与实际需求相结合起来。

（四）加强逼仓行情的风险控制，防止过度投机

与大多数商品不同，胶合板期货合约在交割月前一个月，主力合约仍是近月合约，而现货市场价格及仓单和主力合约联系较为紧密。根据大商所的数据显示，生产胶合板细木板厂家越来越多，利于胶合板期货市场的发展，利于其价格发现功能及套期保值功能的发挥。随着市场对于胶合板期货合约和规则越来越熟悉，参与度就会越来越高，未来交割月之前的行情还会继续且持仓与价格波动有扩大的趋势。

胶合板跟其他商品期货不同，临近交割月的合约往往是主力合约，因此对于风险的防范也应该区别于其他商品。根据期货市场持仓与价格的波动特点，适度调整保证金比例和涨跌停板幅度，如果出现涨跌停板则应调整保证金比率。此外，对一般月份与交割月份应做出明显的区分，对在连二合约上建立头寸较多的客户给予充分的信息披露制度，避免持仓的过于集中，在连二合约上实行投机头寸限仓制度。

参考文献

[1] AMACHER C, S. The design of forestry taxation: a synthesis with new directions [J]. Silva Fennica, 1997, 31 (1): 45 -47.

[2] Arrow K, J Uncertainty and the Welfare Economics of Medical Care [J]. The American Economic Review, 1963, 53: 941 -973.

[3] Barreal, J, Loureiro M, Picos J. On insurance as a tool for securing forest restoration after wildfires [J]. Forest Policy and Economics, 2014, 42: 15 -23.

[4] Bayer J, Mechler R, Hochrainer S. Insurance against Losses from Natural Disasters in Developing Countries [J]. Evidence, gaps and the way forward. IDRiM Journal, 2011, 1 (1): 59 -81.

[5] Bonan G B. Forests and climate change [J]. Forcings, feedbacks, and the climate benefits of forests. Science, 2008, 320 (5882): 1444 -1449.

[6] Boucher Stephen, Guirkinger Catherine, Trivelli Carolina . Direct Elicitation of Credit Constraints: Conceptual and Practical Issues with an Empirical Application to Peruvian Agriculture [J] . Agriculture and Resource Economics Working Papers, Department of Agricultural and ResourceEconomics, UCD, UC Davis, 2006.

[7] Brunette M, Cabantous L, Couture S, Stenger A. The impact of governmental assistance on insurance demand under ambiguity: A theoretical model and an experimental test [J]. Theory and Decision, 2013, 75: 153 -174.

[8] Brunette M, Couture S. Public compensation for windstorm damage reduces incentives for risk management investments [J]. Forest Policy and Economics, 2008 (10): 491 -499.

[9] Brunette M, Holecy J, Sedliak M, et al. An actuarial model of forest insurance against multiple natural hazards in fir (Abies Alba Mill.) stands in Slovakia [J]. Forest Policy & Economics, 2015, 55: 46 -57.

[10] Cabarle B, J Cashwell, M Coulombe, J Mater, W Stuart, D Winterhalter,

L Hill. Forestry Certification: An SAF Study Group Report. Journal of Forestry, 1995, 93 (4): 6 - 10.

[11] Caulfield J P, R Meldahl. Timberland investment return volatility and implications for portfolio construction [R]. In: Proceedings of the 24 Annual Southern Forest Economics Workshop, 1997: 144 - 162.

[12] Caulfield J P, Flick. Prospects and challenges with securitized timberland [R]. Proceedings of the 1999 Southern Forest Economics Workshop, 1999.

[13] CIFOR 2003: Smith, J. and Scherr S., Capturing the Value of Forest Carbon for Local Livelihoods, World Development, 2003, 31 (12): 2143 - 2160.

[14] Dai Y, Chang H H, Liu W. Do forest producers benefit from the forest disaster insurance program? Empirical evidence in Fujian Province of China [J]. Forest Policy and Economics, 2015, 50: 127 - 133.

[15] Demarzo. The Pooling and Tranching of Securitization: Model of Informed Intermediation [Z]. 2005 (18): 1 - 35.

[16] Establishing the Forest Resource Securitization Strategy for Mobilization of Private Capital to Support Sustainable Forestry in the Philippines [R]. DENR Administraton, 1998.

[17] FAO 2005a. Global Forest Resources Assessment 2005 - 15 Key Findings. http: //www. fao. org/forestry/site/32427/en/wsm/.

[18] FSC 2006. Global FSC Certification in Maps, Graphs and Statistics for December 2006. FSCURL: www. fsc. org/en/whats_ new/fsc_ certificates/maps.

[19] Goodwin B K. Problems With Market Insurance In Agriculture [J]. American Journal of Agricultural Economics , 2001, 83: 643 - 649.

[20] Goodwin B K, Monte L V, John L D. An Empirical analysis of acreage effects of participation in the federal crop insurance program [J]. American Journal of Agricultural Economics, 2004, 86: 1058 - 1077.

[21] Hirtle. The return to retail and the performance of US banks [Z]. 2007 (4): 1101 - 1133.

[22] Holecy J, Hanewinkel M. A forest management risk insurance model and its application to coniferous stands in southwest Germany [J]. Forest Policy and Economics, 2006, 8: 161 - 174.

[23] Holthausen N, Baur P. The demand for an insurance against storm damage in Swiss forests [J]. Schweizerische Zeitschrift fur Forstwesen , 2004, 155: 426 - 436.

[24] Jeremy D. Foltz. Credit market access and profitability in Tunisian agricul-

ture [J]. Agricultural Economics, 2004 (5).

[25] Jyrki Kangas M P M K. A' Wot: Integrating the AHP with SWOT Analysis [J]. ISAHP, 2001.

[26] Knight T O, Coble K H. Survey of U. S. Multiple Peril Crop Insurance Literature since 1980 [J]. Review of Agricultural Economics, 1997 (19): 128 - 1561.

[27] Marco Boscolo. Financing Sustainable Small - Scale Forestry: Lessons from Developing National Forest Financing Strategies in Latin America [J]. Forests, 2010: 230 - 248.

[28] Mechler R, Peppiatt D. Disaster Insurance for the Poor? A review of microinsurance for natural disaster risks in developing countries [J]. Provention Consortium, 2006.

[29] Monte L V. Demand for Area Crop Insurance among Litchi Producers in Northern Vietnam [J]. Agricultural Economics, 2001 (26): 173 - 184.

[30] Nadine E. BlockV. Alaric Sample. Industrial Timberland Divestitures and Investments: Opportunities and Challenges in Forestland Conservation [R]. Pinchot Institute for Conservation, 2001.

[31] Pennacchi G A. Banks and loan sales marketing nonmarketable asset [Z]. 1995 (6): 389 - 411.

[32] Peter Haze Ⅱ, Carols P, Alberto V. Crop Insurance for Agriculture Development: Issues and Experience [J]. The Johns Hopkins University Press, 1986.

[33] Pinheiro A, Ribeiro N. Forest property insurance: an application to Portuguese woodlands [J]. International Journal of Sustainable Society, 2013, 5 (3): 284 - 295.

[34] Schelhaas, M J, Nabuurs G J L, Schuck A. Natural disturbances in the European forests in the 19th and 20th centuries [J]. Glob. Chang. Biol, 2003, 9: 1620 - 1633.

[35] Serra T, Goodwin B K, Featherstone A M. Modeling Changes in the U. S. Demand for Crop Insurance during the 1990s [J]. Agricultural Finance Review, 2003, 63: 109 - 125.

[36] Sinko M, Ottisch A. Transitional financing of forest the case of Slowenia Financial instruments of forest policy [R]. Proceedings of an International Conference Rovaniemi, Finland, 2003.

[37] Strahan C A. Risk management, captial structure and lending at banks [Z]. 2004 (1): 19 - 43.

[38] Strahan L A. Secutitization and the Declining inpact of Bank Finance on Loan Supply: Evidence from Mortage Originations [Z]. 2009 (2): 861 – 889.

[39] Stightz. J E. Peer monitoring in credit markets [J]. World Bank Economic Review, 1990 (4): 351 – 366.

[40] Stuart A A. Banking Funding Modes [Z]. 1987 (11): 379 – 401.

[41] Sunny Zhang J H A T. Cash Flow Modeling for Fixed – Income Securities: A New Approach Using the SAS Risk Management for Banking Solution [J]. SAS Global Forum, 2011 (6).

[42] WWF (2005). The Forest Industry in the 21st Century. www. wwf. org. uk/filelibrary/pdf/forestind21century. pdf.

[43] 白永秀，马小勇．农户个体特征对信贷约束的影响：来自陕西的经验证据 [J]. 中国软科学，2010 (9): 148 – 155.

[44] 陈荣邦．农业保险与农村小额信贷协同发展问题研究 [J]. 上海金融，2009 (10): 39 – 42.

[45] 陈妍，凌远云，陈泽育，郑亚丽．农业保险购买意愿影响因素的实证研究 [J]．农业技术经济，2007 (2): 26 – 30.

[46] 陈元．发挥开发性金融作用促进中国经济社会可持续发展 [J]. 管理世界，2004 (7): 1 – 5.

[47] 程志强，张颖，罗志宽，等．武清区储备林基地建设现状探析 [J]. 国土绿化，2016 (10): 46 – 47.

[48] [美] 戴维森·安德鲁，著．资产证券化：构建与投资分析 [M]. 王晓芳，译．北京：中国人民大学出版社，2006.

[49] 邓澄．体育资产证券化的融资方式 [J]. 统计与决策，2005 (19): 116 – 117.

[50] 丁军．环境产业金融支持的框架构建分析 [J]. 上海环境科学，2006 (4): 180 – 184.

[51] 丁伟国．我国高校资产证券化融资初探 [J]. 经济研究导刊，2007 (7): 95 – 96.

[52] 丁业震．农村小额信贷风险及其防范 [J]. 农村经济，2006 (12): 67 – 69.

[53] 杜莉，张云，王凤奎．开发性金融在碳金融体系建构中的引致机制 [J]. 中国社会科学，2013 (4): 103 – 119.

[54] 杜晓山．中国农村小额信贷的实践尝试 [J]. 中国农村经济，2004 (8): 8.

［55］范玲燕．农户参与森林保险意愿分析——以福建省顺昌县为例［J］．广东农业科学，2012（4）：212－214.

［56］冯祥锦，黄和亮，杨建州．森林保险市场投保主体与行为差异性的理论分析［J］．东南学术，2012（2）：176－181.

［57］高广春．资产证券化的结构［M］．北京：中国经济出版社，2008：160－194.

［58］高娜．实事求是科学探索国家储备林建设之路［J］．国家林业局管理干部学院学报，2016，15（1）：14－18.

［59］顾雪松，谢妍，秦涛．森林保险保费补贴的“倒U型”产出效应——基于我国省际非平衡面板数据的实证研究［J］．农村经济，2016（6）：95－100.

［60］管同伟．西方金融创新业务资产证券化［J］．金融研究，1994（4）：70－71.

［61］何广文．中国农村金融组织体系创新路径探讨［J］．金融与经济，2007（8）：11－22.

［62］何小峰，黄嵩．资产证券化理论与案例［M］．北京：中国发展出版社，2007：164－284.

［63］贺莎莎．农户借贷行为及其影响因素分析——以湖南省花岩溪村为例［J］．中国农村观察，2008（1）：39－50.

［64］侯淑曼．农户对林权抵押贷款政策满意度评价的影响因素研究［D］．西北农林科技大学，2016.

［65］胡秋明．论我国农业保险发展的制度创新［J］．财经研究，2004（5）：112－116.

［66］胡士华，李伟毅．农村信贷融资中的担保约束及其解除［J］．农业经济问题，2006（2）：68－71.

［67］扈启平．资产证券化理论与实务［M］．北京：中国人民出版社，2007.

［68］黄椿，吴声怡．福建农业企业投保农业保险意愿的实证分析［J］．中国农学通报，2011（4）：423－427.

［69］焦兵．基于农户金融需求特点的农村金融发展模式［J］．求索，2006（9）：14－17.

［70］金满涛．林农行为视角下政策性森林保险的经济分析［J］．新疆财经大学学报，2010（2）：36－39，54.

［71］孔敏．福建省林业资产证券化研究［J］．福建广播电视大学学报，2009（6）：6－8.

［72］冷慧卿，王珺，高峰．发展森林保险的政策研究保险研究［J］．保险

研究，2009（3）：69－70.

［73］冷慧卿，王珂君．我国森林保险费率的区域差异化——省级层面的森林火灾实证研究［J］. 管理世界，2011（11）：49－54.

［74］冷静，祝应华，曹建华．当前森林保险的现状、问题及对策——基于江西森林保险的分析［J］. 老区建设，2008（24）：29－31.

［75］李和兴．企业信托融资风险度量［D］. 暨南大学，2015.

［76］李剑平．当前影响林权抵押贷款制约因素及对策［J］. 浙江金融，2007（5）：52－58.

［77］李毓祁．农业保险制度是解决我国信贷支农瓶颈的有效途径［J］. 海南金融，2006（5）：67－69.

［78］李凯英．林权抵押贷款：现状、问题、对策——辽宁省丹东市的实证分析［J］. 农村经济，2009（11）：80－81.

［79］李婷，肖海峰．林农对中国政策性农业保险开展状况的评价［J］. 中国农村经济，2009（6）：83－89.

［80］李喜梅．小额信贷与小额保险合作发展研究［J］. 经济问题，2010（5）：95－97.

［81］李晓明，何宗干．传统农区农户借贷行为的实证分析——基于安徽省农户借贷行为的调查［J］. 农业经济问题，2006（6）：36－39.

［82］李扬．中国金融发展报告［M］. 北京：社会科学文献出版社，2005.

［83］李勇权．巨灾保险风险证券化研究［M］. 北京：中国财政经济出版社，2005.

［84］李彧挥，孙娟，高晓屹．影响林农对林业保险需求的因素分析——基于福建省永安市林农调查的实证研究［J］. 管理世界，2007（11）：71－75.

［85］李彧挥，王会超，陈诚，等．政策性森林保险补贴效率分析——基于湖南、福建、江西三省调研数据实证研究［J］. 经济问题探索，2012（7）：17－22.

［86］李彧挥，李彩鸽，孔祥智．政策性森林保险支付意愿及影响因素分析——以湖南省安化县为例［J］. 北京林业大学学报（社会科学版），2012，11（1）：80－85.

［87］李彧挥，林雅敏，孔祥智．基于 Cox 模型的农户对政策性森林保险支付意愿研究［J］. 湖南大学学报（自然科学版），2013，40（2）：103－108.

［88］李玉敏，毛倩倩，何玥．森林保险有效需求的影响因素分析［J］. 林业经济，2011（8）：57－61.

［89］李志辉，李萌．中小企业融资的开发性金融支持（DFS）模式分析［J］. 南开经济研究，2007（1）：68－80.

［90］李志辉，张晓明．我国农村金融制度的开发性金融支持研究——基于微观农户行为的分析［J］．当代经济科学，2007（11）：24－28.

［91］廖文梅，彭泰中，曹建华．农户参与森林保险意愿的实证分析——以江西为例［J］．林业科学，2011（5）：117－123.

［92］林雅秋，蔡诗钗，李建明．福建省森林保险进展与建议［J］．林业经济，2009（4）：44－46.

［93］刘杉，张洁，张月红，等．关于建立天津市国家级储备林基地的几点思考［J］．天津农业科学，2016，22（1）：145－147.

［94］刘畅，曹玉坤．关于进一步拓展森林保险业务的研究［J］．林业经济问题，2005（4）：237－241，246.

［95］刘国成．公共财政与林业投资体制改革的探析［J］．财政研究，2002（12）：26－27.

［96］刘红梅，周小寒，王克让．加快发展我国林业保险的研究［J］．经济体制改革，2007（1）：169－172.

［97］刘士磊，潘焕学．林业资源资产证券化的AWOT分析［Z］．2012（7）：64－67.

［98］刘士磊．我国森林资源资产证券化模式选择［D］．北京林业大学，2013.

［99］刘圻，褚四文，高跃，等．林权抵押贷款：银行惜贷现状与证券化模式研究［J］．农业经济问题，2013（5）：70－76.

［100］刘晓亮．开发性金融支持棚户区改造的路径分析［J］．宏观经济管理，2015（5）：37－40.

［101］刘向东．资产证券化信托模式研究［M］．北京：中国财政经济出版社，2007：112－128.

［102］刘祖军，张大红．林权抵押贷款局限性分析及路径选择［J］．东南学术，2012（4）：111－119.

［103］陆彩霞．农业产业链视野下的农业风险应对措施研究［J］．广西财经学院学报，2008（5）：32－34.

［104］马凯，秦涛，潘焕学．发展我国林业产业投资基金可行性研究［J］．山东社会科学，2014（2）：131－135.

［105］马建新．论产业投资基金、风险投资基金与产业投资体系的建构［J］．财经问题研究，2000（2）：51－56.

［106］马九杰，李歆．林业投融资改革与金融创新［M］．北京：中国人民大学出版社，2007.

［107］马九杰，李歆．农村金融风险管理与信贷约束研究［M］．北京：中国经济出版社，2004.

［108］马满芬．国家开发银行支持林业产业发展的研究［J］．经济师，2012（2）：207－208.

［109］那洪声．我国林业资产证券化可行性研究［J］．黑龙江金融，2009（4）：19－22.

［110］倪志凌．动机扭曲和资产证券化的微观审慎监管——基于美国数据的实证研究［J］．国际金融研究，2011：75－87.

［111］宁满秀，邢郦，钟甫宁．影响农户购买农业保险决策因素的实证分析——以新疆玛纳斯河流域为例［J］．农业经济问题，2005（6）：38－44.

［112］庞瑞芝，吕越，刘建明．防范农民道德风险的小额信贷机制研究——基于开发性金融理论的视角．［J］农业经济问题，2010（10）：63－69.

［113］彭文峰．高速公路资产证券化融资的应用探讨［J］．南华大学学报（社会科学版），2009（1）：50－54.

［114］乔月．基于林农视角的林权抵押贷款需求及影响因素分析［D］．北京林业大学，2014.

［115］秦涛，顾雪松，邓晶，等．林业企业的森林保险参与意愿与决策行为研究——基于福建省林业企业的调研［J］．农业经济问题，2014，35（10）：95－102.

［116］秦涛，潘焕学．基于资本形成机制的林业金融支持体系构建研究［J］．当代经济科学，2010（2）：40－45.

［117］秦涛，田治威，潘焕学．我国森林保险保费补贴政策执行效果、存在的主要问题与建议［J］．经济纵横，2017（1）：105－110.

［118］秦涛，田治威，潘焕学．林产加工企业向农户提供贸易信贷的影响因素分析——基于福建省73家林产加工企业问卷调查的实证研究［J］．农村经济，2014（6）．

［119］秦涛，田治威，刘婉琳，等．农户森林保险需求的影响因素分析［J］．中国农村经济，2013（8）：36－46.

［120］秦涛，吴今，邓晶，等．我国森林保险保费构成机制与财政补贴方式选择［J］．东南学术，2016（4）：101－110.

［121］秦涛．中国林业金融支持体系研究［D］．北京林业大学，2009.

［122］曲昭光．论开发性金融与商业性金融的互补关系［J］．金融与经济，2005（12）：10－14.

［123］沈炳熙．资产证券化中国的实践［M］．北京：北京大学出版

社，2008.

[124] 史清华，陈凯．欠发达地区农民借贷行为的实证分析 [J]. 农业经济问题，2002 (10)：40 –50.

[125] 宋艳丽．开发性金融支持小城镇发展的策略研究 [J]. 农业经济问题，2014，35 (1)：61 –65.

[126] 孙婷，孔祥智．基于林业特质的林农信贷约束影响因素分析 [J]. 林业经济，2010 (4)：21 –26.

[127] 孙奉军．资产证券化效率分析 [M]. 上海：上海财经出版社，2005：159 –169.

[128] 孙杰，杨德才．不良资产证券化现金流分析方法研究——基于某资产管理公司的案例分析 [J]. 现代管理科学，2005 (10)：104 –106.

[129] 谭政勋．基于 OAS 的资产证券化的利率风险度量 [J]. 统计与决策，2005 (10)：115 –116.

[130] 田治威，秦涛，潘焕学．中国林业金融支持体系研究 [M]. 北京：经济管理出版社，2009.

[131] 王富炜，田治威，张海燕，等．森林资源资产抵押贷款价值评估研究 [J]. 林业经济，2008 (11)：12 –16.

[132] 王华丽，陈建成．政府支持与我国森林保险发展的经济学分析 [J]. 经济问题，2009 (10)：105 –108.

[133] 王丽英，高静丽．中国资产证券化信用增级的法律环境问题 [J]. 河北学刊，2006 (3)：216 –219.

[134] 王敏俊．影响小规模农户参加政策性农业保险的因素分析——基于浙江省 613 户小规模农户的调查数据 [J]. 中国农村经济，2009 (3)：38 –44.

[135] 王前进．促进林业投资的政策框架构想 [D]. 2004 年中国林业投融资国际研讨会论文，2006 (1)：24 –27.

[136] 王醒男．基于需求与发展视角的农村金融改革逻辑再考 [J]. 金融研究，2006 (7)：53 –64.

[137] 王戈锋．农业保险与农村信贷互动机制的对接路径研究 [J]. 金融理论与实践，2011 (6)：96 –99.

[138] 王莹．由美国经验审视我国资产证券化市场的发展之路 [J]. 华北金融，2009 (4)：33 –35.

[139] 王祖继．坚持开发性金融方向探索中小企业融资新模式 [J]．中国金融，2005 (2)：36 –37.

[140] 万千，秦涛，潘焕学．农户参加森林保险的影响因素分析——基于福

建农户问卷调查的实证研究 [J]. 东南学术，2012 (3)：62 -74.

[141] 万伟力. 用开发性金融思路支持农业产业化龙头企业发展 [J]. 金融与经济，2009 (5)：85 -86.

[142] 吴典军，张晓涛. 农户的信贷约束——基于684户农户调查的实证研究 [J]. 农业技术经济，2008 (4)：41 -47.

[143] 吴童. 林权抵押贷款风险研究 [J]. 商业经济，2011 (5)：104 -109.

[144] 吴本健，罗兴，马九杰. 农业价值链融资的演进：贸易信贷与银行信贷的替代、互补与互动 [J]. 农业经济问题，2018 (2).

[145] 谢彦明，刘德钦. 农户森林保险需求影响因素分析 [J]. 林业经济问题，2009 (10)：420 -422.

[146] 谢永江. 资产证券化特定目的机构研究 [M]. 北京：中国法制出版社，2007.

[147] 许大鹏. 林业资产证券化融资模式探究 [J]. 中国集体经济，2010 (3)：114 -115.

[148] 许谨良. 风险管理 [M]. 上海：上海财经大学出版社，2007.

[149] 许前川. 资产证券化中SPV法律问题之探析 [J]. 西南民族大学学报 (人文社科版)，2003 (12)：130 -133.

[150] 徐淑芳. 国外小额保险经营模式比较及其对我国的启示 [J]. 南方经济，2008 (6)：65.

[151] 熊志刚. 福建省政策性森林保险发展现状及思考 [J]. 福建金融，2009 (9)：36 -38.

[152] 杨桂云. "农业保险 + 涉农信贷" 贷款定价研究 [J]. 财经理论与实践，2011 (9)：31 -34.

[153] 杨琳，石道金. 影响农户森林保险需求因素的实证分析 [J]. 北京林业大学学报 (社会科学版)，2010 (10)：103 -107.

[154] 颜志杰，张林秀，张兵. 中国农户信贷特征及其影响因素分析 [J]. 农业技术经济，2005 (4)：2 -8.

[155] 叶扬. "农村小额信贷 + 农村保险" 模式的可行性分析 [J]. 金融与经济，2008 (3)：75 -76.

[156] 叶杨军. 林业产业投资基金发展模式比较及借鉴探析 [J]. 行政事业资产与财务，2014 (30)：94 -95.

[157] 尹成远，任鹏充，陈伟华. 农村小额保险与小额信贷结合发展及其模式探讨 [J]. 现代财经，2010 (3)：22 -26.

[158] 游栋明. 农发行开拓林业政策性信贷业务的探讨 [J]. 林业经济问

题，2009（12）：545－548.

［159］于丽红，兰庆高．林权抵押贷款运行情况的调查研究——以辽宁省抚顺市林权抵押贷款实践为例［J］．农村经济，2012（11）：57－59.

［160］俞小平，聂影．福建省林业小额抵押贷款的障碍与对策［J］．南京林业大学学报，2007，31（5）：139－142.

［161］俞小平．我国林产品期货市场发展研究［D］．南京林业大学，2005.

［162］曾维忠，蔡昕．借贷需求视角下的农户林权抵押贷款意愿分析——基于四川省宜宾市364个农户的调查［J］．农业经济问题，2011（9）：25－30.

［163］岳意定，李军．基于演化博弈的涉农信贷与保险耦合机制稳定性分析［J］．系统工程，2011（9）：92－97.

［164］邹力行．开发性金融支持石漠化生态治理模式探讨［J］．草业科学，2008（9）：69－75.

［165］张长达，高岚．我国政策性森林保险的制度探讨——基于福建、江西、湖南森林保险工作的实证研究［J］．农村经济，2011（5）：83－86.

［166］张琴，赵丙奇．从农村金融需求的视角看农村金融改革［J］．软科学，2006（2）：88－91.

［167］张永龙．中国农业转型发展的金融支持研究［D］．福建师范大学，2004.

［168］张飞．海南热带农业产业投资基金的设立与运作研究［J］．海南金融，2012（1）：37－41.

［169］张桦．信托在林业投资中的应用——非公有制商品林投资运行机制创新研究［J］．林业经济问题，2004，24（5）：287－290.

［170］张弘昊．基于可得性与利率的林权抵押贷款研究［D］．北京林业大学，2015.

［171］张惠茹．指数保险合约——农业保险创新探析［J］．中央财经大学学报，2008（11）：49－53.

［172］张雪峰，王林廷．农村土地资产证券化的可行性研究［J］．当代经济，2008（1）：66－67.

［173］郑杰．让金融资本涌入林业“洼地”的两大举措——永安市林业投融资体制改革及森林保险案例［J］．林业经济，2011（5）：31－35.

［174］赵艳，杨荣芝．我国木材期货市场的现状及前景［J］．中国流通经济，1995（4）：23－24.

［175］赵亚平．试析我国现货市场中制约期货市场发展的几个问题［J］．兰州商学院学报，1994（2）：42－44.

[176] 郑宏．论林业信托的规制与保护 [J]. 浙江学刊，2009 (3)：136－140.

[177] 周健．保险市场与农村信贷市场的对接模式研究 [J]. 改革与战略，2009，25 (5)：79－82.

[178] 周宗安．农户信贷需求的调查与评析：以山东省为例 [J]. 金融研究，2010 (2)：195－206.

[179] 周高雄．路桥资产证券化 [M]. 广东：广东经济出版社，2010.

[180] 中国人民银行福州支行课题组．开展林权抵押贷款金融创新，推进社会主义新农村建设 [J]. 福建金融，2006 (5)：12－14.

[181] 中国人民银行哈尔滨中心支行、伊春市中心支行联合课题组．深化林权改革与金融支持创新——对伊春市实现林业资产证券化的探讨 [J]. 金融研究，2008 (5).

[182] 朱金红．林业产业投资基金研究 [D]. 北京林业大学，2003.

[183] 庄伟钢．开发性金融与公共基础设施建设中长期融资模式探索 [J]. 金融纵横，2007 (15)：7－10.